CURSO BÁSICO DE DESENHO
MANGÁ

Camelot
EDITORA

CONHEÇA NOSSO LIVROS
ACESSANDO AQUI!

Presidente: Paulo Roberto Houch
MTB 0083982/SP

Coordenação Editorial: Priscilla Sipans
Coordenação de Arte: Rubens Martim
Textos: Fabiano Moura
Edição: Mara Luongo
Desenhos: Fabiano Moura, Bruno Paiva e Henrique Lima
Produção: Blue Line Studio
Diretor-Editorial: João Costa
Diagramação: Fausto Lopes

Vendas: Tel.: (11) 3393-7727 (comercial2@editoraonline.com.br)

Foi feito o depósito legal.

Dados Internacionais de Catalogação na Publicação (CIP)
de acordo com ISBD

C837c   Costa, João

Curso Básico de Desenho - Mangá / João Costa. - Barueri : Camelot Editora, 2022.
160 p. ; 15,5cm x 23cm.

ISBN: 978-65-80921-17-1

1. Arte. 2. Desenho. 3. Mangá. I. Título.

2022-2767   CDD 700
                                               CDU 7

Elaborado por Vagner Rodolfo da Silva - CRB-8/9410

Direitos reservados ao
IBC – Instituto Brasileiro de Cultura LTDA
CNPJ 04.207.648/0001-94
Avenida Juruá, 762 – Alphaville Industrial
CEP. 06455-010 – Barueri/SP
www.editoraonline.com.br

MANGÁ

Sumário

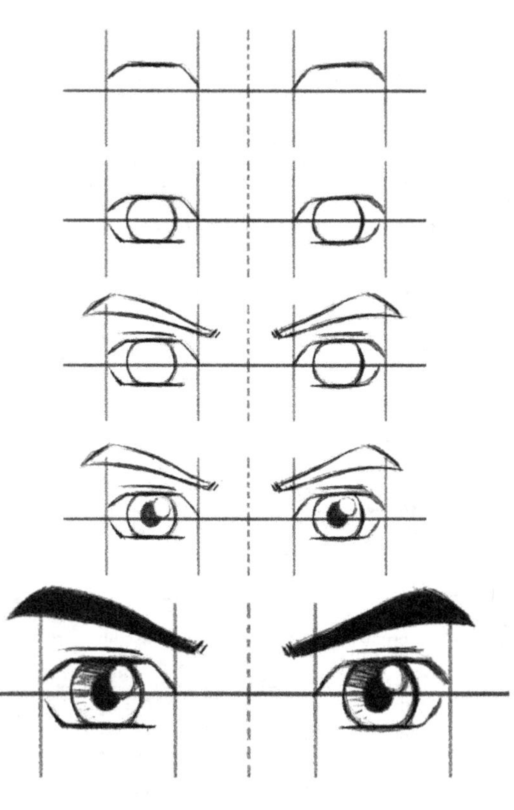

Sumário

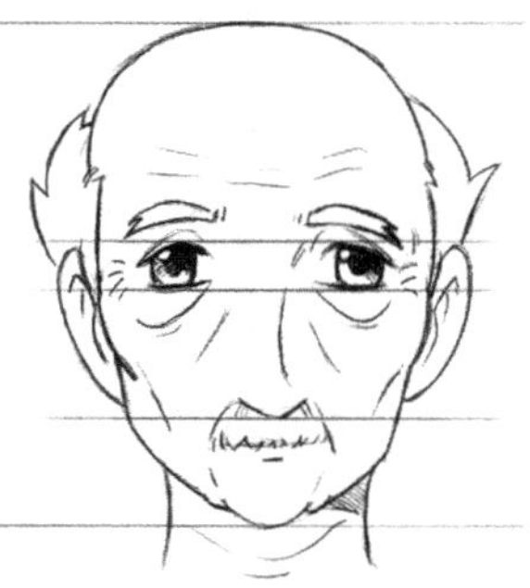

Sumário

Emakimono

Origem do mangá

Os mangás surgiram no Oriente, no século 8 d.C., durante o período Nara. Na época, surgiram rolos chamados emakimonos, que contavam histórias por meio de pinturas e textos. O primeiro emakimono foi chamado de *Ingá Kyô*, e era cópia de uma obra chinesa que usava o mesmo método para contar histórias. O que diferenciava os dois era que o segundo separava a imagem do texto.

Os emakimonos com estilo totalmente japonês começaram a aparecer a partir da metade do século 12. O *Genji Monogatari Emaki* é o exemplar mais antigo e conservado. Já o *Chojugiga* é o mais famoso e está guardado no Templo de Kozangi, em Quioto. Nesses rolos, além de textos explicativos, há imagens na narração – a principal característica dos mangás.

No período Edo, os rolos foram substituídos por livros com estampas, destinados às ilustrações de poesias. Logo depois, no século 16, surgiram os livros chamados "para ver", com ilustrações feitas no estilo de ukiyo-ê. O precursor da estampa de paisagens foi o japonês Katsushika Hokusai que, ao tentar nomear suas caricaturas publicadas entre 1814 e 1834, em Nagoya, criou o termo mangá, que significa "desenhos irresponsáveis".

A Grande Onda de Kanagawa (1ª da série 36 vistas do Monte Fuji), Katushika Hokusai – Ukiyo-ê

Charles Wirgman, patrono da moderna charge japonesa, editou em 1862 o *The Japan Punch*

Definindo a forma

No século 20, sob a influência de revistas ocidentais, o mangá começou a assumir sua forma atual. A chegada de jornalistas europeus e o desenvolvimento da revista *Japan Punch* – que trazia humor, sátiras sociais e políticas, com charges em tiras curtas de um ou quatro quadros – foram o estopim para o desenvolvimento do mangá.

Inúmeras séries parecidas com as ocidentais surgiram nos jornais japoneses, como *Norakuro Joutouhei* (Primeiro Soldado Norakuro), uma série antimilitarista de Tagawa Suiho; e *Boken Dankichi* (As aventuras de Dankichi), de Shimada Keizo. Essas animações foram as mais populares até a metade dos anos 1940, quando o governo passou a censurar a imprensa e as atividades culturais e artísticas. A partir deste fato, não foi mais permitido utilizar quadrinhos para propaganda.

A renovação

Após a Segunda Guerra Mundial, com a ocupação norte-americana, os mangás e os desenhistas passaram a ser reconhecidos mundialmente. Nesse período, as histórias em quadrinhos ocidentais passaram a ter grande influência nas histórias japonesas. Inspirado por Walt Disney, o artista Osamu Tezuka deu vida ao mangá moderno. Ele imprimiu a semelhança facial dos desenhos da Disney, chamando a atenção para os pontos-chave que aumentam a expressividade dos personagens e, por meio de efeitos gráficos, aplicou exatidão aos movimentos nas histórias. Devido ao aumento de tamanho, as narrações também passaram a ser divididas em capítulos.

© Disney

© Osamu Tezuka

Em 1963, Osamu Tezuka criou uma série de animação para a televisão japonesa, baseada em sua obra *Testsuwan Atom* (Astro Boy). Ao passar para a televisão, o mangá ganhou destaque e aumentou seus aspectos comerciais. O desenho tinha como público-alvo crianças e jovens, mas, com o passar do tempo, Tezuka começou a produzir histórias para o público adulto, retratando assuntos mais sérios e com roteiros mais complexos. Ele também foi o criador de mangás importantes, como Fujiko e Fujio (dupla criadora de Doraemon), Akatsuka Fujio, Reiji Matsumoto e Shotaro Ishinomori.

Os mangás cresceram e diversificaram o estilo de seu público, sendo mais aceitos culturalmente. Nos dias de hoje, a publicação de mangás apresenta uma porcentagem significativa de tiragem e rendimento para o mercado editorial japonês. Devido ao baixo custo e à grande quantidade de temas, os mangás conquistaram todas as gerações e classes sociais. As narrações abordam assuntos como trabalho, escola, esporte e amor e, em alguns casos, exercem funções pedagógicas.

© 1999 - Masashi Kishimoto

© Clamp

© Takehiko Inoue

Estilos

No Japão, adultos e crianças possuem o hábito de ler. Por isso, o público de mangás é bem abrangente e é necessário desenvolver vários estilos para satisfazer todos os gostos.

As histórias são classificadas de acordo com o público-alvo. Por exemplo, mangás direcionados somente aos meninos são chamados de *shounen*, que em japonês significa garoto jovem, adolescente. Geralmente, eles retratam temas de ação, aventura e amizade. Já as histórias voltadas para as meninas são chamadas de *shoujo*, cujo significado é garota jovem em japonês, e tem como características marcantes a sensação e a sensibilidade dos personagens. Além desses, existem os *gekigá*, voltados para o público adulto; *seinen* para os homens; e *josei* para as mulheres. Os *hentai* são mangás pornográficos; os *yuri* retratam a relação homossexual feminina; e *yaoi* (*Boys Love*), a masculina. Nem os *yuri* nem os *yaoi* possuem cenas de sexo explícito.

Formato

A leitura do mangá japonês é feita ao contrário da leitura ocidental, ou seja, o livro inicia-se na contracapa e as páginas seguem os padrões da direita para a esquerda. Apenas alguns mangás, publicados fora do Japão, têm sua configuração de acordo com a ocidental. As páginas internas são impressas em preto e branco e, quando há páginas coloridas, geralmente elas ficam no início dos capítulos.
No Japão, o número de páginas varia de 300 a 800, e os capítulos são de diferentes séries. Quando esses capítulos atingem entre 160 e 200 páginas, o volume é publicado como um livro de bolso, chamado de *tankohon* ou *tankobon*. Essas séries são vendidas em outros países e, dependendo do sucesso atingido, podem ser reeditadas em outros formatos.

No Japão, uma das revistas mais famosas é a *Shonen Jump*, responsável pelas publicações de Dragon Ball, Saint Seiya (Cavaleiros do Zodíaco), Naruto e outras séries conhecidas. Existem também revistas criadas por autores independentes, sem parceria alguma com grandes empresas, chamadas de fanzines e *doujinshis*. Algumas delas criam histórias inéditas ou dão continuidade a séries já existentes. Elas podem ser encontradas na internet ou em eventos de cultura japonesa, como o Comiket (uma das maiores feiras de quadrinhos do mundo).

© Shonen Jump

Materiais

Materiais

Os materiais são ferramentas muito importantes para desenhar mangás. Mas não se preocupe em obter todos de uma única vez. Para iniciar, basta dispor de lápis, borracha, papel, régua e muita vontade de aprender!

Tipos de lápis e grafites para lapiseiras

Os lápis são classificados como:
- **Duros:** possuem a indicação "H", abreviação da palavra "Hard", que significa duro. São usados para litografia.
- **Médio:** lápis "HB" são "Hard/Brand", que significa dureza média.
- **Macios:** lápis "B" são "Brand" ou "Black", que significa macio ou preto.

Estas definições de lápis também são aplicadas para grafites de lapiseiras.

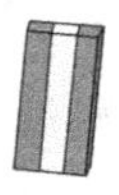
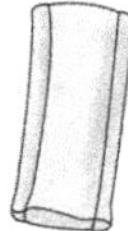

Borrachas

Existem muitos tipos de borrachas no mercado. As mais indicadas são as de formatos ergonômicos: achatadas ou circulares, quadradas ou retangulares. Por serem mais duras, estas proporcionam maior firmeza para apagar detalhes sem estragar o traço.

Caneta-borracha

Possibilitam apagar com segurança, sem danificar o desenho nem o papel. É uma boa opção, pois não se despedaça ao apagar.

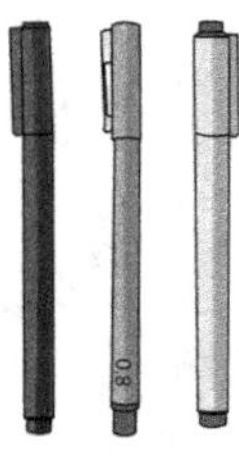

Canetas descartáveis

São recomendadas por possuírem traço limpo e ponta semiflexível, o que possibilita um traço mais fino ou mais grosso, de acordo com a pressão feita sobre a caneta.

Pincéis

São usados para aplicar corretor líquido ou tinta branca. Também podem servir para pintar grandes áreas de preto.

Estilete

Com essa ferramenta é possível fazer efeitos cortando e arranhando o papel.

Bico de pena

Essas canetas possuem penas e pontas que determinam a espessura da linha, e são usadas para arte-final. É preciso mantê-as limpas após o uso.

Tinta nanquim

É usada na caneta bico de pena. A melhor tinta é aquela à prova d'água, pois não borra ao aplicar outras técnicas.

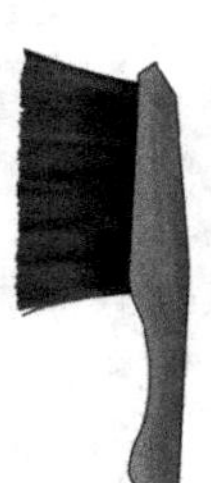

Escova

É indicada para limpar a mesa ou os esfarelados da borracha em seus desenhos. Com ela, pode-se fazer uma limpeza muito mais eficiente do que com as mãos.

Gabaritos, curva francesa e régua

- **Gabaritos:** existe uma grande variedade de formas e tamanhos. Com eles, é possível economizar um bom tempo para desenhos precisos, como rodas de carros e balões.
- **Curva francesa:** também existem em muitos formatos e tamanhos. São fáceis de usar, basta posicioná-las sobre o desenho até achar a curva que mais se assemelha com a que você quer desenhar.
- **Régua:** usada para linhas retas.

Anatomia:
Elementos e cabeça masculina

Olhos

Existem vários estilos de olhos em mangá, e, sempre que falamos sobre esses desenhos, certamente é sobre os grandes tamanhos. Devido a essa variedade, não existe uma forma específica para desenhá-los.

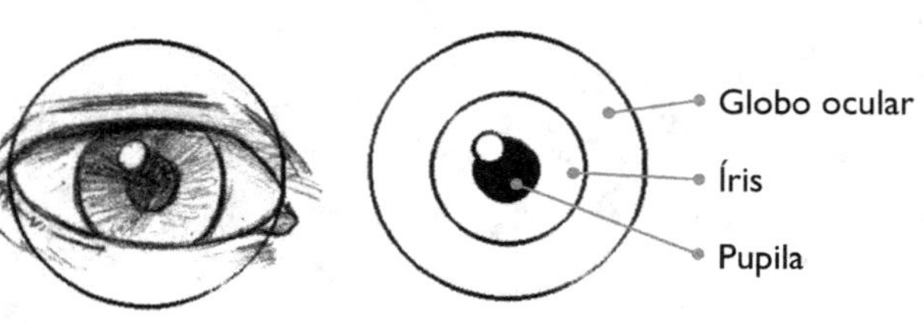

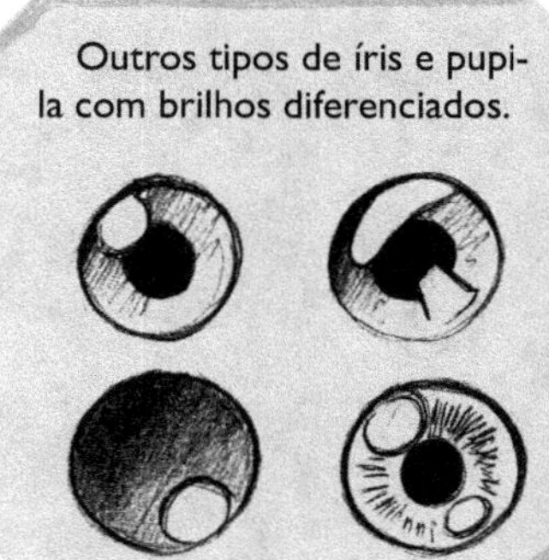

Frontal

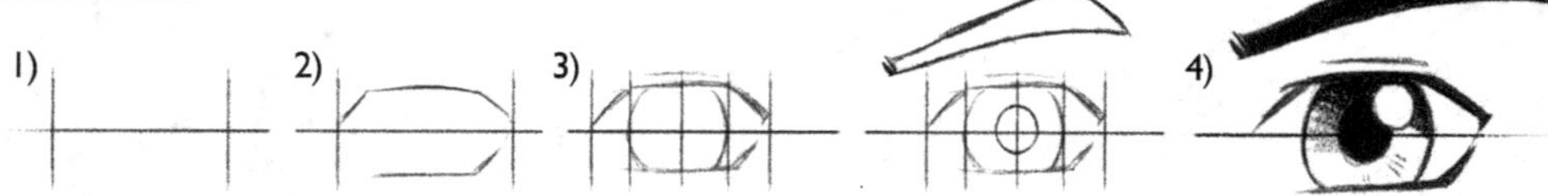

1) Inicie a construção por uma linha na horizontal e faça duas marcações, tanto no início quanto no final, para limitar o espaço que irá utilizar.

2) Na sequência, faça a marcação para as pálpebras superior e inferior.

3) Divida em quatro partes. Desenhe um círculo nas partes 2 e 3, respeitando o limite demarcado pelo desenho das pálpebras. Este círculo será a íris. Dentro dele, faça outro círculo, que será a pupila. Coloque a sobrancelha.

4) Agora é só desenhar os cílios da parte superior bem marcados, e os cílios da parte inferior mais suaves. Coloque o brilho e estará pronto.

3/4

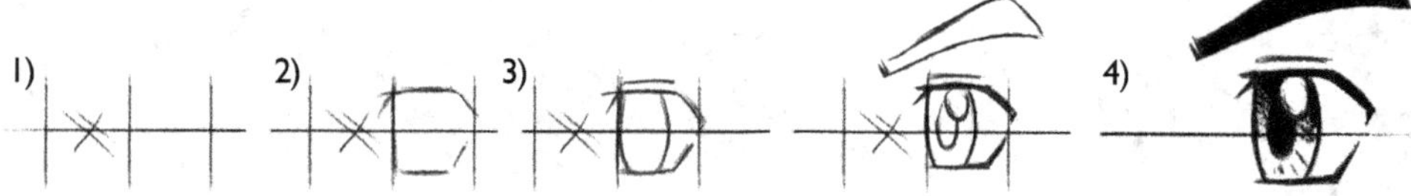

1) Inicie a construção igual ao olho anterior: na linha horizontal, trace duas linhas verticais: uma no início e outra no final. Divida ao meio e elimine uma parte.

2) Na sequência, faça a marcação para a pálpebra superior e inferior, dentro do espaço que irá utilizar.

3) Respeitando o limite das marcações das pálpebras, faça uma elipse para a íris e outra dentro desta, que será a pupila. Coloque o brilho com outra elipse e desenhe a sobrancelha.

4) Desenhe os cílios superiores e inferiores bem marcados. Coloque o brilho e estará pronto o olho.

Perfil

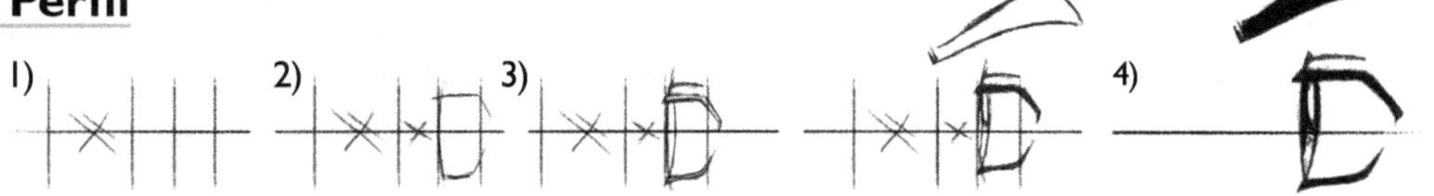

1) Inicie a construção da mesma forma que o olho anterior: com uma linha na horizontal e marcações ao meio. Elimine uma das partes e divida a outra ao meio.

2) Elimine uma dessas partes e faça a marcação para as pálpebras superior e inferior no espaço restante.

3) Respeitando o limite delimitado pelas marcações das pálpebras, faça uma elipse pequena para a íris, e outra interna para a pupila. Coloque o brilho com outra elipse e desenhe a sobrancelha.

4) Faça os cílios superiores e os cílios inferiores.

Desenhando o par de olhos

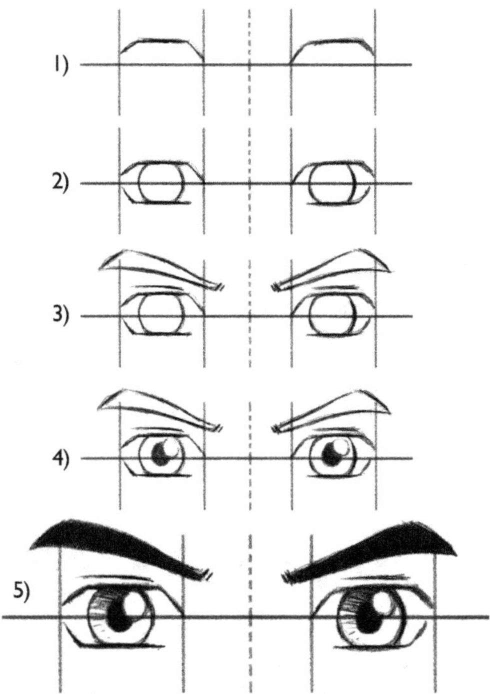

1) Quando desenhamos dois olhos, podemos partir do mesmo princípio da construção de apenas um olho, prolongando a linha horizontal. Para calcular a medida, utilize três vezes a largura do olho. Marque a pálpebra superior nos espaços das extremidades.

2) Depois da limitação das pálpebras, é hora de desenhar a íris. Siga a orientação do passo 3 frontal.

3) Desenhe as sobrancelhas nos dois olhos.

4) Faça as pupilas no interior dos círculos que representam a íris, e coloque o brilho com um círculo em ambos os olhos, para a mesma direção.

5) Agora, finalize aplicando sombras e apague as linhas de construções.

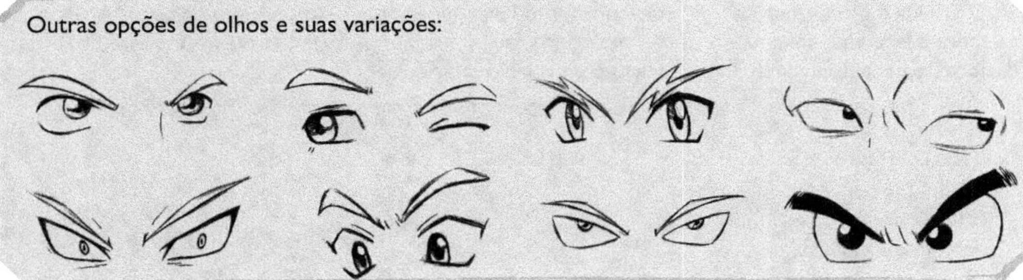

Boca

Em mangá, a boca é feita de forma simples e, muitas vezes, os lábios não são desenhados. Ela pode ser feita apenas com a linha interlabial, simplificando o traço e sugerindo que os lábios estejam ali.

Frontal

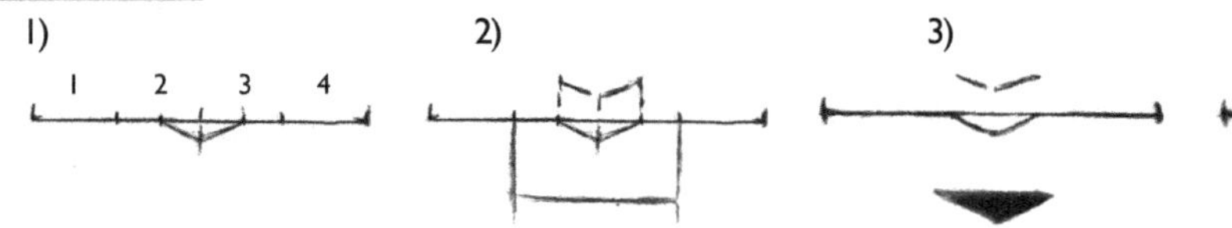

1) Comece fazendo uma linha na horizontal. Divida-a em quatro partes iguais e, depois, divida as duas partes do centro (2 e 3) ao meio. Trace, abaixo da linha horizontal, duas linhas que parecem um "V".

2) Projete para cima as linhas em "V" em uma altura com metade do espaço 2. Agora, desenhe uma linha abaixo entre o início da parte 2 e o final da parte 3, com espaço de uma parte.

3) Para finalizar, faça um triângulo escuro na linha horizontal entre a parte 2 e 3, e apague as linhas auxiliares, mantendo apenas a linha em "V" na parte superior.

3/4

1) Faça uma linha na horizontal, divida-a em quatro partes iguais e elimine a parte 1, usando apenas as partes 2 e 3. Divida essas duas partes ao meio, de forma a poder traçar uma linha em formato de "V".

2) Faça a linha em "V" acima, com a altura de meio espaço de uma parte. Faça uma linha abaixo da reta, da metade da parte 2 até o final da 3, com o mesmo espaçamento de uma parte.

3) Agora, na linha que foi feita entre a metade da 2 e o final da 3, faça um triângulo e apague as linhas auxiliares, mantendo apenas a linha em "V" na parte superior.

Perfil

1) Desenhe uma linha na horizontal, divida-a em quatro partes iguais e elimine as partes 1 e 2. Divida a terceira parte ao meio e faça uma linha na diagonal, do início da parte 3 até o meio, como no exemplo. Faça o mesmo para baixo.

2) Faça a marcação da linha desenhando o lábio superior e, em seguida, faça o mesmo traço para o lábio inferior, seguindo a medida de uma parte para baixo.

3) Reforce as linhas e terá o desenho da boca. Apague as linhas desnecessárias.

Exemplos

Todas as construções partem da linha interlabial e sempre mantêm a simplicidade.

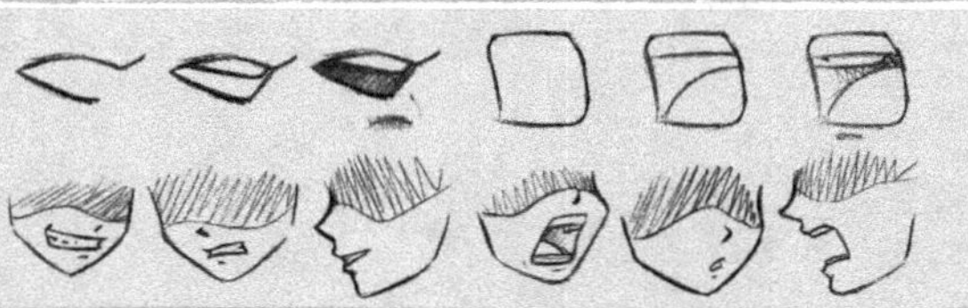

Nariz

Possui uma forma triangular e, no mangá, é feito de forma simplificada, com poucos traços. Às vezes é usada somente a marcação das narinas.

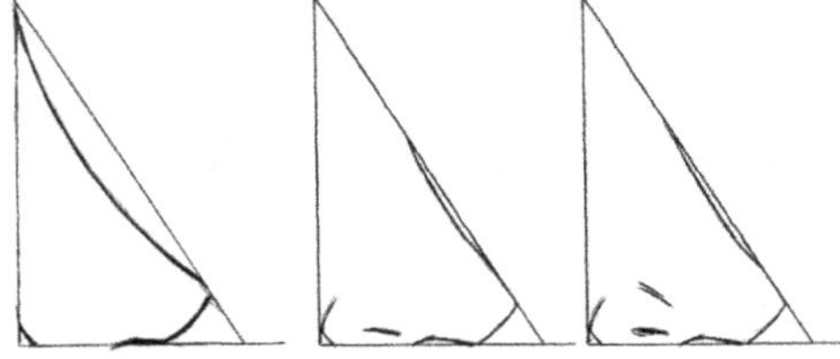

Sua construção sempre vai partir de uma forma triangular e é localizada entre os olhos, podendo variar conforme o personagem. Veja alguns exemplos de nariz abaixo.

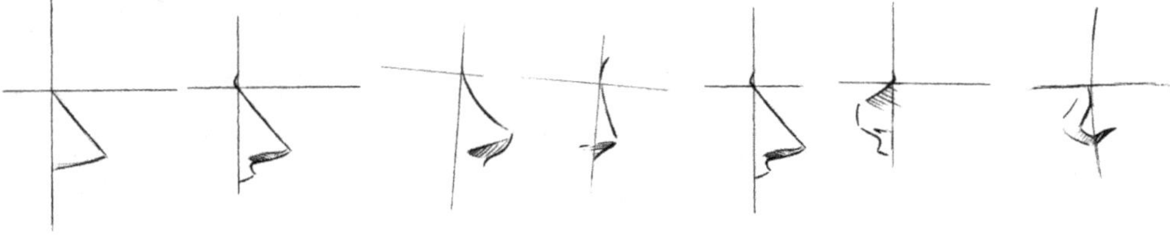

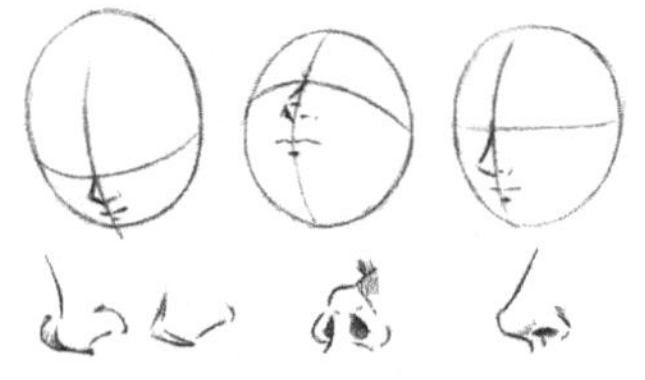

As narinas podem aparecer de acordo com o ângulo da cabeça, mas sua forma triangular sempre é evidente.

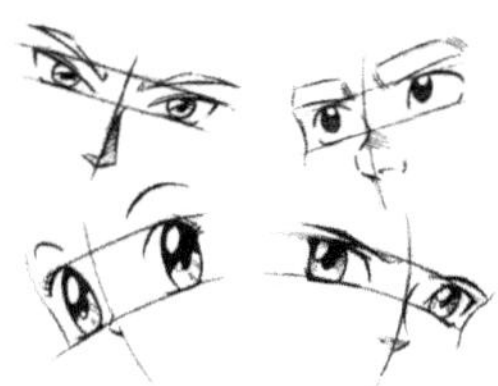

O tamanho do nariz pode variar de acordo com o tamanho dos olhos.

Orelhas

Sejam femininas ou masculinas, sempre partem de um oval. A área interna, chamada de pavilhão auditivo, é desenhada de forma simplificada.

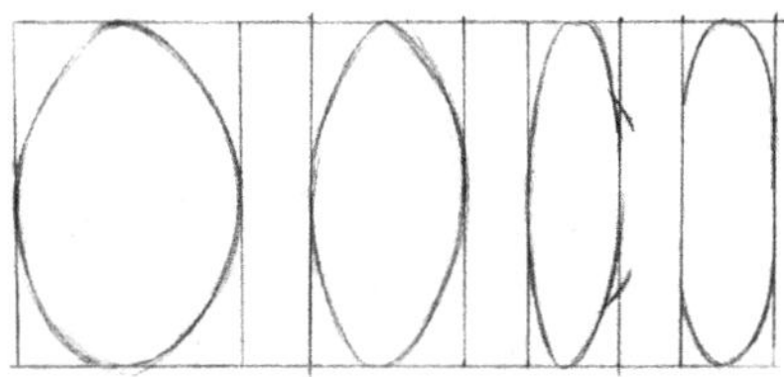

Sua construção se inicia a partir de um oval.

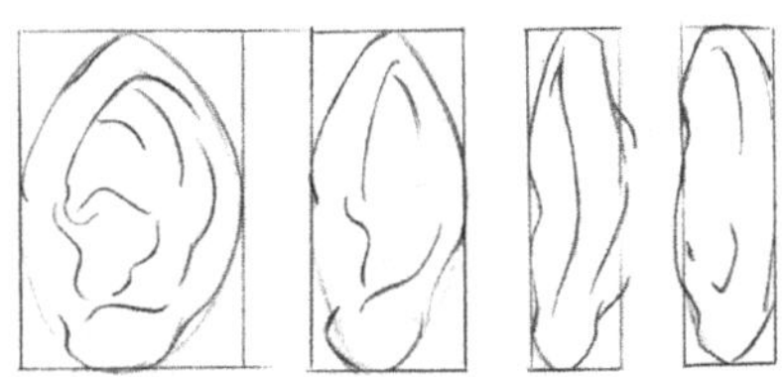

Em seguida, desenha-se o pavilhão auditivo na parte interna do oval.

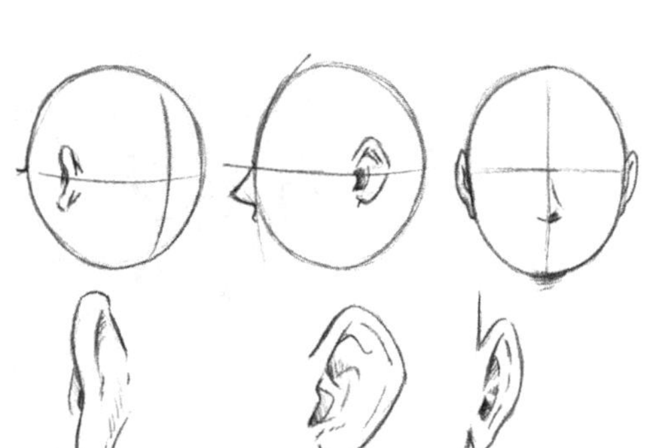

Podemos ter a medida entre as sobrancelhas e o final do nariz como base de tamanho para as orelhas. No mangá, isso pode variar de acordo com o tipo do personagem.

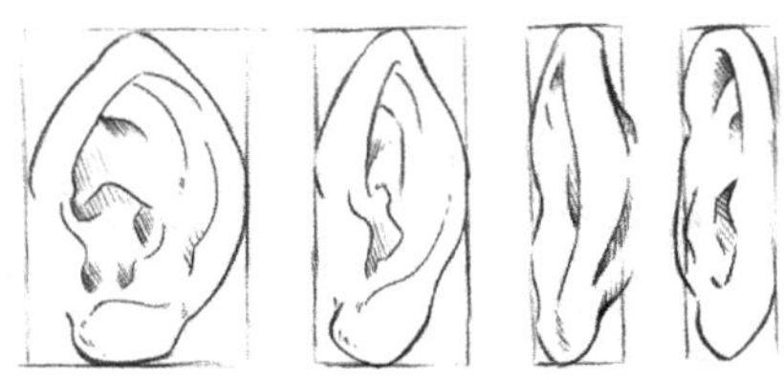

Basta apagar as linhas desnecessárias e definir.

Construção da cabeça

Como nos passos anteriores, podemos desenhar qualquer coisa partindo de figuras geométricas. Assim, vamos juntar os exercícios feitos e desenhar uma cabeça.

Frontal

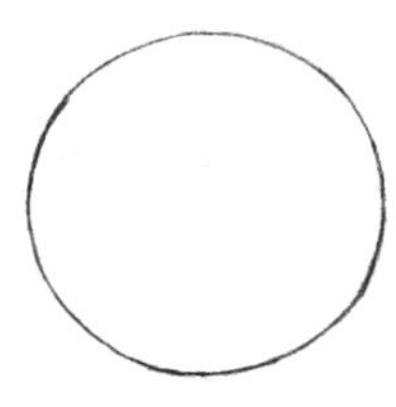 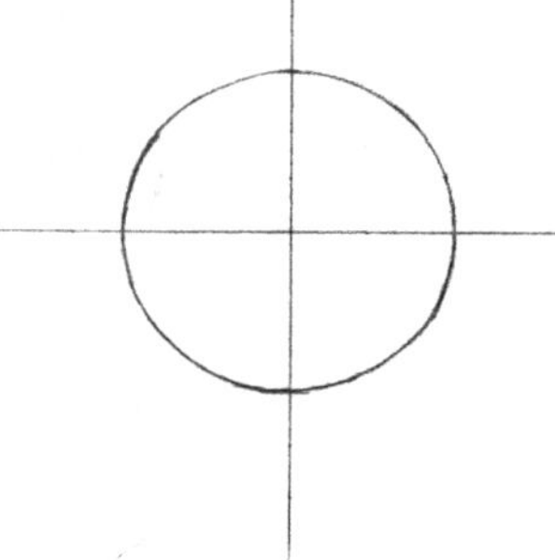 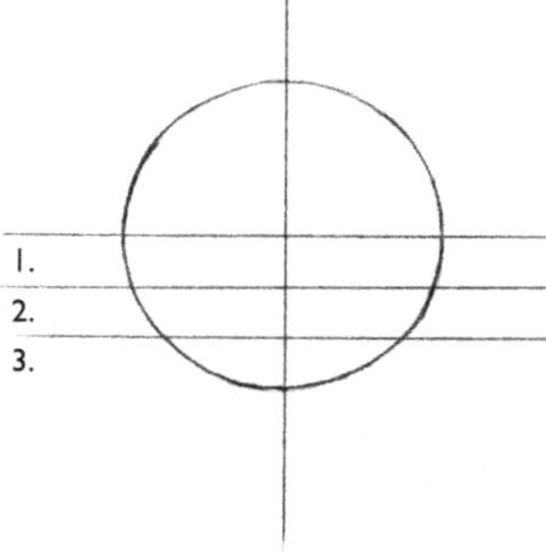

1) A construção da cabeça se inicia com o desenho de um círculo mais perfeito possível.

2) Divida o círculo em duas partes iguais, tanto na horizontal como na vertical.

3) Divida a metade de baixo em três partes iguais.

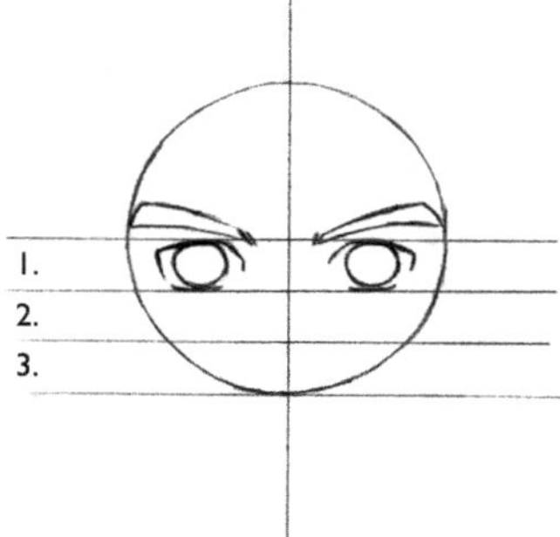 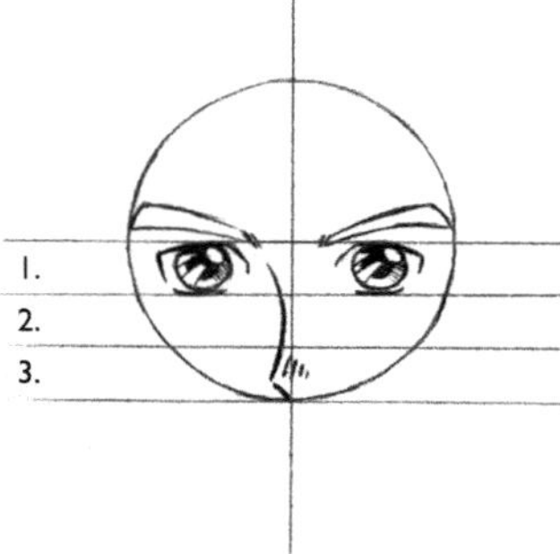 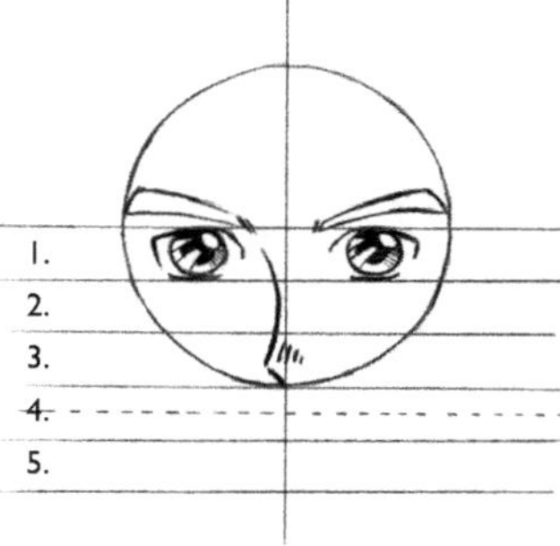

4) Na primeira parte ficarão os olhos. Desenhe-os de forma que ocupem toda essa parte.

5) Agora, desenhe o nariz, com tamanho que parta dos olhos até o final da terceira parte, e fique ao centro do círculo.

6) Adicione mais duas partes abaixo. Divida a quarta parte ao meio, horizontalmente, com uma linha pontilhada.

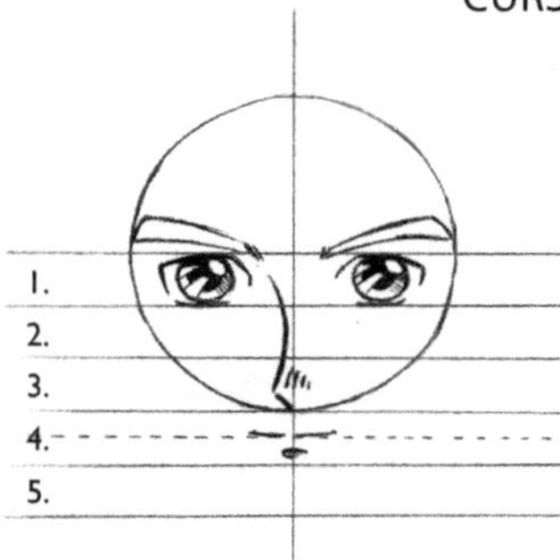

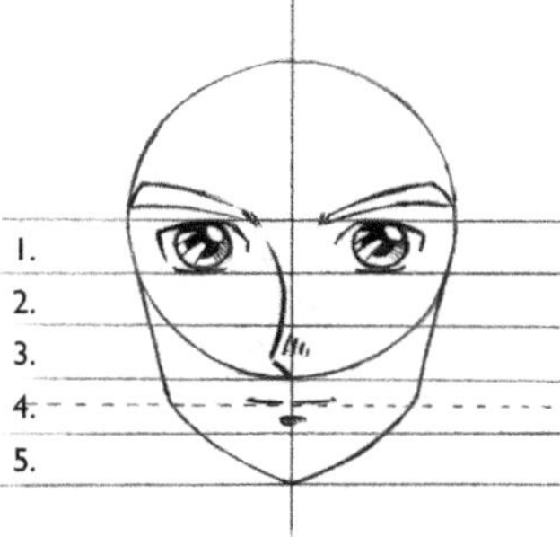

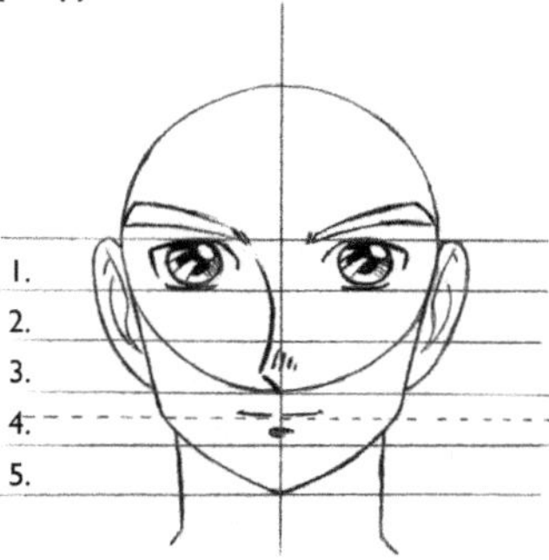

7) Desenhe a linha do inter-labial nesta marcação pontilha-da. Ela será a referência para a localização da boca.

8) Agora, feche o limite do maxilar com linhas nas laterais. A partir da linha pontilhada, eleve o traço do centro até o final da parte 5.

9) Nas laterais, desenhe as orelhas. Elas se iniciam na linha dos olhos e terminam na linha do nariz. Faça também as linhas do pescoço.

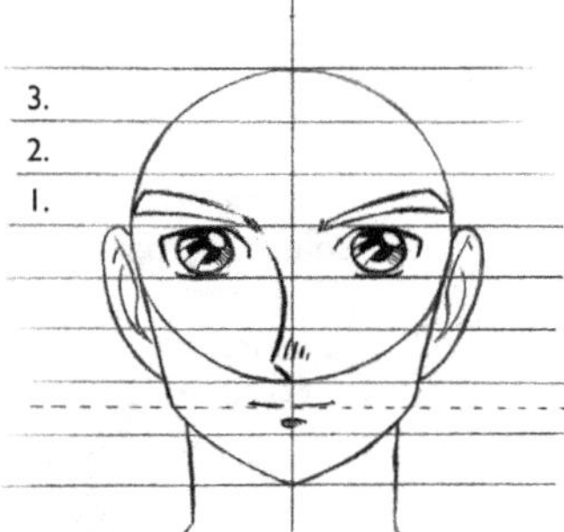

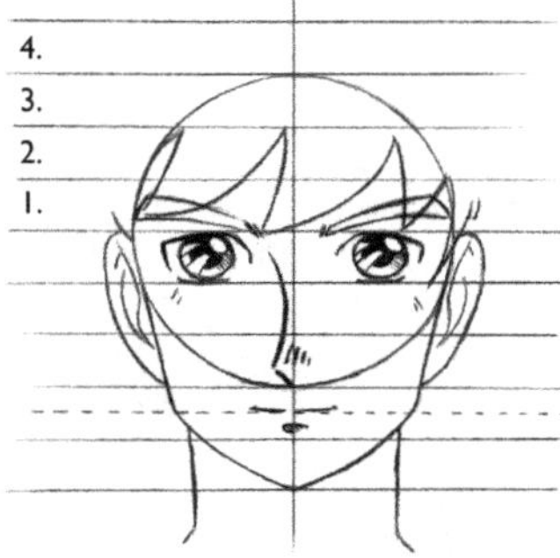

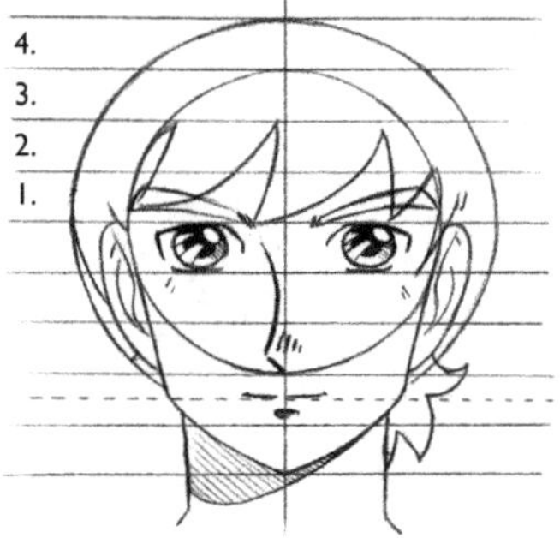

10) Divida, então, a parte superior em 3 partes iguais, como foi feito na etapa 3.

11) Desenhe o começo da franja do cabelo no fim da segunda parte. Faça as mechas próximas aos olhos. Adicione mais uma parte acima.

12) Faça um semicírculo partindo da linha da parte 4 até a linha tracejada da boca.

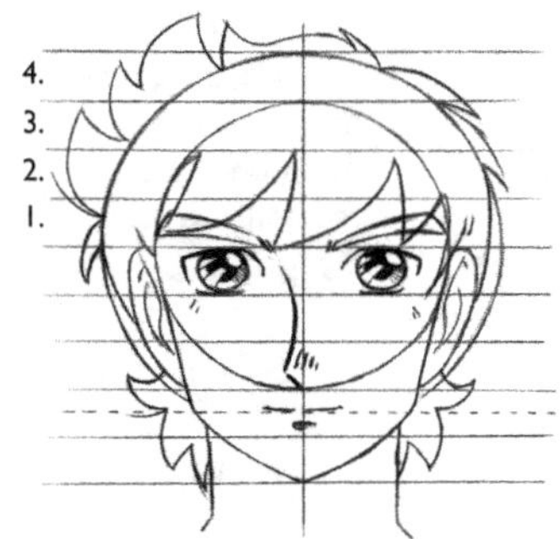

13) Desenhe as mechas do cabelo partindo deste círculo. Desenhe também algumas me-chas atrás das orelhas. Apague as linhas de construção e seu desenho está pronto.

3/4

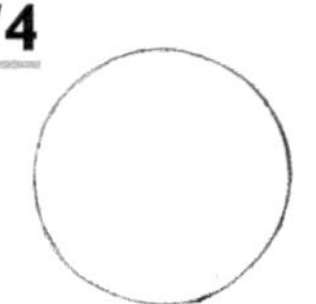

1) Seguindo o exercício anterior, iniciaremos a construção da cabeça por meio de um círculo.

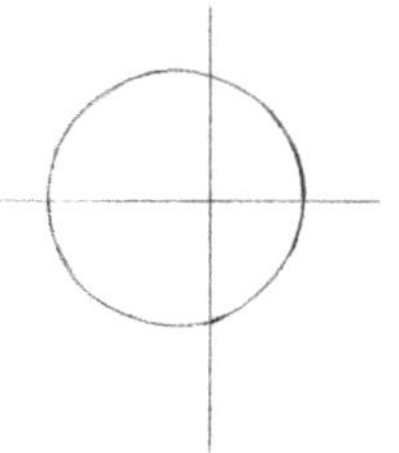

2) Divida o círculo em duas partes iguais, tanto na horizontal como na vertical, segundo o exemplo.

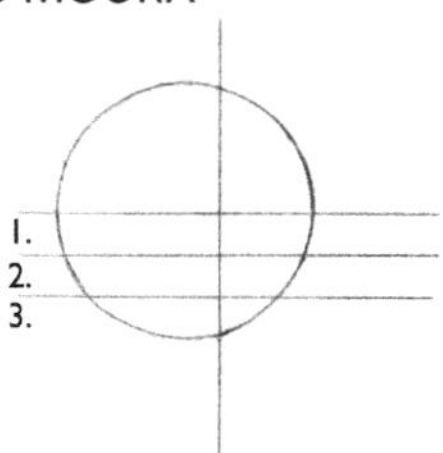

3) Divida a metade de baixo em três parte iguais.

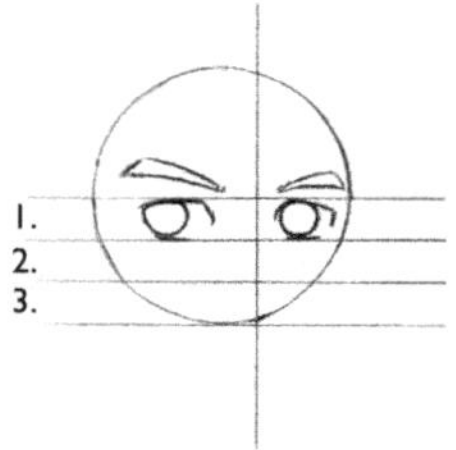

4) Na primeira parte ficarão os olhos. Desenhe-os de forma que eles ocupem toda essa parte.

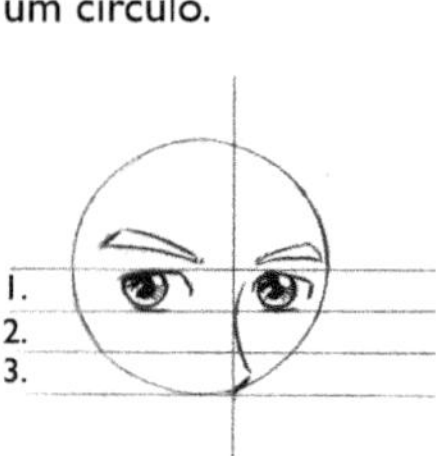

5) Desenhe o nariz, cujo tamanho será dos olhos até o final da terceira parte, e ficará no centro do círculo.

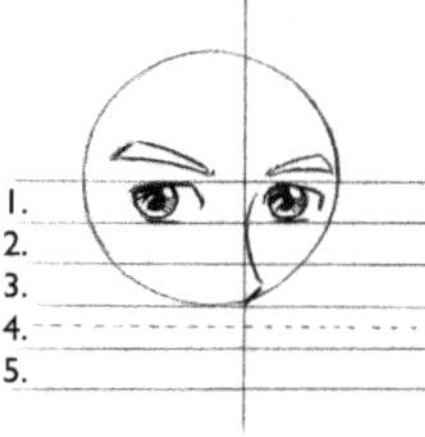

6) Adicione mais duas partes abaixo. Divida a quarta parte ao meio, horizontalmente, com uma linha pontilhada.

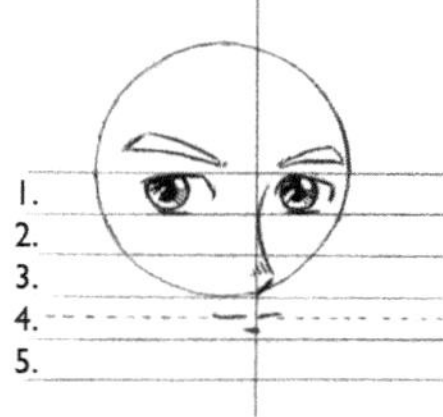

7) Desenhe a linha do interlabial nesta marcação pontilhada. Ela será a referência para a localização da boca.

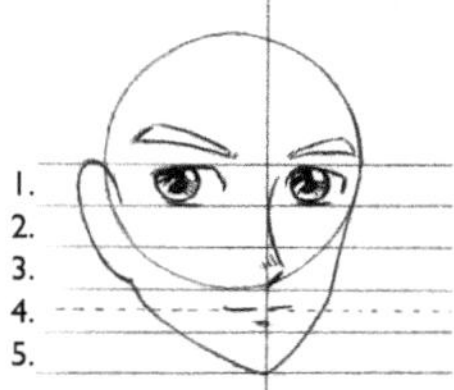

8) Agora, feche o limite do maxilar com linhas nas laterais e leve até a linha central, fazendo o formato do rosto.

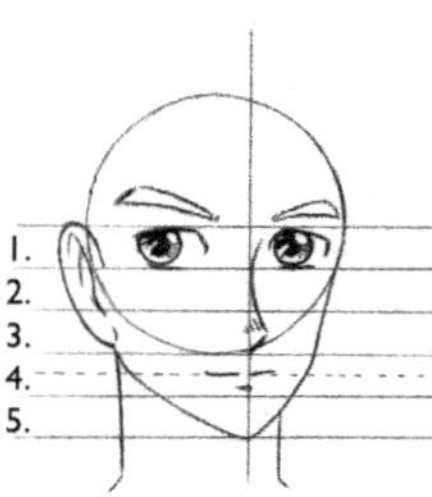

9) Desenhe a orelha do início da linha dos olhos até o fim da linha do nariz. Faça as linhas do pescoço.

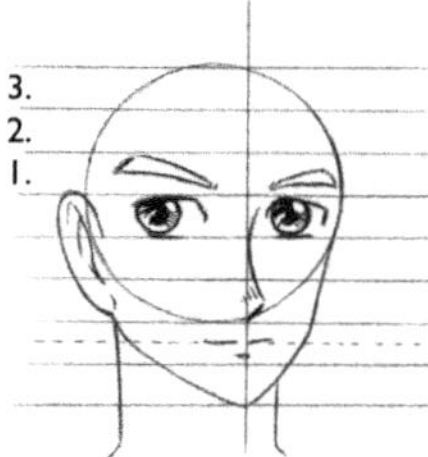

10) Divida a parte superior em três partes, como foi feito na etapa 3.

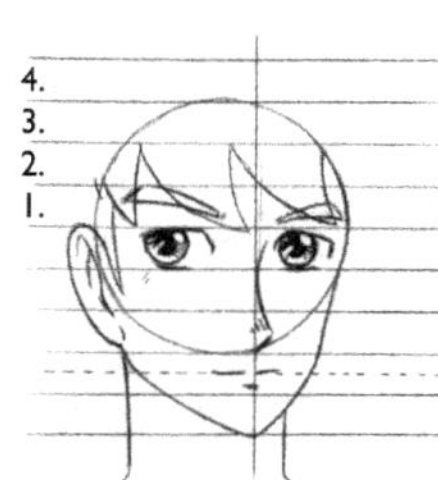

11) No fim da segunda parte, desenhe o começo da franja, Faça mechas próximas aos olhos. Adicione mais uma parte acima.

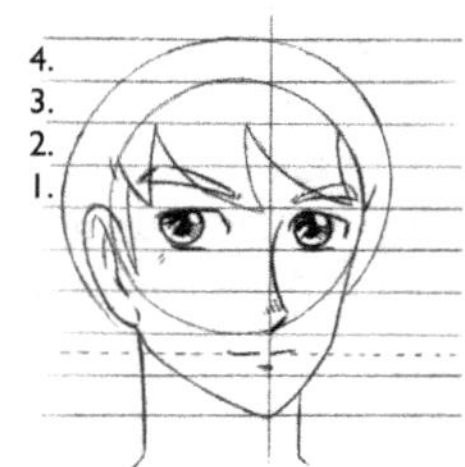

12) Faça um semicírculo partindo da parte 4 até a linha tracejada da boca.

13) Desenhe as mechas do cabelo partindo deste círculo. Apague as linhas de construção e seu desenho está pronto.

Perfil

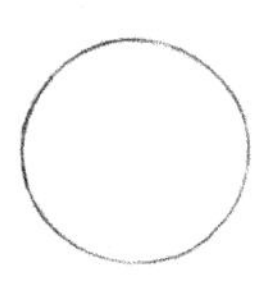 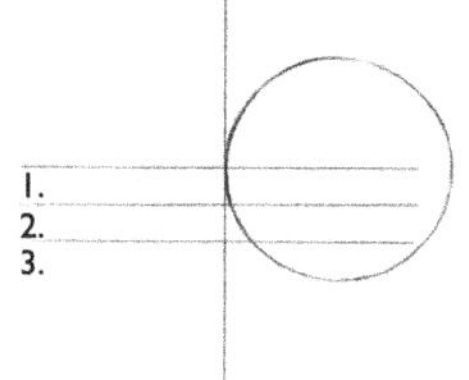 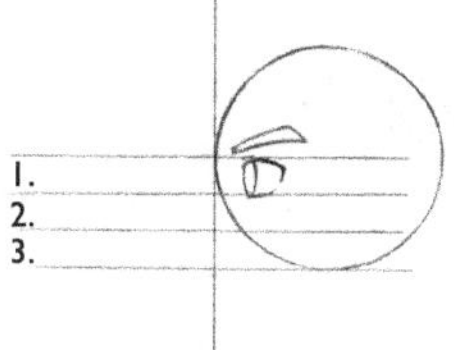

1) Inicie a construção da cabeça por meio de um círculo.

2) Divida o círculo em duas partes iguais na horizontal. Depois, trace uma linha tangente à esquerda.

3) Divida a metade de baixo em três partes iguais.

4) Na primeira parte irá ficar o olho. Desenhe-os de perfil, de forma que eles ocupem toda esta parte.

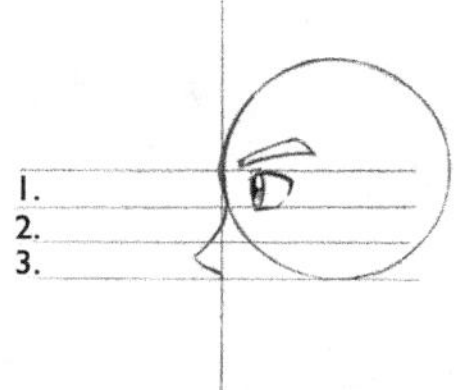 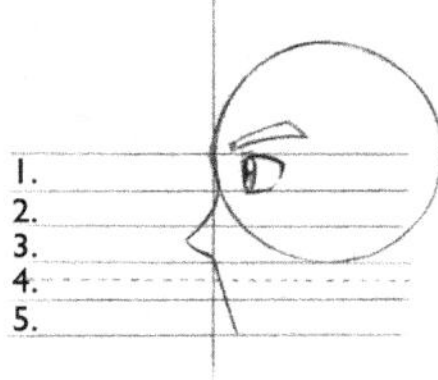 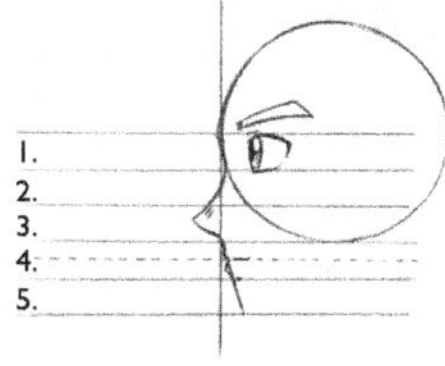 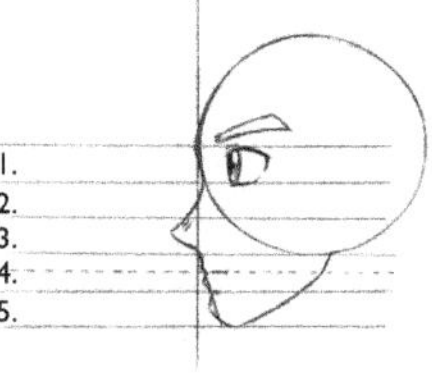

5) Desenhe o nariz, cujo tamanho irá dos olhos até o final da terceira parte, ficando um pouco à frente da tangente vertical.

6) Adicione mais duas partes abaixo. Divida a quarta parte ao meio, com uma linha pontilhada.

7) Desenhe a linha interlabial nesta marcação pontilhada. Ela será a referência para a localização da boca. O comprimento da linha do interlabial deverá ser até a íris.

8) Desenhe o queixo e feche o limite do maxilar na lateral até a parte 4.

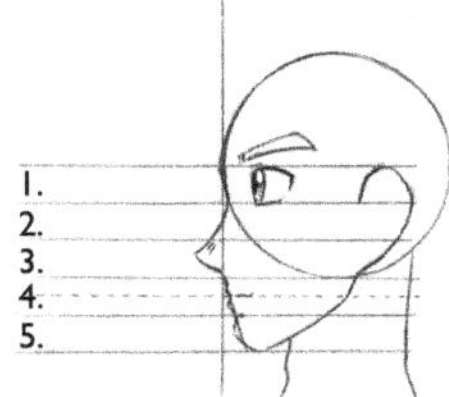 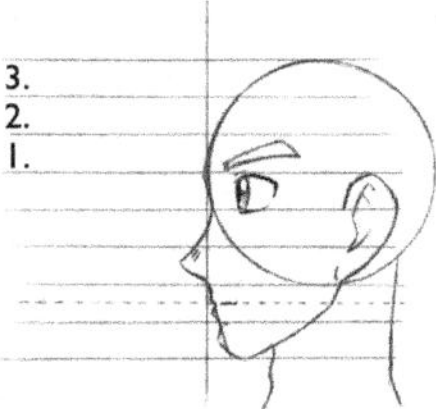 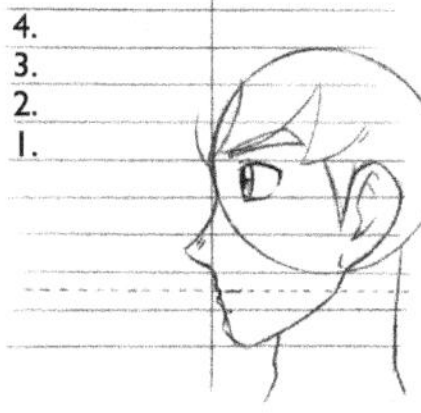 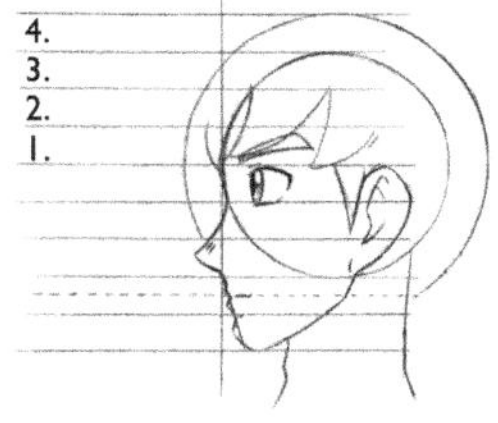

9) Desenhe a orelha do início da linha dos olhos até a linha do nariz. Faça as linhas do pescoço.

10) Divida a parte superior em três partes, como foi feito na etapa 3.

11) No fim da segunda parte, desenhe o começo da franja. Faça as mechas próximas aos olhos. Adicione mais uma parte acima.

12) Faça um semicírculo partindo da parte 4 até a linha tracejada da boca.

13) Agora, desenhe as mechas do cabelo partindo deste círculo. Desenhe também uma mecha na parte de trás da cabeça, como mostra a figura. Apague as linhas de construção e seu desenho está pronto.

Cabelos

São sempre muito elaborados, com cores e penteados variados, para destacar os personagens. Em alguns estilos de mangá, eles são responsáveis pela diferenciação entre os personagens.

Comece desenhando os cabelos pelas mechas, em formatos triangulares, com algumas curvas. Dessa forma, você dará volume com sobreposição e irá definir o estilo do penteado. Observe as figuras e veja as setas direcionando o cabelo.

A definição do cabelo não possui fios e, com poucos traços, é possível marcar o direcionamento. Em alguns casos, os cabelos são chapados de preto com apenas um brilho na parte superior.

Observe que, de acordo com o movimento da cabeça e o vento, os cabelos podem tomar formas diferentes.

Outras variedades de cabelos e estilos:

Expressões

As expressões demonstram sentimentos. Com apenas alguns movimentos dos olhos, sobrancelhas e boca, é possível representar o estado emocional do desenho. Em mangá, as expressões podem ser retratadas com mais ênfase devido aos grandes olhos dos personagens.

Alguns exemplos de expressões em personagens variados:

  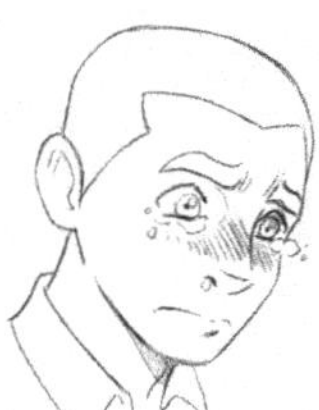 

Quando ocorrem expressões exageradas, os personagens sofrem grande distorção em sua estrutura facial. Alguns elementos como boca, olhos e sobrancelhas saltam para fora, mudam de forma ou até somem.

Variações de idade

Em mangá, as principais mudanças no crescimento do personagem ocorrem nos olhos. Eles diminuem de tamanho, mas ainda são maiores do que o normal. Isto pode ser visto em vários animes e mangás cujas histórias começam com os personagens crianças.

Nas crianças, os olhos são bem grandes, com brilhos evidentes e formato da cabeça mais arredondado, com o maxilar e nariz menores.

Os adolescentes possuem olhos menores e traços faciais mais delineados. O formato da cabeça é mais oval.

Nos adultos, os olhos são um pouco menores, ao passo que o nariz e as orelhas são maiores. O cabelo também pode sofrer mudanças.

Os idosos têm as linhas do rosto mais marcadas e os olhos são mais caídos. Surgem muitas rugas e há perda de cabelo em alguns casos.

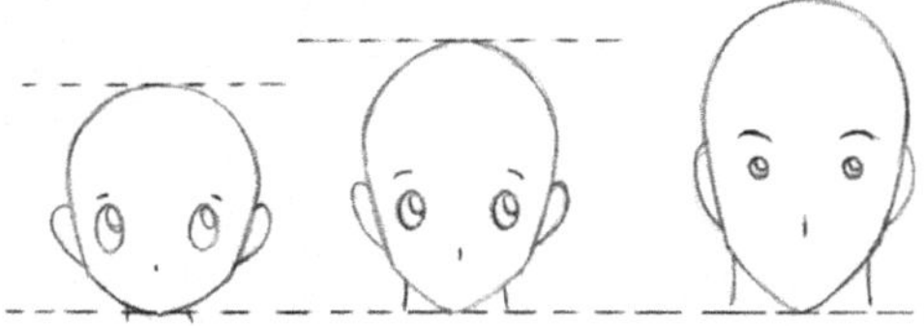

Observe na figura ao lado que, além da variação dos olhos, há variação no tamanho da cabeça conforme o personagem envelhece.

Alguns exemplos de personagens de diversas idades:

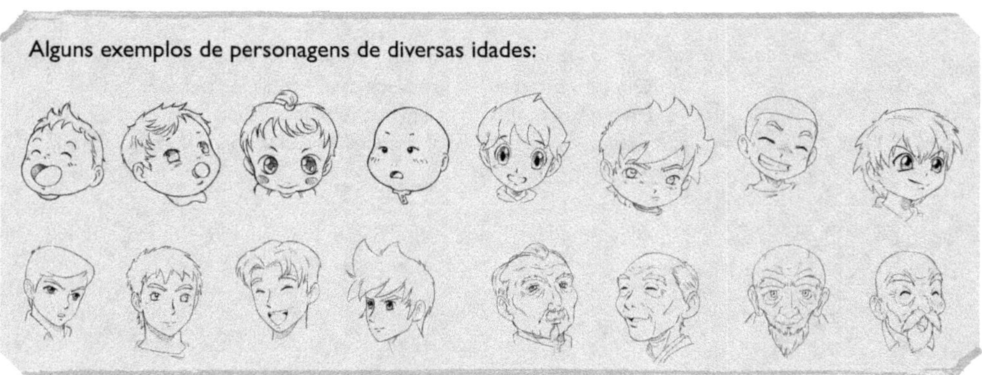

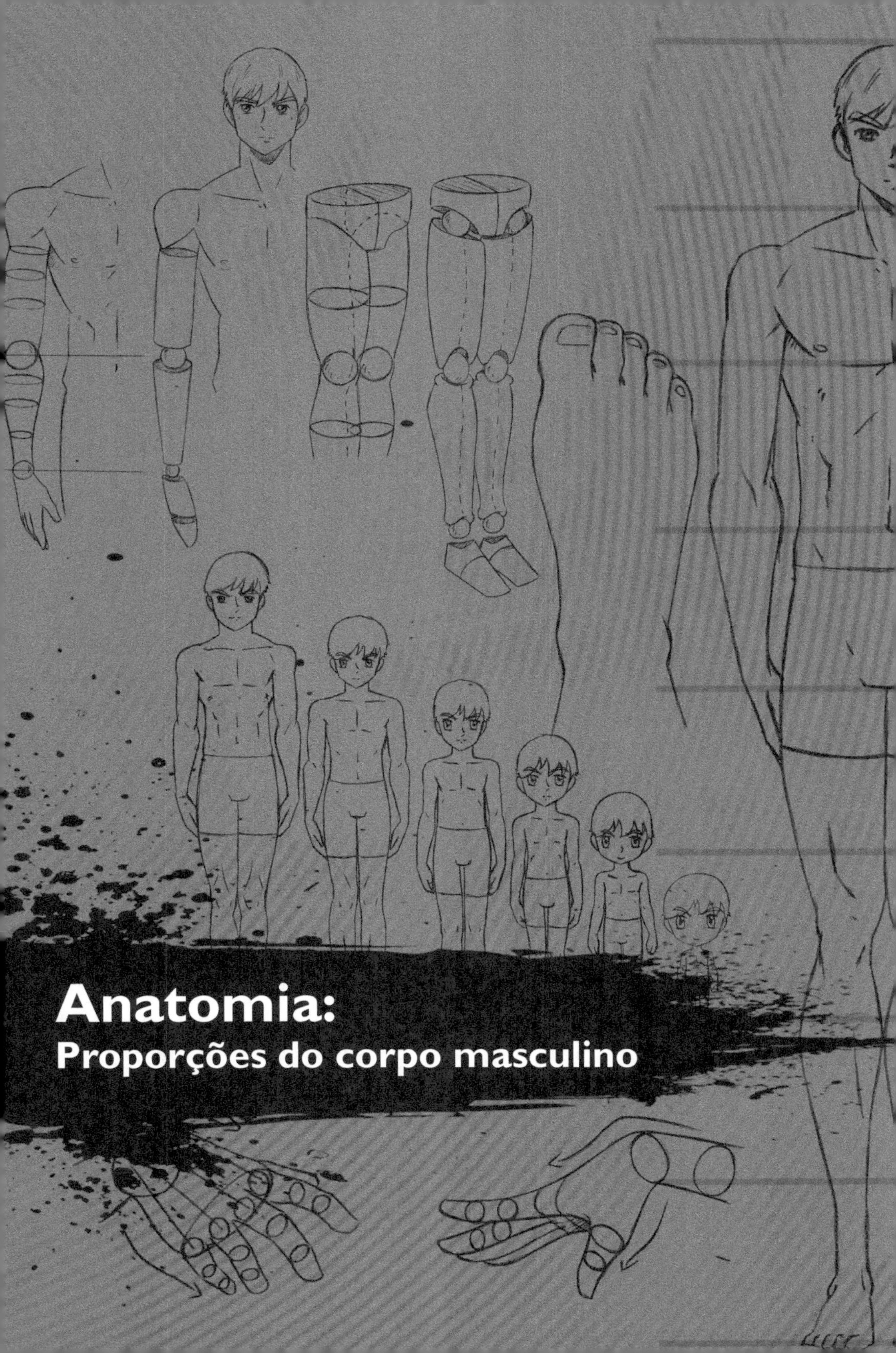

Anatomia:
Proporções do corpo masculino

Corpo masculino

Desde que nascemos, nosso corpo sofre muitas mudanças e, à medida que vamos crescendo e nos desenvolvendo, essas alterações vão se tornando mais evidentes. O mesmo acontece quando vamos desenhar um personagem. É preciso observar essa evolução e procurar retratar da melhor maneira possível cada fase. Observe o exemplo abaixo:

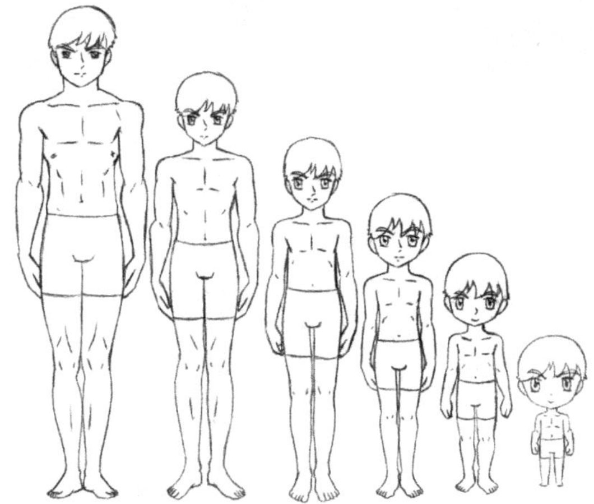

Frontal

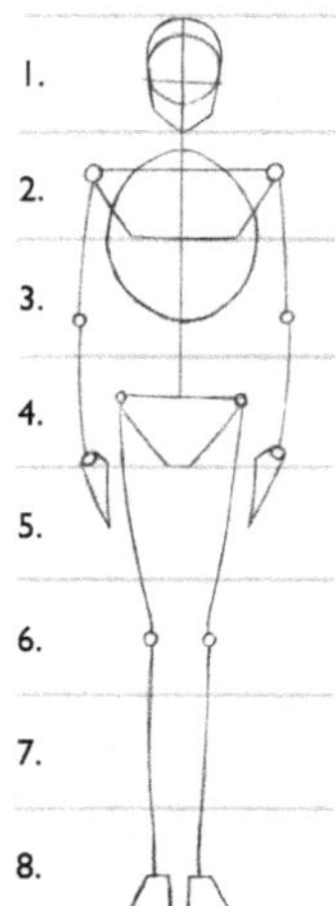

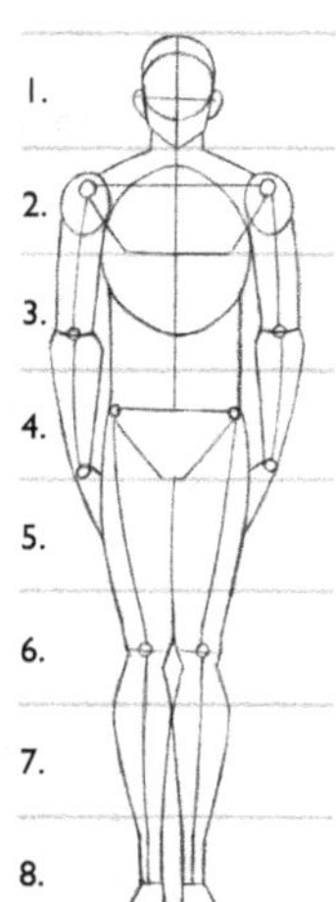

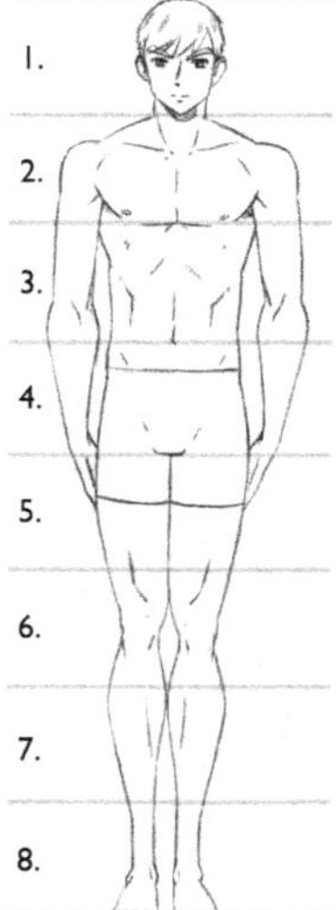

Para começar a desenhar a figura humana e achar sua proporção, desenhe a cabeça. Abaixo dela, repita mais oito vezes sua medida, que será a altura do corpo. Faça as marcações com linhas e figuras geométricas: a segunda cabeça é a região dos ombros e o final do peito; na terceira cabeça ficam as costelas e os cotovelos; a quarta cabeça representa o quadril e os pulsos. Na quinta parte ficarão as pernas e as mãos. Ao meio da sexta cabeça ficam os joelhos. Na sétima cabeça continua a perna e, por fim, a oitava parte abriga o fim das pernas, os calcanhares e os pés.

O processo anterior foi uma base para a construção do manequim, como se fosse o esqueleto da figura humana. Agora, é preciso preencher os espaços colocando os volumes das partes do corpo, com linhas externas, tendo como base a marcação anterior. Forma-se, assim, o manequim da figura. No próximo passo, apague as linhas desnecessárias. Defina a figura adicionando o rosto e a marcação do corpo, como os músculos, as mãos e os pés.

3/4

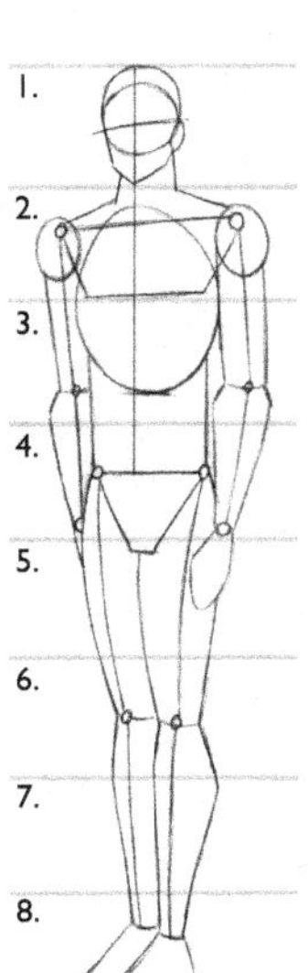

Siga a mesma marcação do passo anterior, com apenas uma diferença, já que a posição não é frontal: a linha de eixo será deslocada, neste caso, para a esquerda, e dará impressão de que um lado é maior do que o outro. Mantenha o processo de marcações com linhas e figuras geométricas e siga o padrão. A segunda cabeça é a região dos ombros e o final do peito. Na terceira cabeça ficam as costelas e os cotovelos. Na quarta cabeça ficam o quadril e os pulsos. A quinta cabeça abriga coxas e mãos. Ao meio da sexta cabeça ficam os joelhos. A sétima cabeça é a continuação da perna, e, por fim, a oitava cabeça abriga o final das pernas, os calcanhares e os pés.

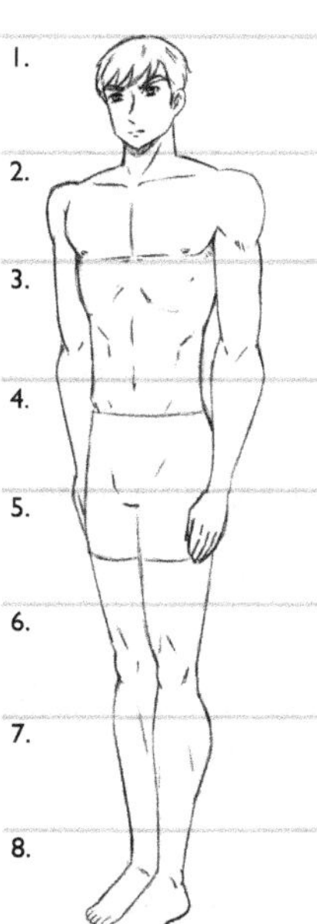

Feita a estrutura base da figura, é preciso preencher os espaços, colocando os volumes das partes do corpo com linhas externas, tendo como base a marcação anterior. Um lado aparecerá mais do que o outro, que estará encoberto pelo volume. Forma-se, assim, o manequim da figura. No próximo passo, apague as linhas desnecessárias. Defina a figura, adicionando o rosto e a marcação do corpo, como os músculos, as mãos e os pés.

Perfil

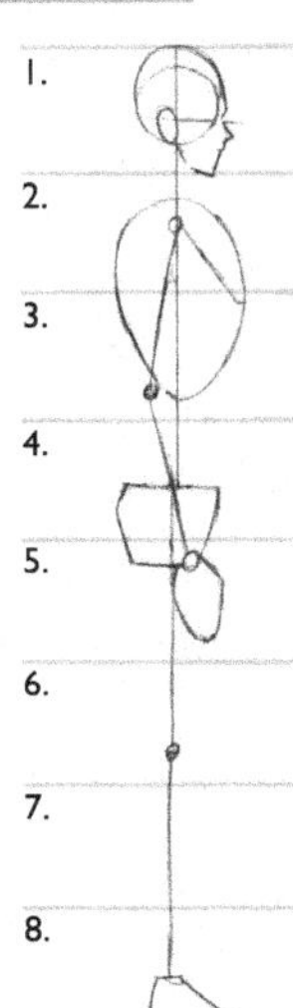

A marcação principal fica no meio, mas a figura e seus elementos ficam de lado. Dessa forma, as partes do corpo que são simétricas (orelha, olho, braço, mão e perna) só serão desenhadas uma vez. Continue o processo pelas marcações com linhas e figuras geométricas. Relembre as medidas: na segunda cabeça ficam o ombro, o final do peito e as costas. Terceira cabeça ficam as costelas e o cotovelo. Quarta cabeça ficam o quadril, pulso e parte do glúteo. Na quinta cabeça estão a perna e a mão. Ao meio da sexta cabeça está o joelho. Sétima cabeça: continuação da perna. A oitava cabeça abriga o final da perna, o calcanhar e o pé.

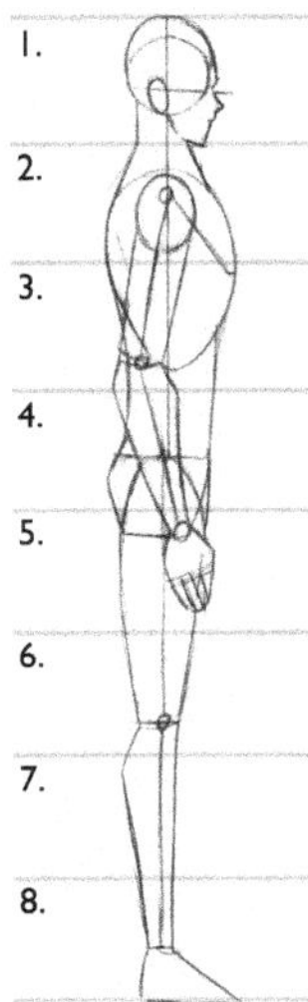

Preencha os espaços da mesma forma que os exemplos anteriores. Coloque os volumes das partes do corpo com figuras geométricas, tendo como base a marcação anterior. O passo seguinte é igual ao exercício já feito: apague as linhas de construção e defina a figura, trabalhando o rosto e a marcação do corpo, como músculos, mãos e pés.

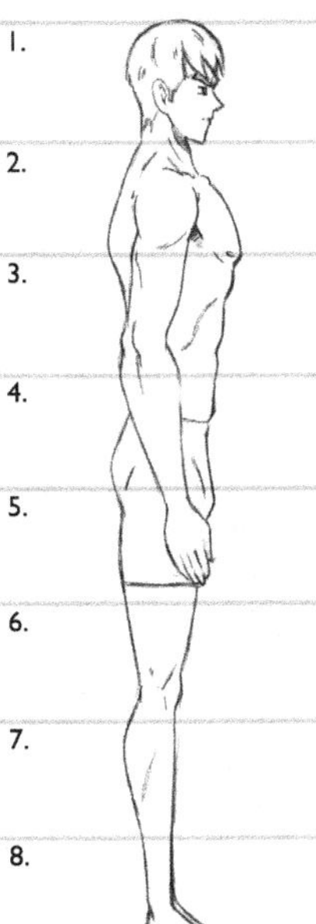

Braços

As construções dos braços são baseadas em figuras geométricas e, depois, são colocados os volumes para formar os músculos.

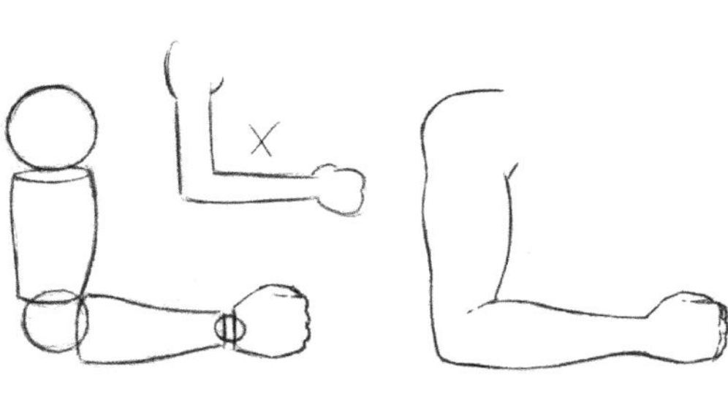

Sempre trabalhe os volumes para dar mais fidelidade ao desenho. Observe que o corpo sempre é baseado em cilindros e possui articulações entre as partes.

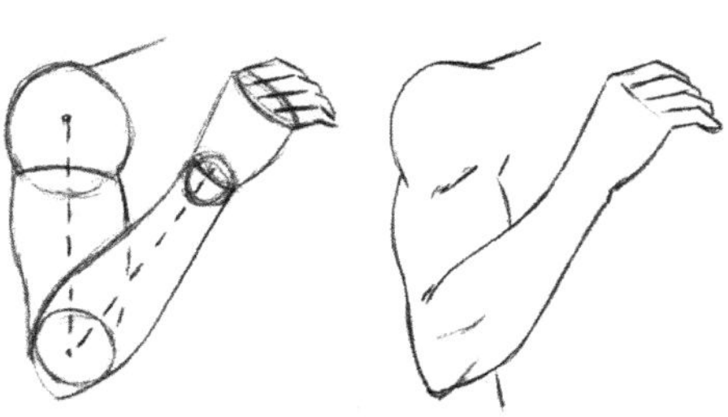

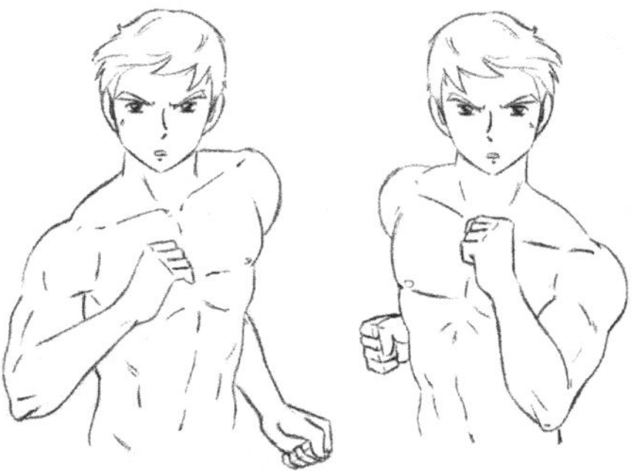

Mesmo que a figura esteja em movimento e seu desenho não apareça, deve-se considerar o espaço proporcional que cada parte ocupará.

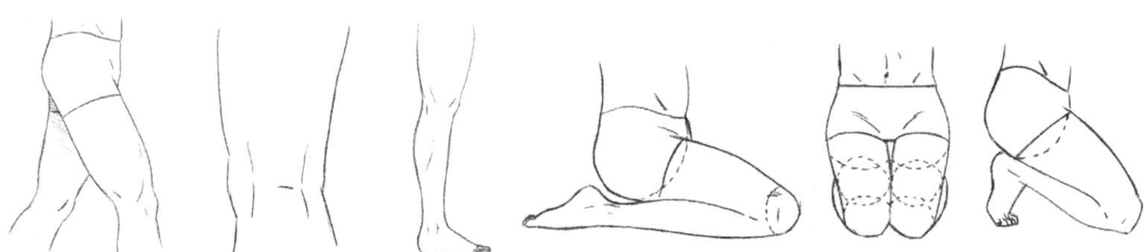

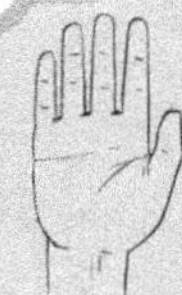

Mãos

Na construção dos mangás, as mãos são importantes para ajudar na expressão corporal, pois demonstram os movimentos de ataque, defesa e habilidades específicas relacionadas à cena.

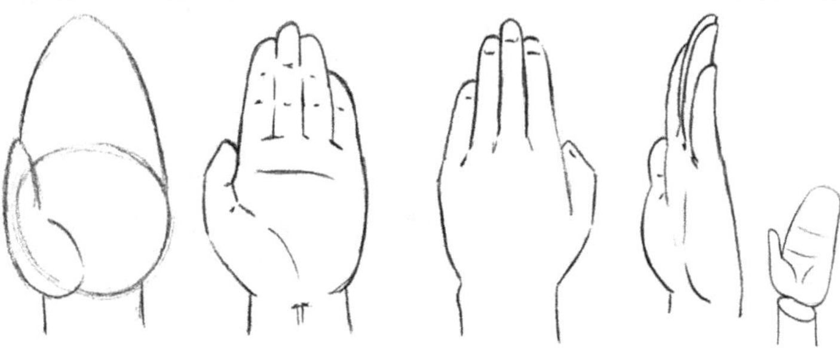

1) Para iniciar a construção das mãos, faça um círculo e replique-o uma vez acima, com formato mais oval. Na parte superior ficarão os dedos e, na inferior, a palma ou costas da mão. Para desenhar o polegar, tome como base a metade do círculo superior.

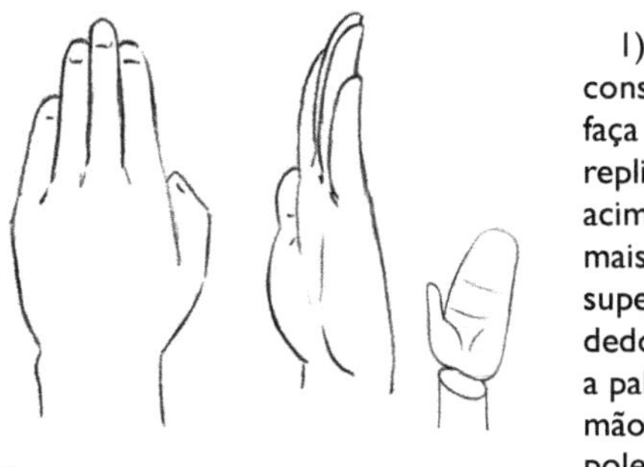

2) As mãos possuem várias articulações, que são divididas para dar movimento. Os quatro dedos juntos à palma possuem três divisões cada, o dedão possui duas divisões. As unhas ocupam metade da primeira divisão de cada dedo, e podem ser desenhadas em formatos quadrados ou arredondados, de acordo com a forma da mão.

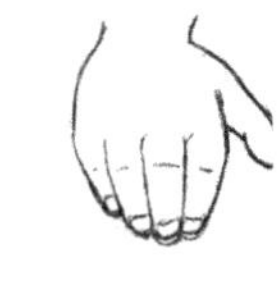

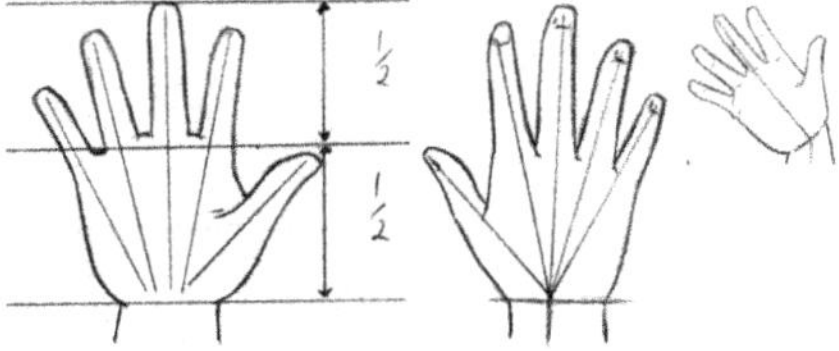

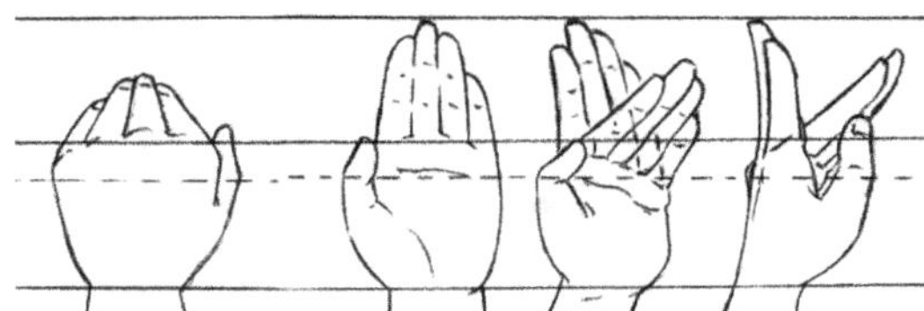

Geralmente, o dedo médio é o maior de todos e possui o mesmo comprimento da palma da mão. Os demais formam um arco que vai diminuindo de tamanho. Na maior parte dos casos, a palma sempre se mantém maior do que o restante dos dedos, de acordo com a perspectiva.

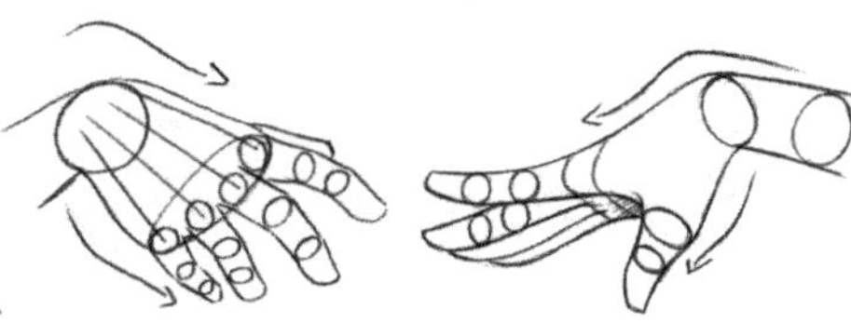

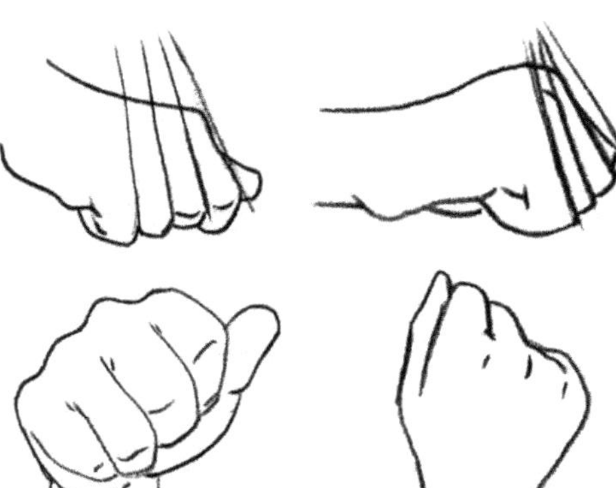

Na anatomia, o encaixe do pulso para a mão deve ser levemente mais largo do que a parte superior da mão. Desenhe-o de forma que os dedos fiquem sempre em linhas retas, de acordo com o direcionamento.

Pés

Na criação do mangá, os pés dos personagens que não usam vestimentas devem estar com o melhor acabamento possível. Em alguns casos, os pés são feitos de forma exagerada, para que o personagem tenha um estilo diferenciado.

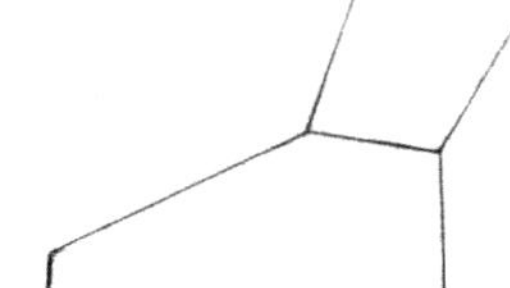

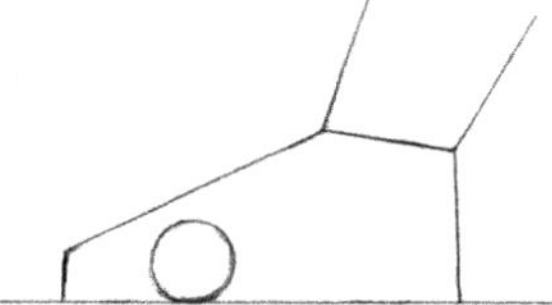

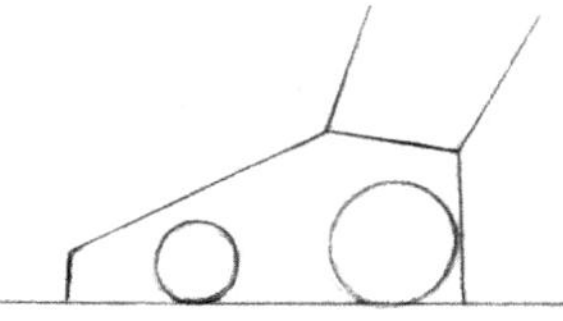

A) Conforme a imagem acima, trace uma linha na horizontal e divida-a em três partes iguais.

B) Para desenhar a altura, use a medida de uma parte e meia para cima. Entre as partes A e B da linha horizontal, desenhe um círculo com altura de meia parte da medida A.

C) Desenhe outro círculo, um pouco maior, com a largura da parte C.

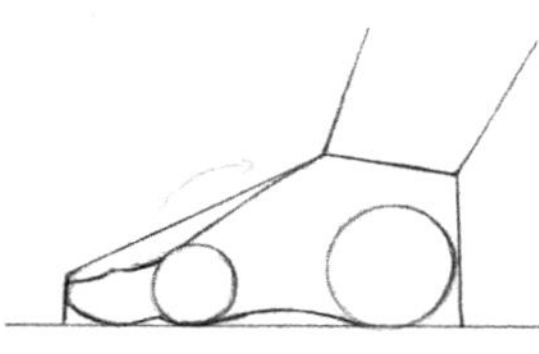

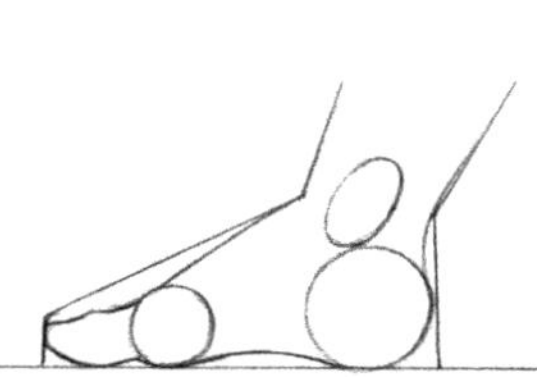

D) Na sequência, marque uma linha na parte superior, partindo do início da parte C. Passe pelo círculo e termine no início da parte A. Não trace a linha até a reta horizontal. Termine na altura do centro do círculo menor.

E) Defina as formas conforme a figura.

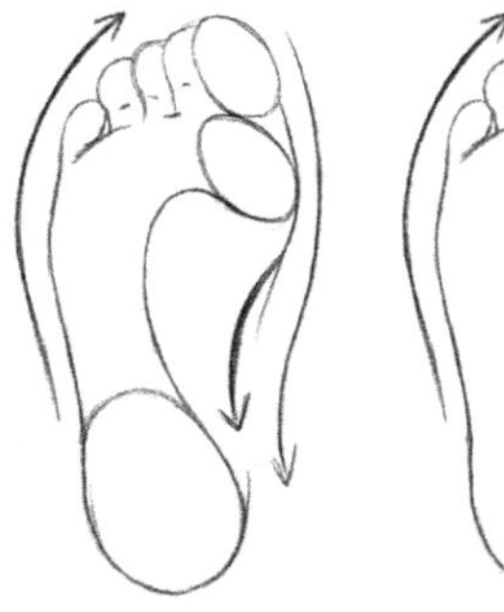

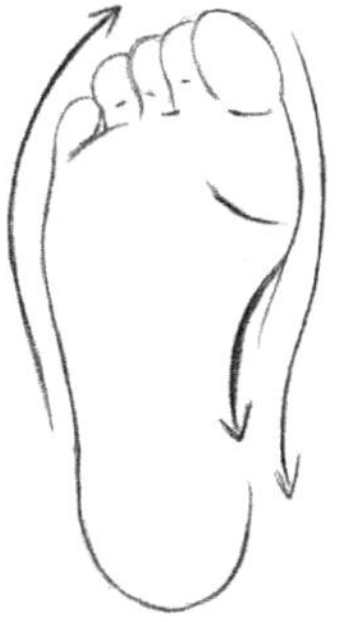

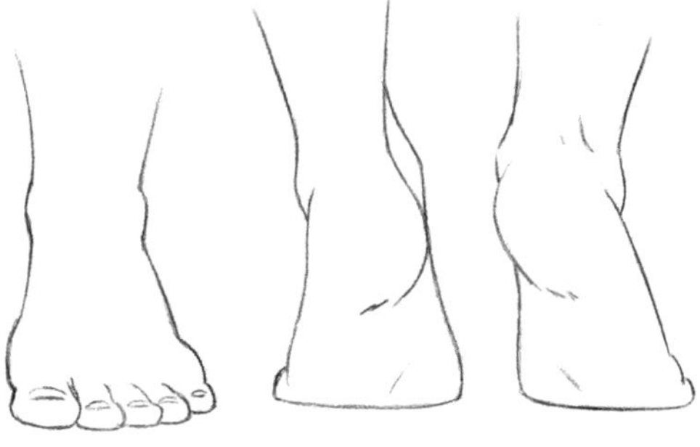

Nota-se que a sola do pé não possui um oval perfeito, pois a região dos dedos é mais larga do que o calcanhar. Para desenhar o encaixe do tornozelo com o calcanhar, faça com que o calcanhar fique ligeiramente menor do que o início do pé.

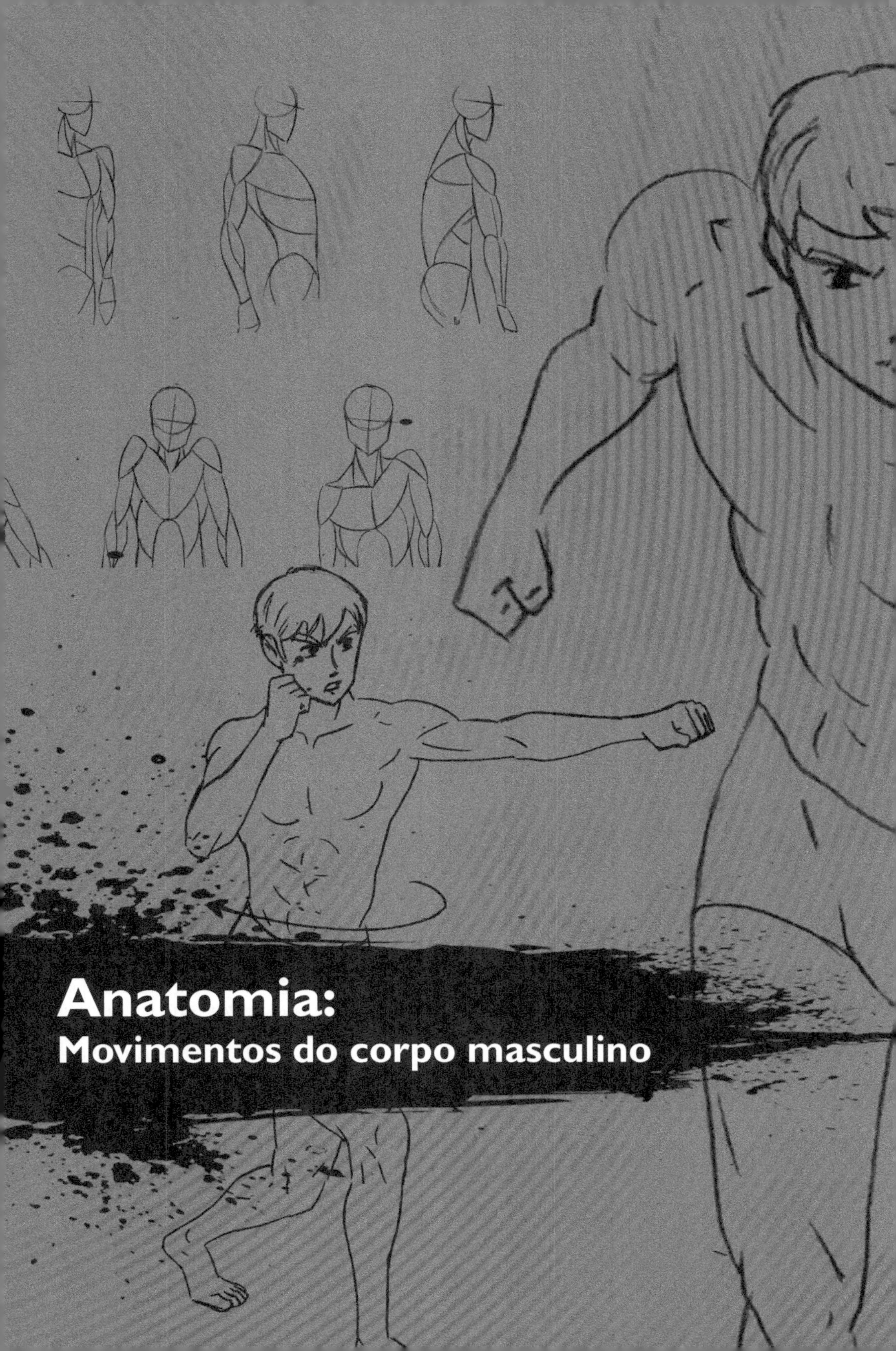

Anatomia:
Movimentos do corpo masculino

Movimentos

No mangá, definir os movimentos dos personagens é muito importante para a valorização da figura. Criar movimentos pode dar maior dinamismo à cena que será apresentada no contexto do desenho.

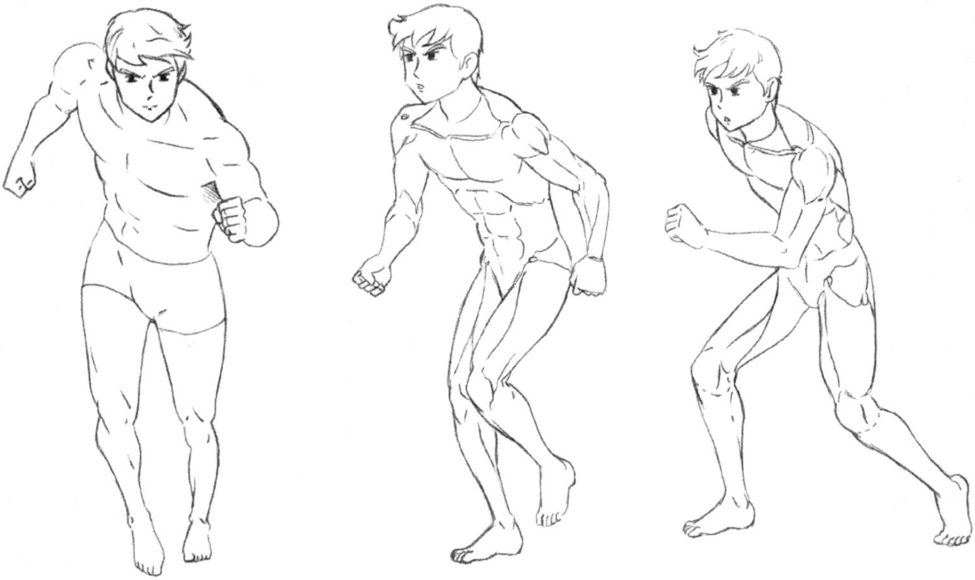

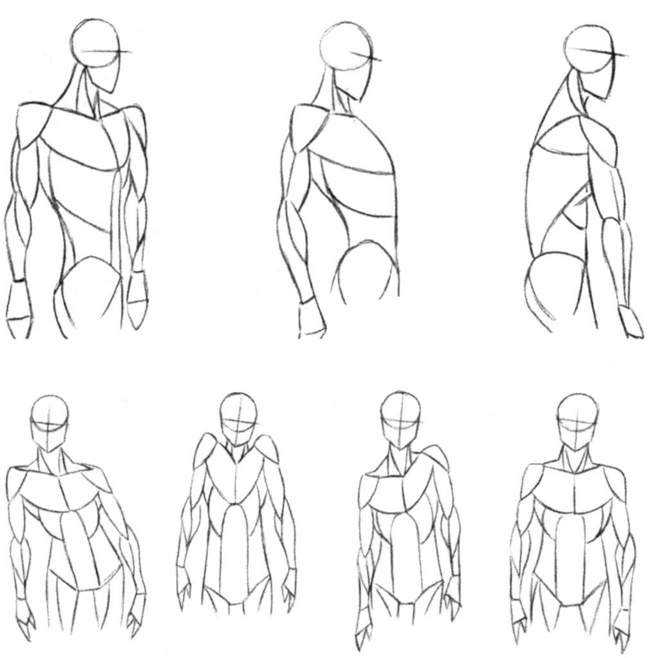

Desenvolver movimentos específicos, como o ato de andar, pode ser feito de diversas formas no personagem. Dependendo da ação, os músculos podem se alongar ou se retrair. Para que os movimentos do personagem estejam equilibrados, eles obedecem ao ritmo das oposições. Por exemplo: quando o braço esquerdo está à frente, automaticamente a perna esquerda vai para trás e a direita projeta-se para frente (Figura 1).

Na figura 2, os músculos estão mais encolhidos e, na figura 3, há um alongamento muscular.

Em todas as imagens ao lado, podemos observar que, por meio de uma linha de ação com base na coluna vertebral, é possível elaborar diversos movimentos sem que o personagem perca o equilíbrio, a harmonia e o ritmo.

Para construir a perna deslocada para trás, é importante observar que ela sofre grande tensão nos músculos, conforme podemos ver na figura ao lado. Neste ângulo, geralmente, não conseguimos ver a perna esquerda completamente, o que gera uma sensação de profundidade e impulso.

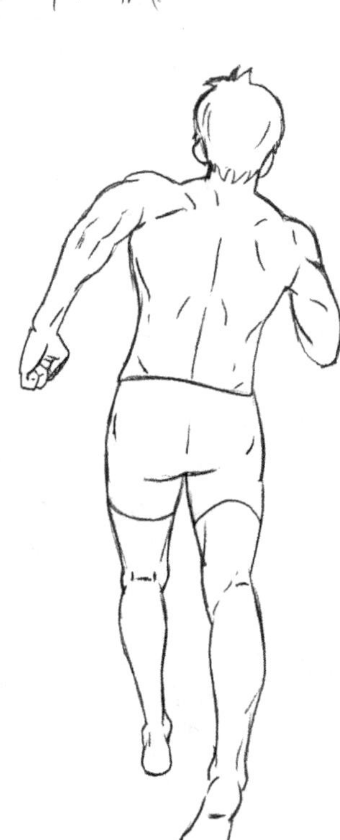

Observe a figura ao lado. Podemos perceber que, utilizando como base o tronco, deve-se proporcionar movimentos aos braços, pois eles passam a sensação de balanço na figura. O quadril acompanha o movimento do tronco. Dessa forma, ele e as pernas dão a impressão de impulso.

Como na parte frontal do tronco, as costas também acompanham as variações na musculatura. Uma figura correndo, vista de costas, ocasiona o desaparecimento de alguns membros, devido à perspectiva. Ou seja, alguns músculos ficam encobertos pela ação do movimento e da posição.

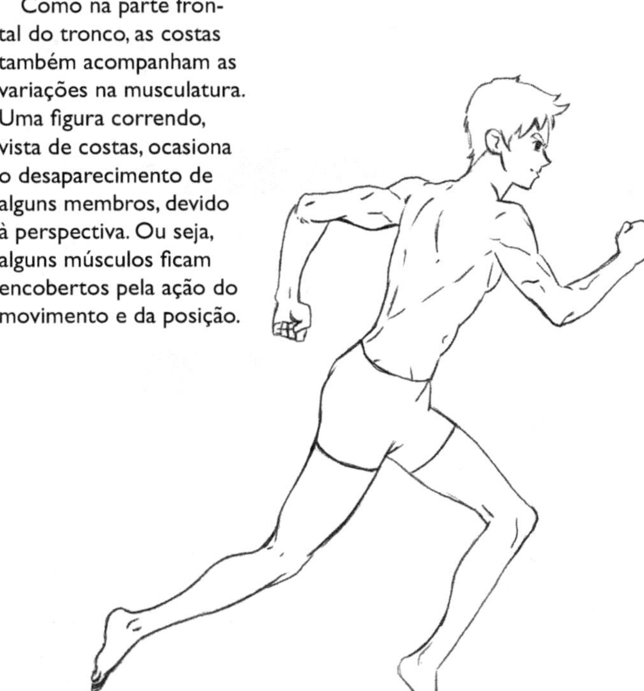

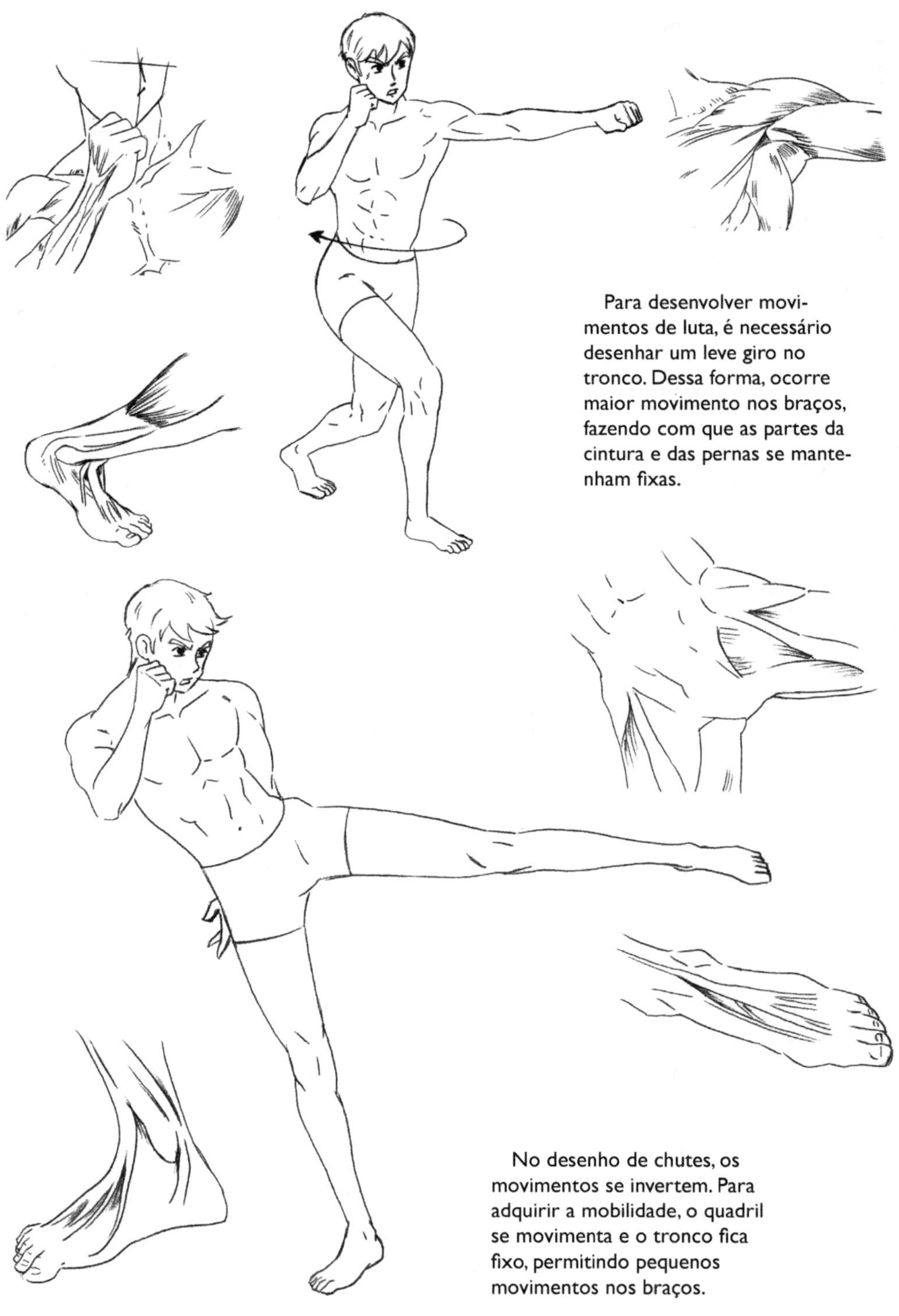

Para desenvolver movimentos de luta, é necessário desenhar um leve giro no tronco. Dessa forma, ocorre maior movimento nos braços, fazendo com que as partes da cintura e das pernas se mantenham fixas.

No desenho de chutes, os movimentos se invertem. Para adquirir a mobilidade, o quadril se movimenta e o tronco fica fixo, permitindo pequenos movimentos nos braços.

Vestimentas:
Dobras e tecidos masculinos

Vestimentas

A utilização de movimentos nas roupas produz um grande aumento de qualidade no desenvolvimento do trabalho. Quase sempre os personagens de mangá possuem roupas exóticas e, em alguns casos, são gerados excessos para transformar o desenho do traje em algo totalmente diferente.

As dobras ficam alocadas nas articulações e sempre tomam a forma daquilo em que estão envoltas. Devido às tensões do movimento, ocorre maior acúmulo de tecido nas articulações, conforme o detalhe acima.

Outras peças, como blusas, camisetas e calças, proporcionam acúmulo de tecido no final das mangas ou pernas, como pode ser observado na imagem ao lado.

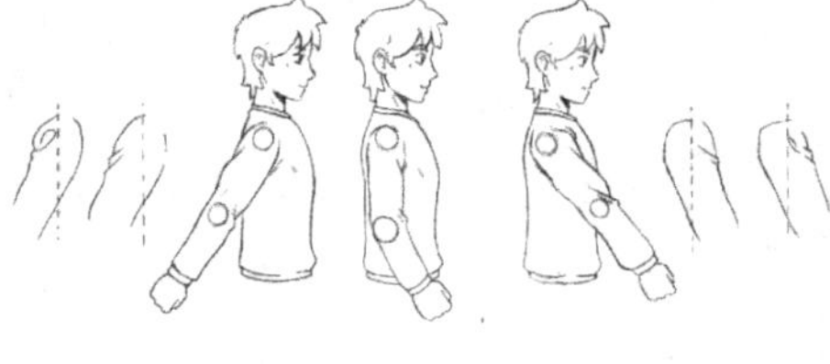

As dobras se modificam de acordo com o movimento da figura, sempre mantendo algumas rugas nas articulações.

Em calças, cujo tecido ocasionalmente é mais grosso, o movimento assume parte do local envolto, mas mantém as tensões nas articulações.

Conforme foi apresentado nas figuras anteriores com os movimentos dos braços e das pernas, o movimento do corpo por inteiro provoca tensões em todo o traje. As linhas das dobras devem acompanhar a movimentação em vários pontos. O mesmo acontece com a calça em movimentos simples, como andar.

Ao manter o braço esticado, devemos observar o comportamento das linhas de acordo com o movimento.

Anatomia:
Elementos e cabeça feminina

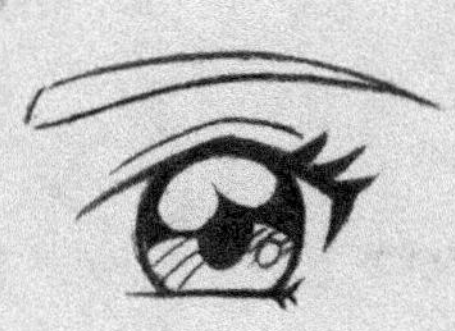

Olhos

Os olhos femininos são sempre cheios de brilhos, muito bem detalhados e mais bonitos do que os masculinos. Em mangá não é diferente. Eles são muito mais exagerados e bem trabalhados.

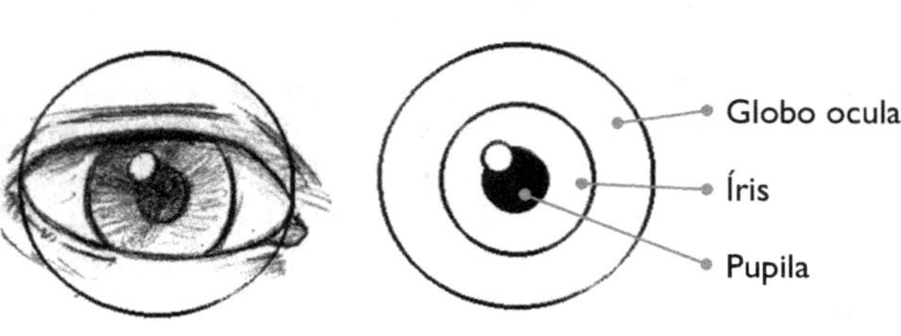

Globo ocular

Íris

Pupila

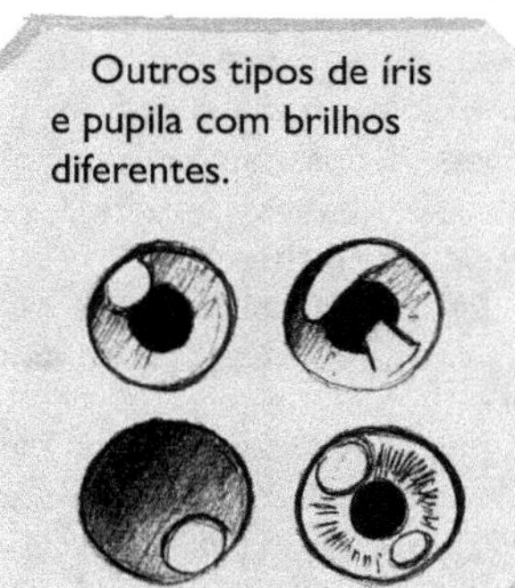

Outros tipos de íris e pupila com brilhos diferentes.

Frontal

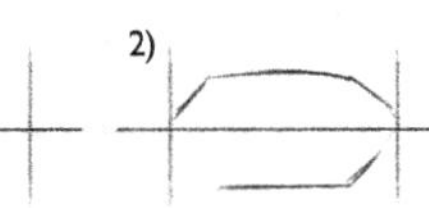
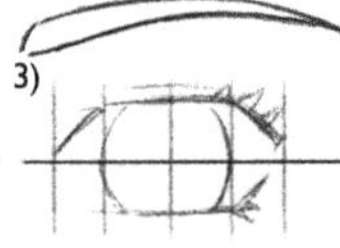
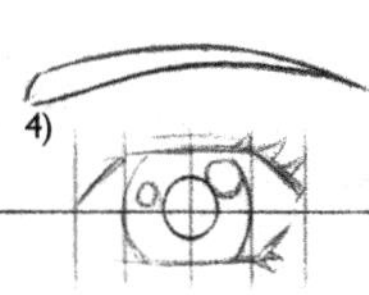

1) Inicie a construção por uma linha na horizontal e faça duas marcações, tanto no início quanto no fim, para limitar o espaço que irá utilizar.

2) Na sequência, faça a marcação para as pálpebras superior e inferior.

3) Divida a linha horizontal em quatro partes iguais e desenhe um círculo nas partes 2 e 3, respeitando os limites dos contornos. Este círculo será a íris.

4) Faça outro círculo interno que será a pupila. Um pouco acima, trace uma linha para a pálpebra e a sobrancelha. Agora é só desenhar os cílios nas partes superior e inferior do contorno do olho, mais longos e bem marcados. Conclua este passo marcando os brilhos dentro da íris.

5) Apague as linhas de construção e faça o acabamento, reforçando as linhas de contorno. Crie um sombreamento na íris.

3/4

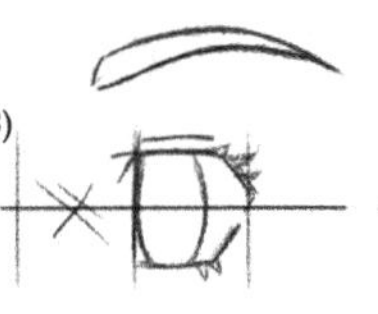
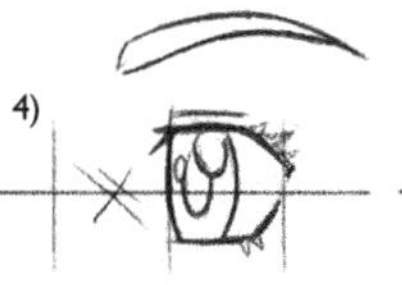

1) Inicie a construção da mesma forma que o olho anterior, por uma linha na horizontal. Divida as marcações ao meio e elimine uma das partes.

2) Na sequência, faça a marcação para a pálpebra e os contornos superior e o inferior do olho.

3) Respeitando o limite das marcações das pálpebras, faça uma elipse para a íris. Trace uma linha um pouco acima do olho, que será a pálpebra, e desenhe a sobrancelha um pouco mais acima. Desenhe os cílios no canto do olho.

4) Marque a pupila com uma elipse menor, dentro da íris. Em seguida, desenhe os brilhos com outras elipses.

5) Apague as linhas de construção e faça o acabamento, reforçando as linhas de contorno. Crie um leve sombreamento na parte superior da íris.

Perfil

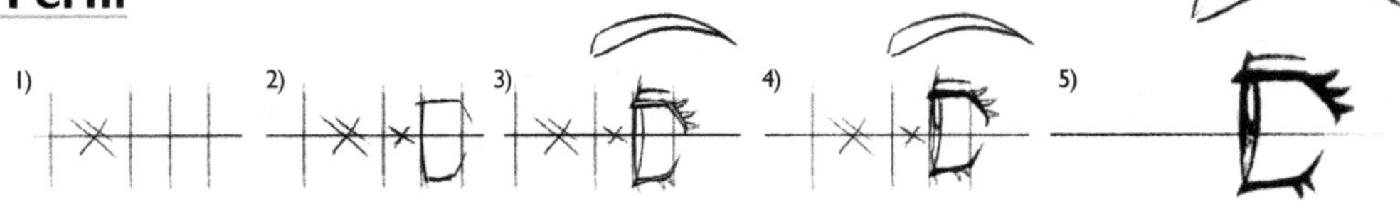

1) Inicie a construção da mesma forma que o olho de 3/4. Com uma linha na horizontal, divida ao meio. Elimine a parte 1 e divida a parte 2 ao meio novamente.

2) Elimine mais uma das partes do espaço 2. Faça a linha dos contornos superior e inferior do olho nesse espaço.

3) Respeitando o limite do contorno das pálpebras, faça uma elipse para a íris e outra dentro desta, que será a pupila. Desenhe os cílios mais alongados nos cantos do olho e a sobrancelha.

4) Coloque o brilho com uma elipse.

5) Para o acabamento, apague as linhas que serviram de base e reforce os cílios com tons mais escuros. Faça um pequeno sombreamento na parte superior da íris.

Desenhando o par de olhos

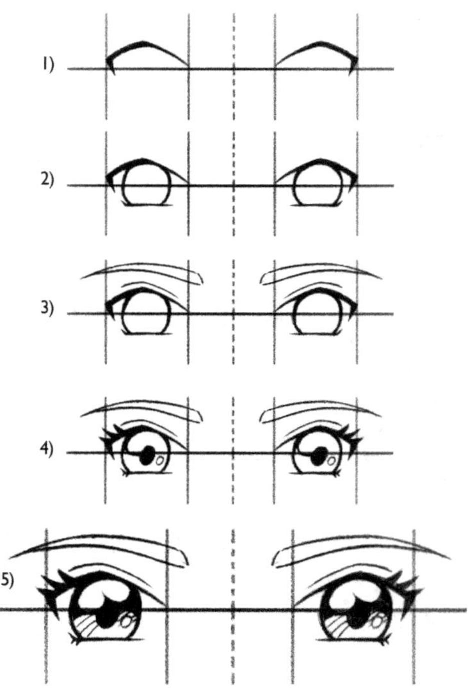

1) Para desenhar dois olhos, parta do mesmo princípio da construção de apenas um olho. Prolongue a linha horizontal e crie um espaço com a medida de três olhos. Nas medidas 1 e 3, marque os contornos superiores dos olhos. Divida o espaço 2 com uma linha vertical tracejada.

2) Marque os contornos superior e inferior dos olhos. A seguir, desenhe a íris com semicírculos.

3) Desenhe as linhas das pálpebras e as sobrancelhas logo acima dos dois olhos.

4) Faça as pupilas no interior dos círculos, representando a íris. Coloque o círculo do brilho em ambos os olhos, voltados para a mesma direção. Complete os olhos fazendo os cílios mais alongados nos cantos.

5) Finalize o desenho aplicando sombras e apague as linhas de construção.

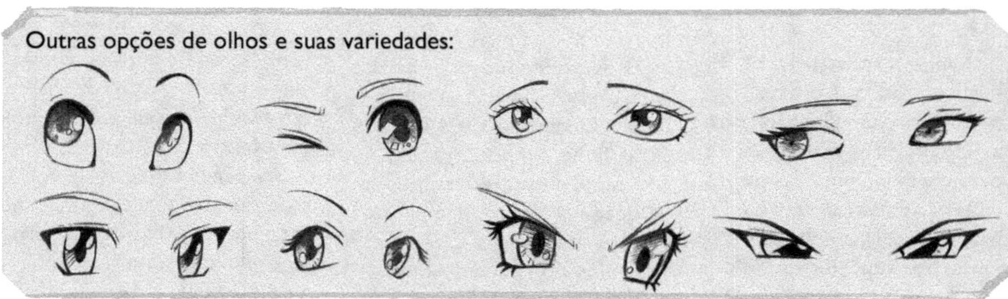

Outras opções de olhos e suas variedades:

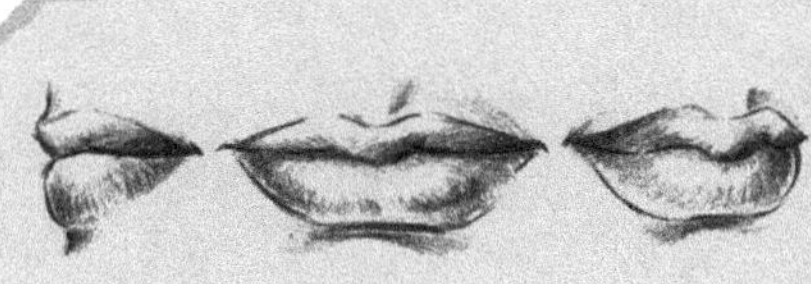

Boca

A boca feminina pode ser feita de forma simples e, em alguns casos, não são desenhados os lábios. No entanto, há casos em que é preciso desenhar os lábios, mostrando suavidade e volume.

Frontal

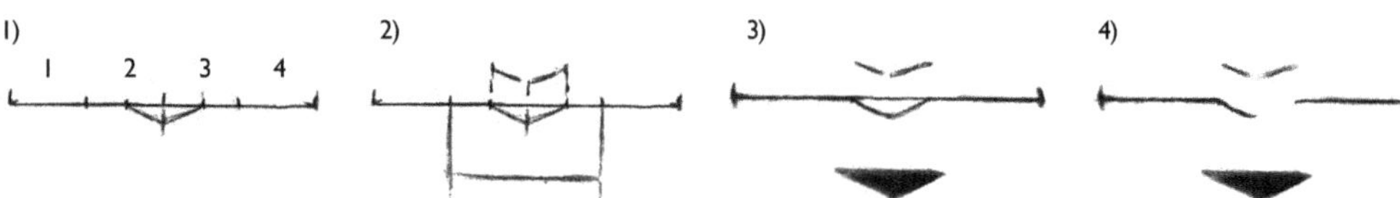

1) Comece fazendo uma linha na horizontal. Dividida-a em quatro partes iguais e, depois, divida as duas partes do centro (2 e 3) ao meio. Trace, abaixo da linha horizontal, duas linha que parecem um "V".

2) Projete para cima as linhas em "V" com a altura da metade do espaço 2. Agora, desenhe uma linha abaixo entre o início da parte 2 e o final da parte 3, com espaço de uma parte.

3) Desenhe um pequeno triângulo nesta nova linha horizontal, para determinar uma pequena sombra abaixo da boca.

4) Apague as linhas usadas para construir a boca e depois defina melhor os lábios, reforçando os tons.

3/4

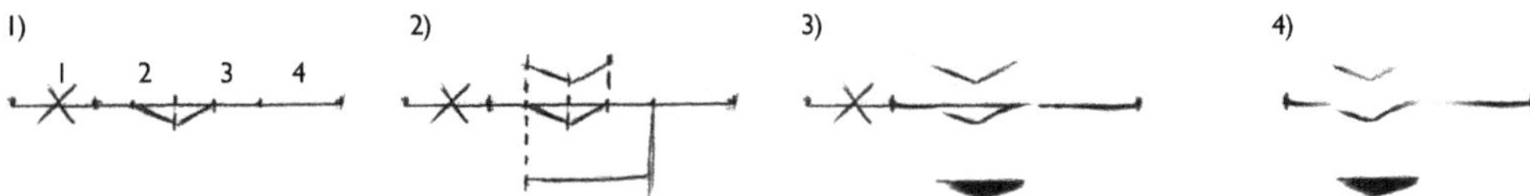

1) Faça uma linha na horizontal e divida-a em quatro partes iguais. Elimine a parte 1 e use apenas as partes 2 e 3 divididas ao meio. Trace uma pequena linha vertical abaixo e desenhe um "V".

2) Projete para cima as linhas em "V" com a altura da metade do espaço 2. Desenhe uma linha abaixo entre o início da parte 2 e o final da parte 3, com espaço de uma parte.

3) Nesta linha, faça o triângulo de sombreamento.

4) Em seguida, apague as linhas de construção e conclua o desenho, reforçando o traço.

Perfil

1) Desenhe uma linha horizontal e divida-a em quatro partes iguais. Elimine as partes 1 e 2. Divida a parte 3 ao meio e trace uma linha diagonal do início da parte 3 até o seu centro. Observe o exemplo. Repita o mesmo para baixo.

2) Faça a marcação da linha, desenhando o lábio superior. Em seguida, faça o mesmo traço para o lábio inferior, seguindo a medida de uma parte para baixo.

3) Reforce as linhas e terá o desenho da boca. Apague as linhas desnecessárias.

Exemplos

A boca feminina, apesar de ser pequena, mantém o volume e a suavidade.

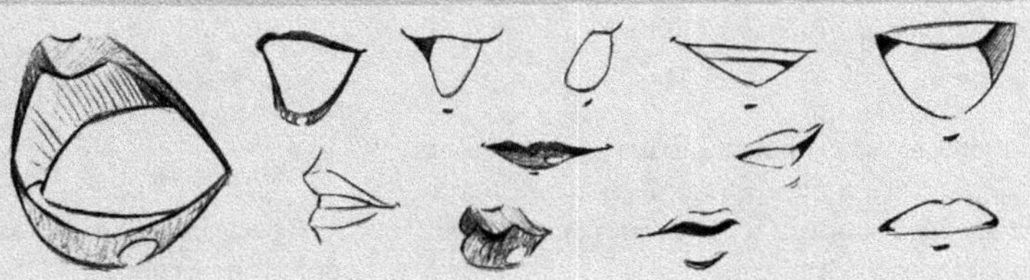

Nariz

Possui uma forma triangular e, em mangá, é feito de forma simplificada, com poucos traços. Às vezes é usada somente a marcação das narinas.

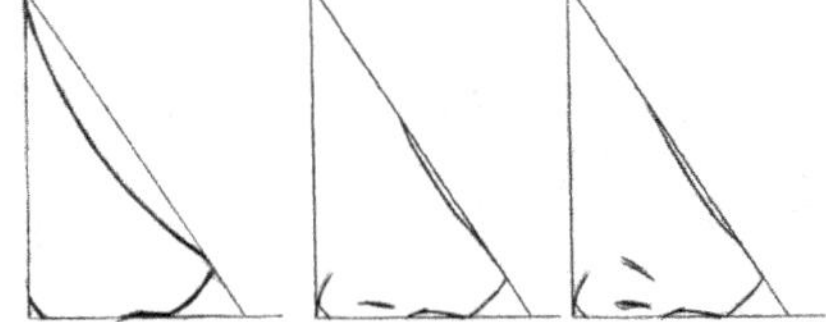

Sua construção sempre vai partir de uma forma triangular. O nariz é localizado entre os olhos e pode variar conforme o personagem. Veja alguns exemplos:

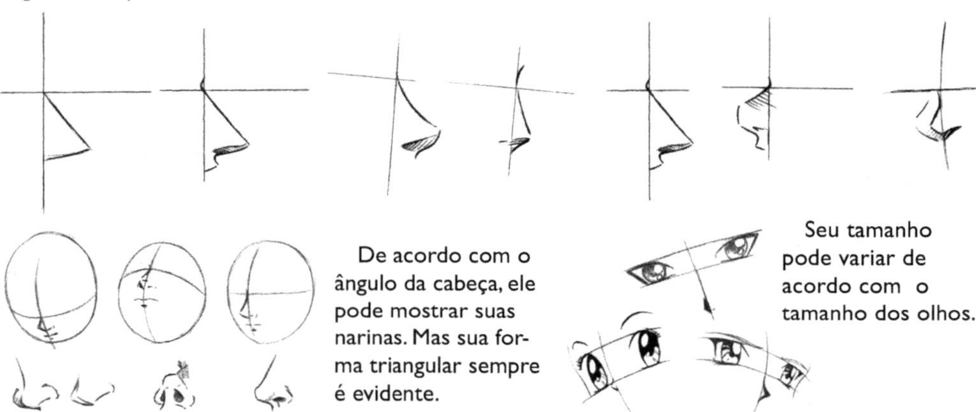

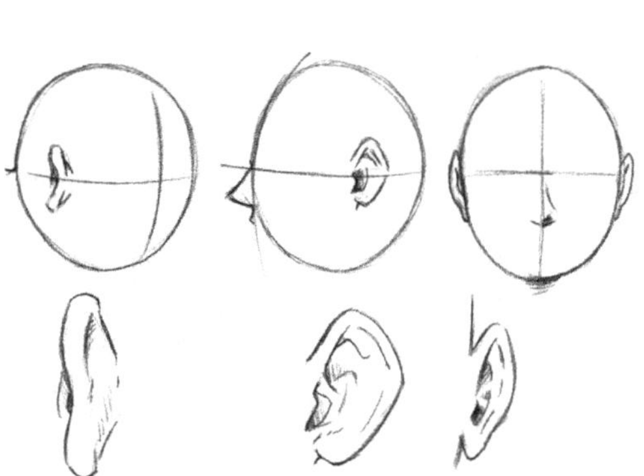

De acordo com o ângulo da cabeça, ele pode mostrar suas narinas. Mas sua forma triangular sempre é evidente.

Seu tamanho pode variar de acordo com o tamanho dos olhos.

Orelhas

Sua estrutura não varia muito entre personagens masculinos e femininos, pois todas partem de um oval. A área interna, chamada de pavilhão auditivo, é desenhada com formas simplificadas.

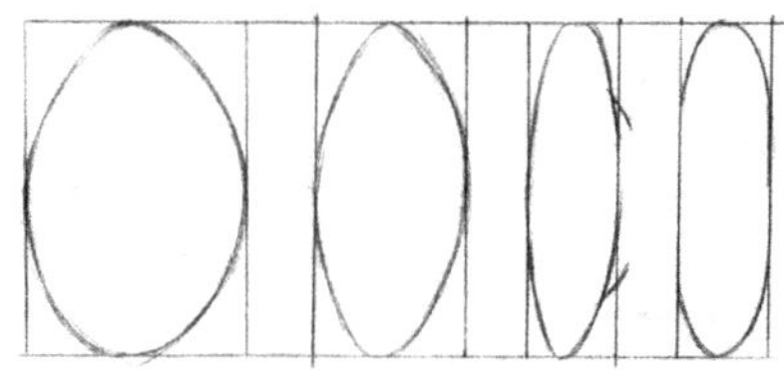

Sua construção se inicia a partir de um oval.

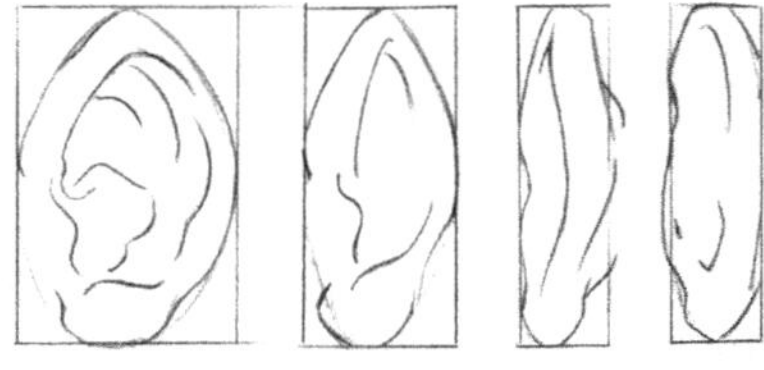

Em seguida, desenha-se o pavilhão auditivo na parte interna do oval.

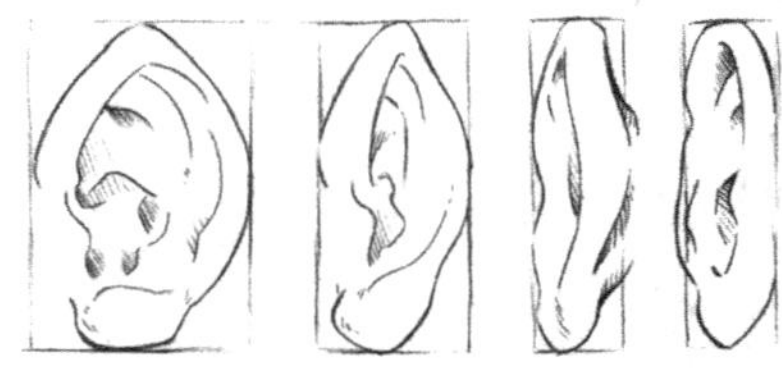

Agora, basta apagar as linhas desnecessárias e definir as orelhas.

Podemos ter a medida entre as sobrancelhas e o final do nariz como base de tamanho das orelhas. Em mangá, isso pode variar de acordo com o tipo do personagem.

Construção da cabeça

Como vimos nos passos anteriores, podemos desenhar qualquer coisa a partir de figuras geométricas. Vamos juntar os exercícios anteriores e desenhar uma cabeça.

Frontal

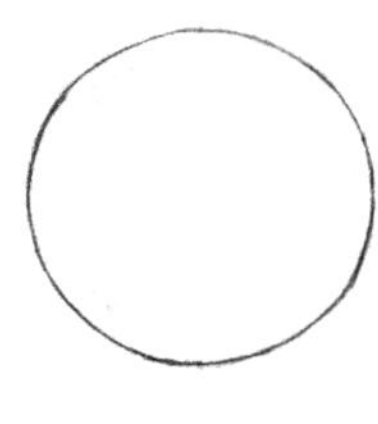

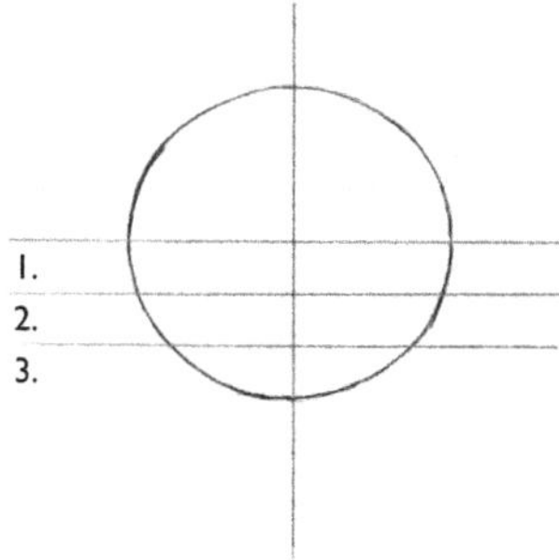

1) Iniciamos a construção da cabeça por meio de um círculo mais perfeito possível.

2) Divida o círculo em duas partes iguais, tanto na horizontal como na vertical.

3) Divida a metade de baixo em três partes iguais.

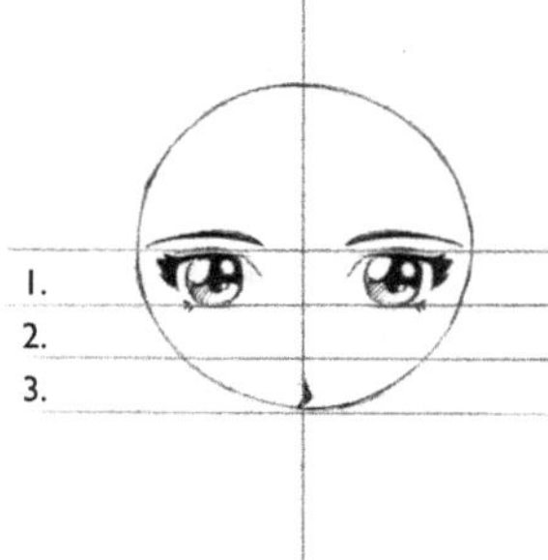

4) Na primeira parte ficarão os olhos. Desenhe-os de forma que ocupem a área inteira.

5) Desenhe o nariz. Seu tamanho será dos olhos até o final da terceira parte, e ficará no centro do círculo.

6) Abaixo do círculo, adicione mais duas partes com a mesma medida das anteriores. Divida a quarta parte ao meio com uma linha tracejada.

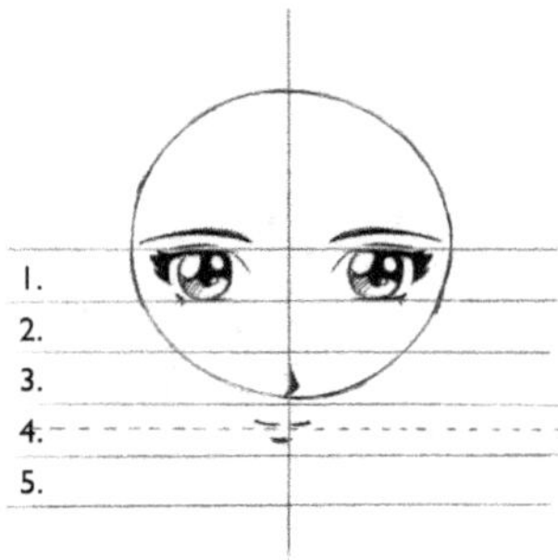

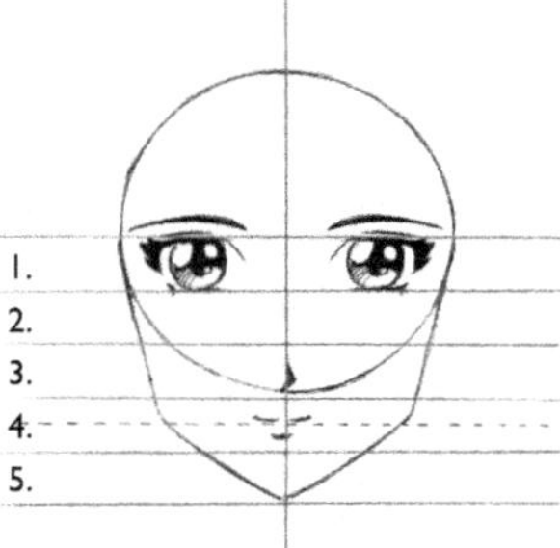

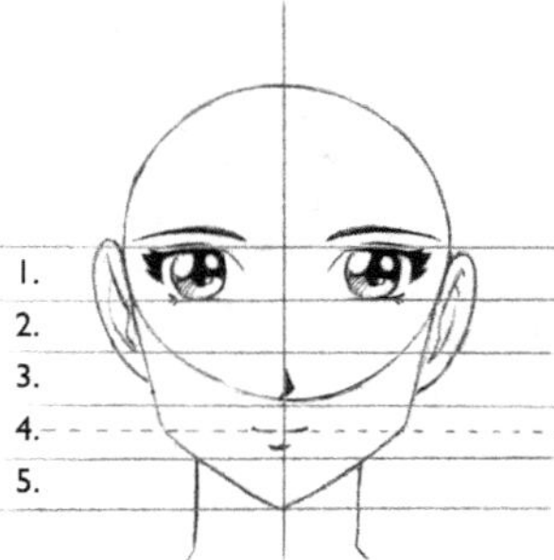

7) Desenhe a linha do interlabial nesta marcação pontilhada. Ela será a localização da boca.

8) Trace o maxilar com linhas nas laterais. A partir da linha pontilhada, comece a levá-lo ao centro.

9) Desenhe as orelhas nas laterais, iniciando na linha dos olhos e terminando na linha do nariz. Faça as linhas do pescoço.

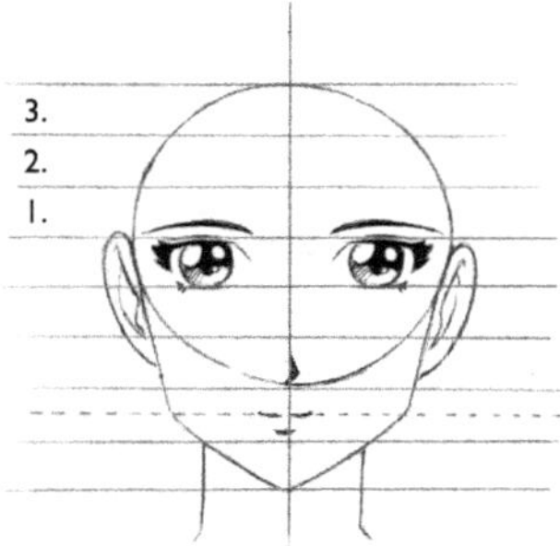

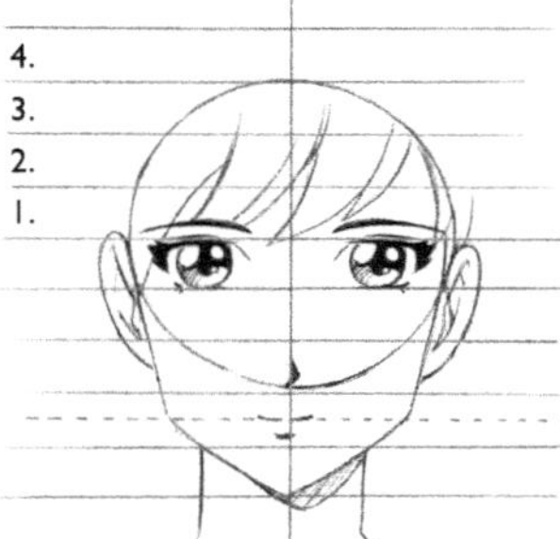

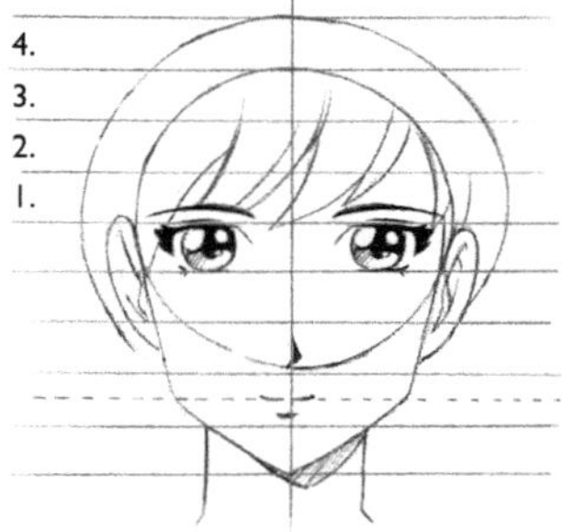

10) Acrescente mais três partes acima da cabeça.

11) A franja inicia-se no final da parte 2. Desenhe as mechas próximas aos olhos. Faça mais uma medida acima da terceira.

12) Faça um círculo partindo da linha da parte 4 até a linha da boca.

13) Agora, desenhe as mechas do cabelo partindo deste círculo. Apague as linhas de construção e seu desenho. está pronto.

3/4

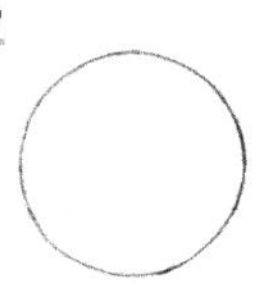

1) Seguindo o exercício anterior, inicie a construção da cabeça por meio de um círculo.

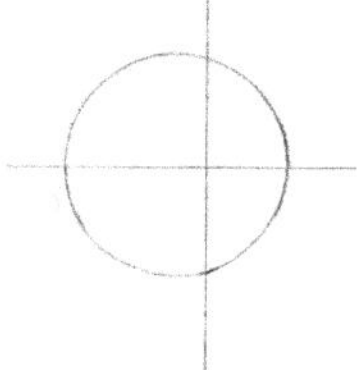

2) Na horizontal, divida o círculo em duas partes iguais. Na vertical, divida-o em duas partes, traçando uma reta um pouco à direita do centro.

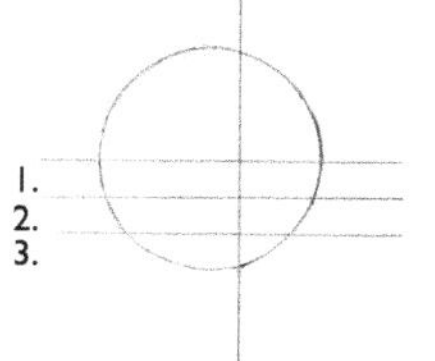

3) Divida a metade de baixo em três partes iguais.

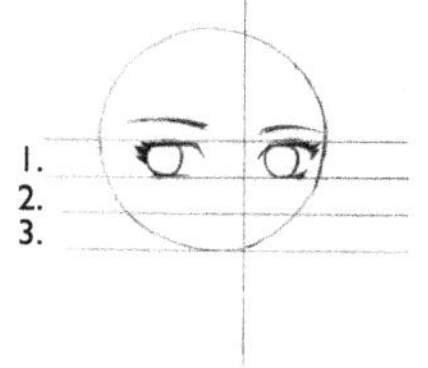

4) Na primeira parte, desenhe os olhos de forma a ocupar a altura total desta divisão.

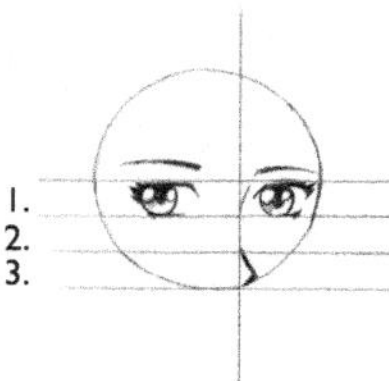

5) Desenhe o nariz, cujo tamanho será desde os olhos até o final da terceira parte.

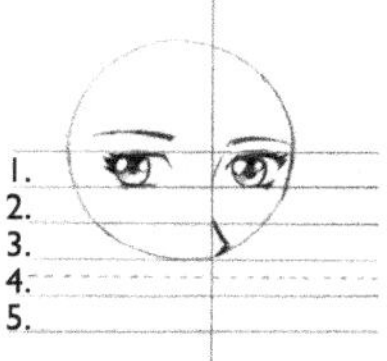

6) Utilizando a mesma proporção das três divisões, adicione mais duas partes embaixo do círculo. Divida a parte 4 ao meio com uma linha tracejada.

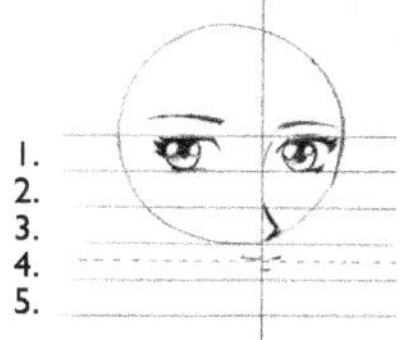

7) Desenhe a linha interlabial na marcação tracejada. Esta será a localização da boca.

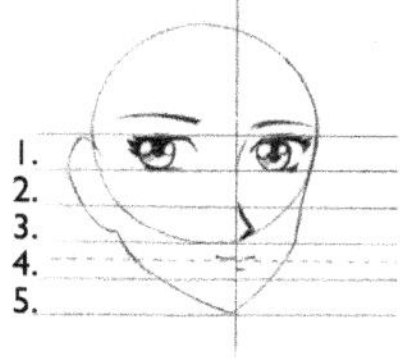

8) Feche os limites dos maxilares com linhas nas laterais e leve-as até a linha vertical, partindo da linha pontilhada tracejada.

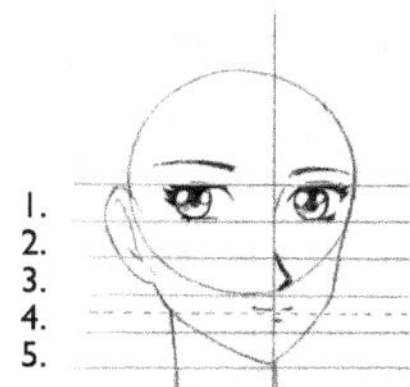

9) Desenhe a orelha, cujo início é na linha dos olhos e o término é na linha do nariz. Faça as linhas do pescoço.

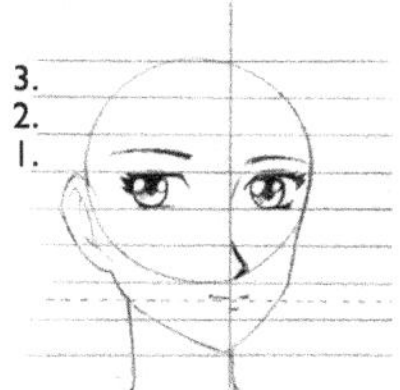

10) Divida a parte superior da cabeça em três partes, como foi feito na etapa 3.

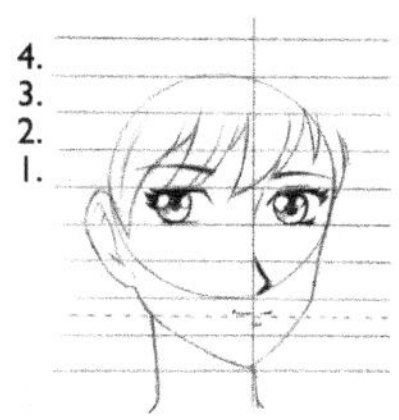

11) No final da parte 2 localiza-se o início da franja. Desenhe as mechas até próximo aos olhos. Acrescente mais uma parte acima da cabeça, seguindo a proporção das outras três.

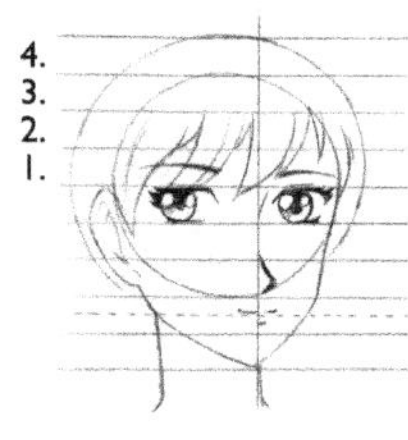

12) Faça um círculo, partindo da parte 4 acima da cabeça, até a linha tracejada da boca.

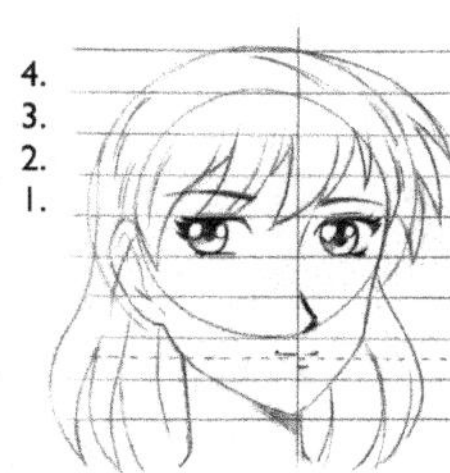

13) Utilize o círculo como referência e desenhe as mechas do cabelo, partindo do contorno. Por fim, apague as linhas de construção e seu desenho está pronto.

Perfil

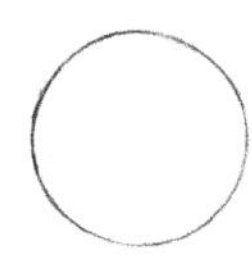

1) Para iniciar a construção da cabeça em perfil, faça um círculo.

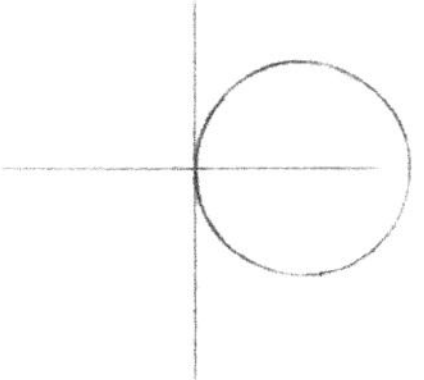

2) Divida o círculo em duas partes iguais, horizontalmente. Depois, trace uma linha vertical na lateral externa, à esquerda.

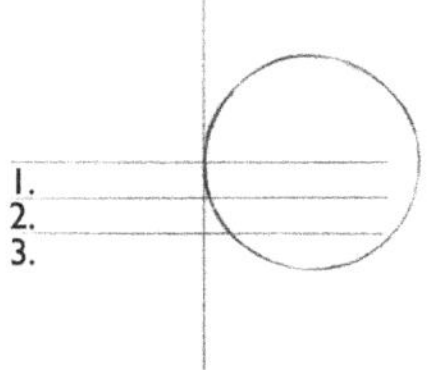

3) Divida a metade de baixo do círculo em três partes iguais.

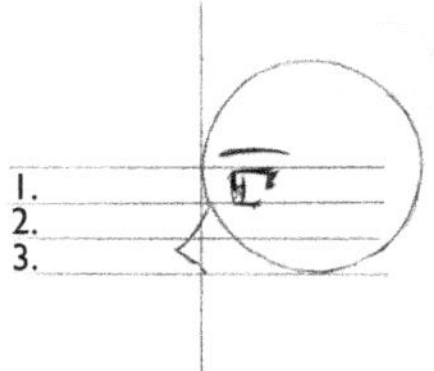

4) Na primeira parte, desenhe o olho de perfil, de forma que ocupe todo o espaço desta parte.

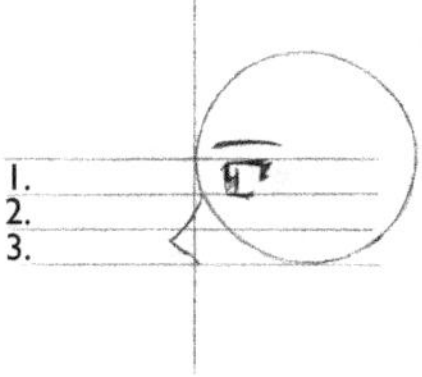

5) Desenhe o nariz de tamanho que parta do olho até o final da terceira parte. O nariz deve ficar um pouco à frente da linha vertical.

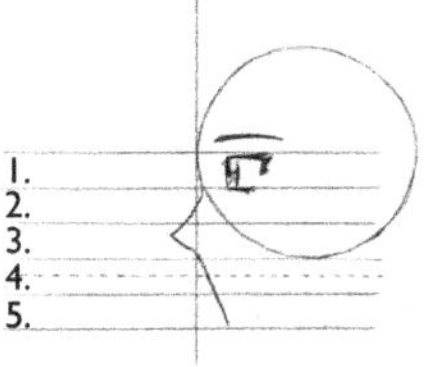

6) Adicione mais duas partes embaixo do círculo, com a mesma medida das três anteriores. A parte 4 deverá ser dividida no meio com uma linha pontilhada.

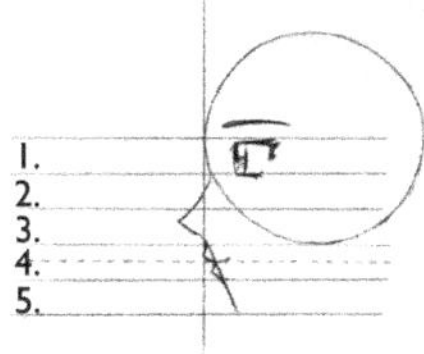

7) Desenhe a linha interlabial nessa marcação pontilhada. Ela será a localização da boca.

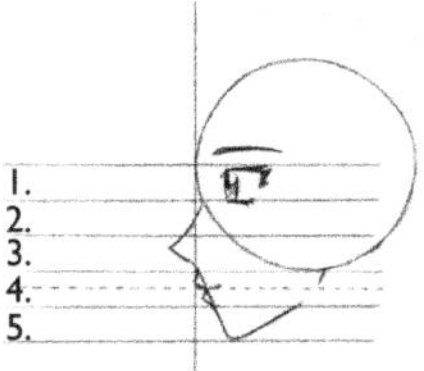

8) Desenhe o queixo e feche o limite do maxilar na lateral até o início da parte 4.

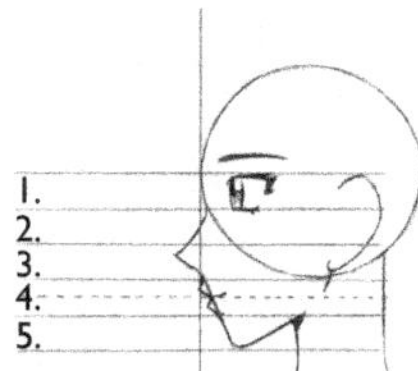

9) Desenhe a orelha, partindo da linha do olho e terminando na linha do nariz. Faça as linhas do pescoço.

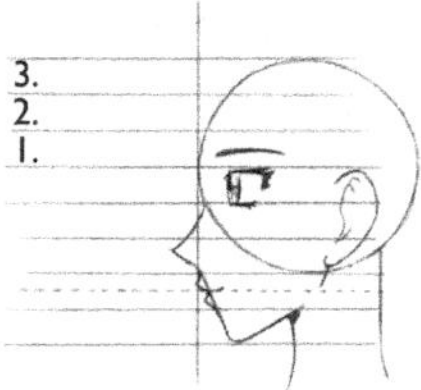

10) Divida a parte superior do círculo em três partes, como foi feito na etapa 3.

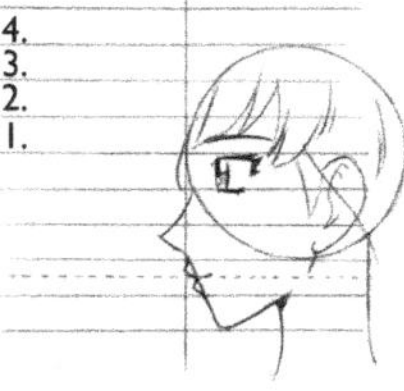

11) No final da parte 2 localiza-se o início da franja. Desenhe as mechas próximas ao olho. Adicione uma parte acima da cabeça, com a medida igual à das três anteriores.

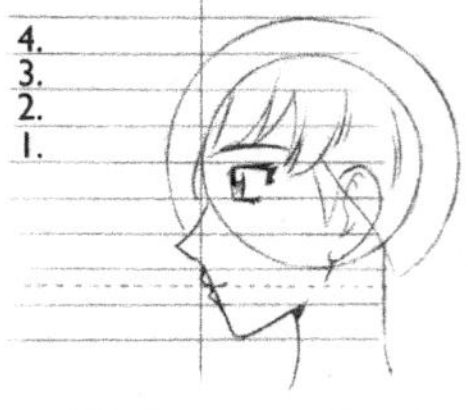

12) Faça um círculo, partindo da parte 4 até a linha tracejada da boca.

13) Desenhe as mechas do cabelo, partindo desse círculo. Por fim, apague as linhas de construção e seu desenho está pronto.

Cabelos

Em mangá, os cabelos femininos são mais elaborados e, na maioria das vezes, compridos. Em alguns casos, possuem cores bem diferenciadas, muito brilho e mechas.

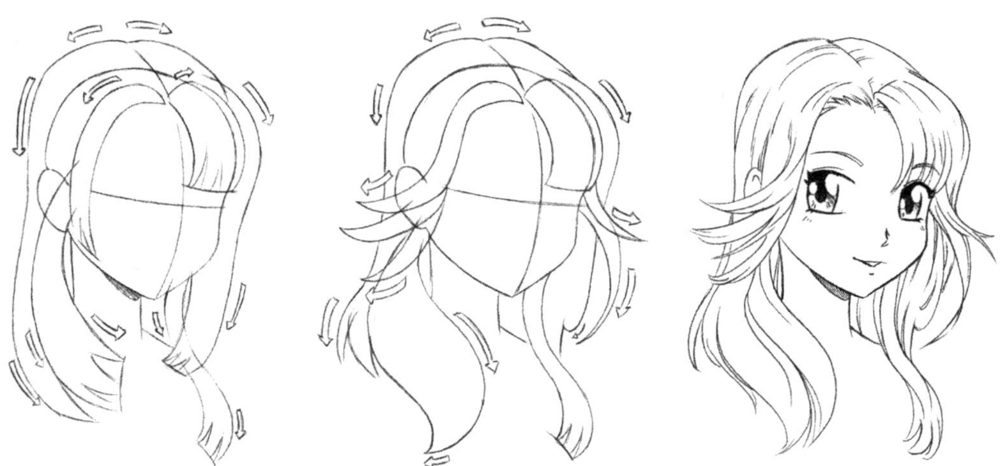

Desenhe os cabelos, fazendo mechas com algumas curvas. Desta forma, você dará volume com sobreposição, o que irá definir o estilo do penteado. Observe as direções das setas nas figuras.

A definição do cabelo não possui fios e tem poucos traços para marcar o direcionamento. Em alguns casos, os cabelos são chapados de preto com apenas um brilho na parte superior.

Observe que, de acordo com o movimento da cabeça ou com o vento, os cabelos podem tomar formas diferentes.

Outras variedades de cabelo e estilos:

Expressões

O nosso estado de espírito é representado pelas nossas expressões faciais. Em mangá, com apenas alguns movimentos de olhos, sobrancelhas e boca, podemos representar o sentimento do personagem. Uma das alternativas para retratarmos estes sentimentos é dar mais ênfase aos olhos, aumentando-os, às vezes, de forma exagerada.

Variações nas expressões faciais conforme a personagem:

Quando as expressões dos personagens são exageradas, eles sofrem uma grande distorção em sua estrutura facial e alguns elementos tendem a saltar para fora da cabeça, mudando o formato ou até sumindo. As variações são comuns na boca, nos olhos e nas sobrancelhas.

Variações de idade

As principais mudanças no crescimento do personagem em mangá ocorrem nos olhos. Eles vão diminuindo de tamanho conforme o personagem fica mais velho, mas sempre se mantêm maiores do que o tamanho real. Esta passa a ser a principal característica dos personagens. Tais variações podem ser observadas em vários animes e mangás, cujas histórias começam com os personagens ainda crianças e vão criando maturidade.

Note que na criança os olhos são grandes e os brilhos evidenciados. Já o formato da cabeça é mais arredondado, com o nariz e o maxilar menores.

Nos adolescentes, os olhos ficam menores, os traços faciais mais delineados e a cabeça passa a ter um formato oval.

Com os adultos, os olhos são um pouco menores, porém a boca, o nariz e as orelhas são maiores. As alterações também passam a ser notadas nos cabelos.

Os idosos possuem profundas marcas faciais conhecidas por rugas. Os olhos parecem ser caídos para o lado externo da cabeça.

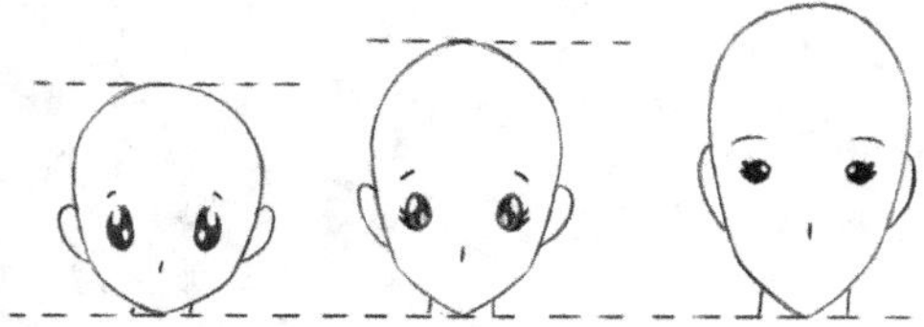

As figuras ao lado demonstram a passagem de tempo. Observe que, conforme ocorre o crescimento do personagem, aparecem importantes mudanças nos tamanhos da cabeça e dos olhos.

Outros exemplos de personagens de diferentes idades:

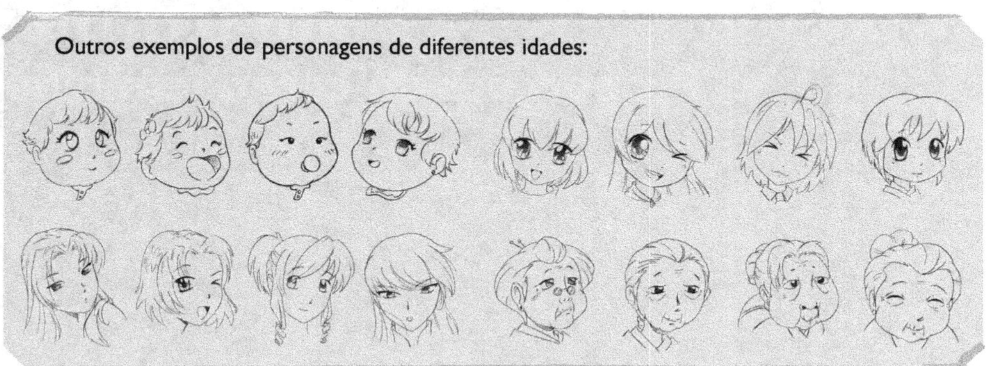

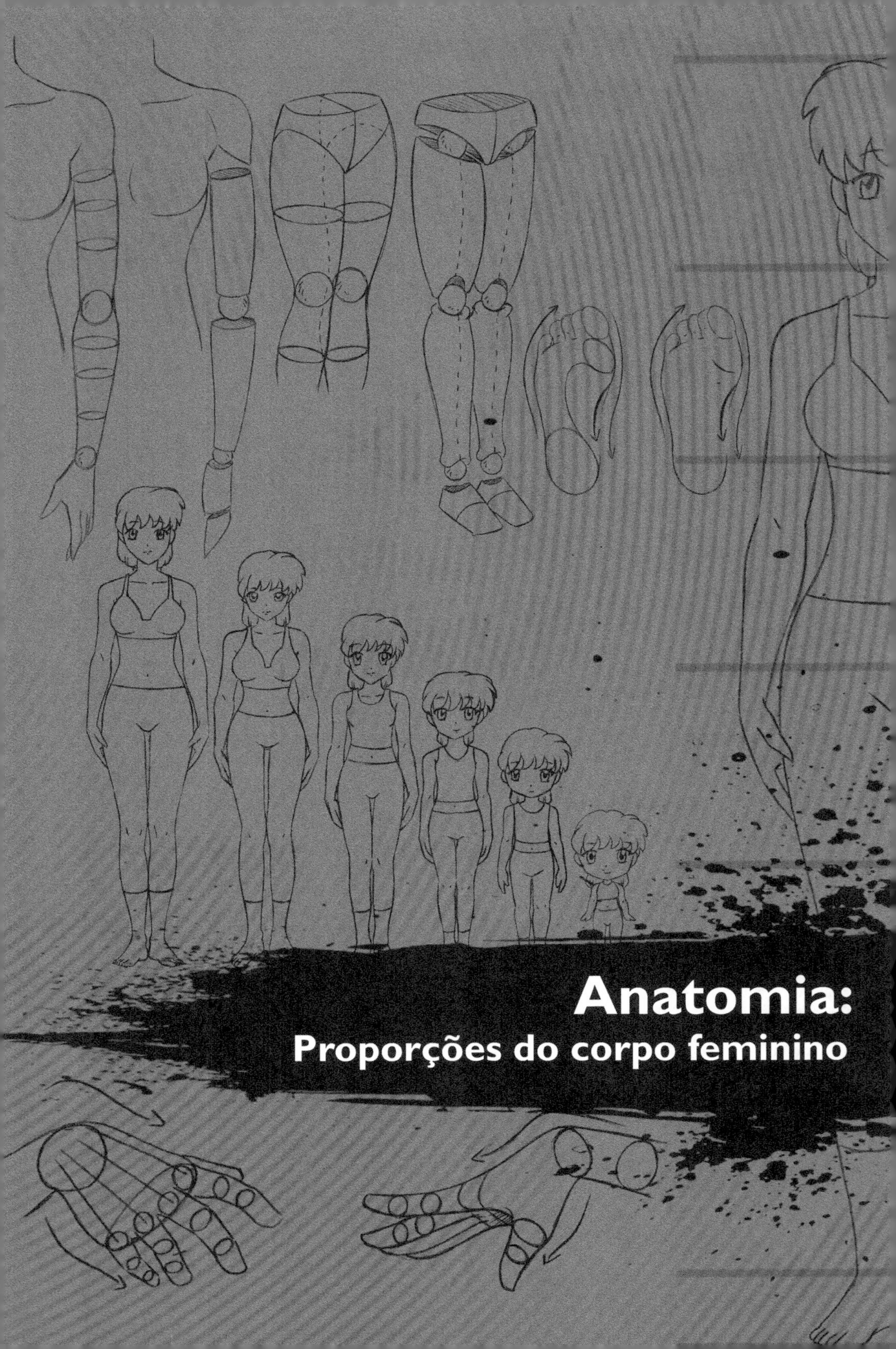

Anatomia:
Proporções do corpo feminino

Corpo feminino

Na vida real, desde a infância até a velhice, nosso corpo sofre muitas mudanças. No desenho isto não é diferente. Então, quando vamos desenhar um personagem, temos que observar essa evolução e procurar retratar, da melhor forma possível, as implicações destas mudanças de fases. Observe isso no exemplo abaixo:

Frontal

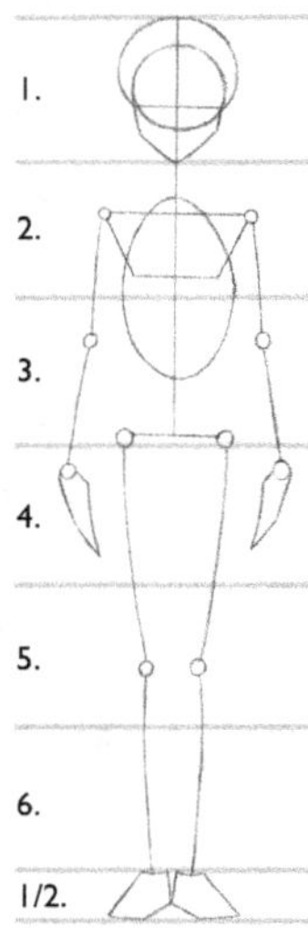

Para desenhar a figura humana feminina e achar sua altura, utilizaremos a medida da cabeça, incluindo o cabelo. Repetimos esta medida no total de seis vezes e meia para baixo, marcando a linha de eixo vertical. Faremos as marcações da estrutura com linhas e figuras geométricas. Na altura da segunda cabeça ficam os ombros e o peito. Na terceira cabeça ficam as costelas, cotovelos e parte do quadril. Na quarta cabeça estão os pulsos, o começo das coxas e as mãos. No meio da quinta cabeça ficam os joelhos. Na sexta, ficam as pernas e na última meia-cabeça ficam os calcanhares e os pés.

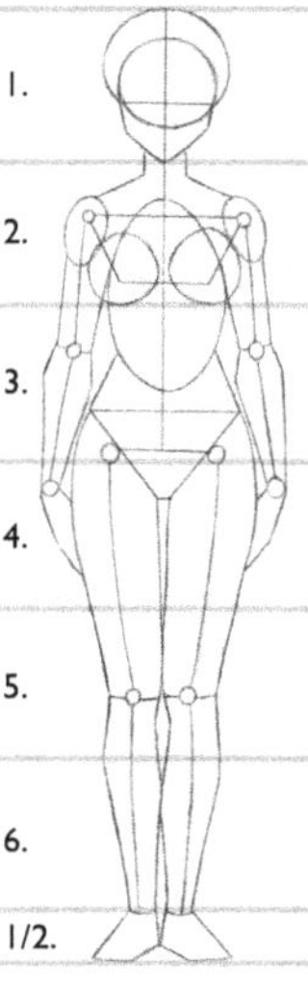

A construção anterior foi uma base para o desenho do manequim. Preencha os espaços colocando os volumes e as massas das partes do corpo. Com as figuras geométricas, dê forma aos braços, seios, quadris, coxas, pernas e pés. No próximo passo, apague as linhas desnecessárias e defina a figura, adicionando o rosto e a marcação do corpo, como músculos, mãos e pés.

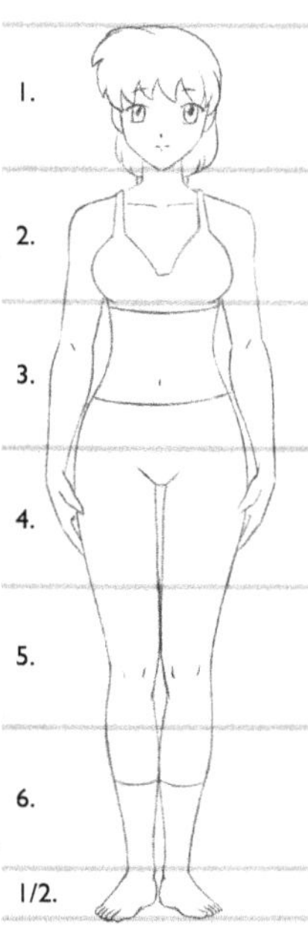

3/4

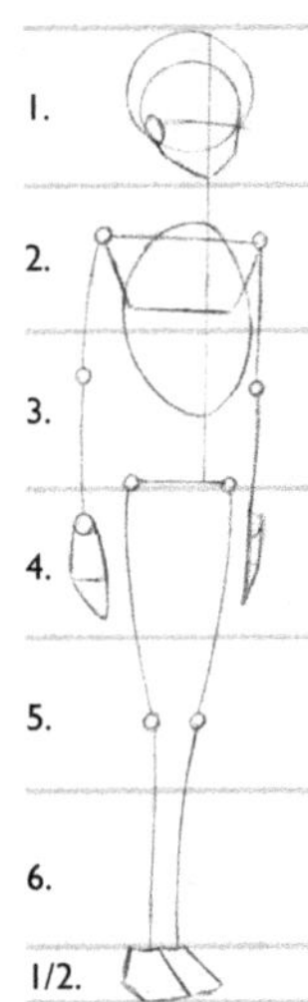

A técnica deste posicionamento é a mesma do exercício anterior, mas, como a posição não é frontal, a linha de eixo será deslocada para a direita, o que dará a impressão de que um lado é maior do que o outro. O processo de marcações de medidas para se achar a altura do personagem também é o mesmo. Na segunda cabeça ficam os ombros e o peito. Na terceira cabeça encontram-se as costelas, cotovelos e parte dos quadris. Na quarta cabeça estão os pulsos, as coxas e as mãos. Ao meio da quinta cabeça ficam os joelhos. Na sexta ficam as pernas e na última meia-cabeça ficam os calcanhares e pés.

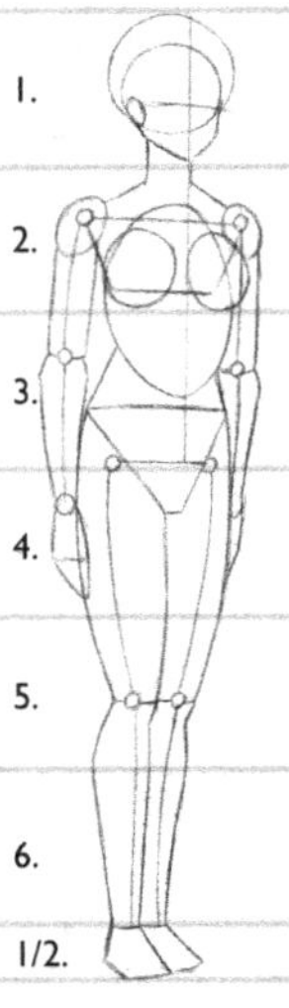

Com a estrutura base da figura pronta, devemos preencher os volumes do corpo com figuras geométricas, sobrepondo a estrutura anterior. Desta forma, o lado esquerdo aparecerá mais do que o direito, pois este estará encoberto pelo volume mais à frente. No passo seguinte, devemos apagar as linhas desnecessárias e definir melhor o rosto e o corpo.

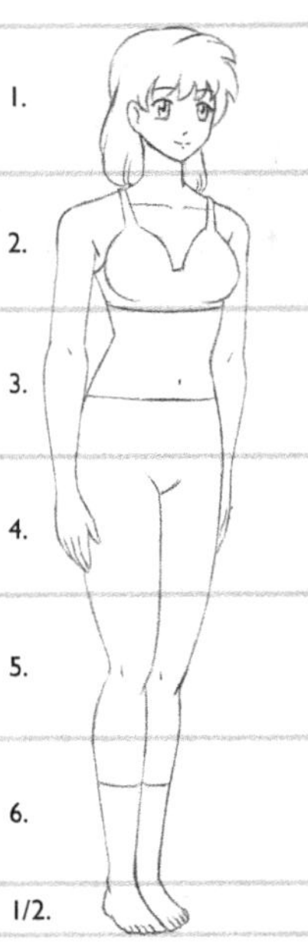

Perfil

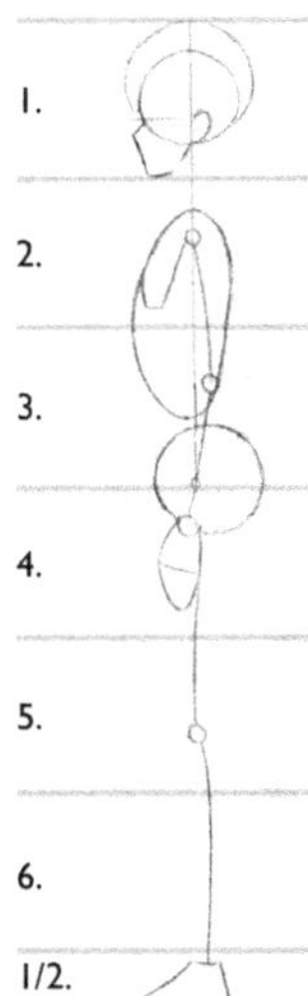

A linha de eixo vertical ficará no meio do corpo para que a figura e seus elementos pareçam estar de lado. Dessa forma, só será visto um de cada elemento do corpo, como orelha, olho, braço, mão e perna. A marcação de medidas para a altura do corpo feminino ainda é de seis cabeças e meia, e sua construção é a partir da cabeça, incluindo o cabelo. Na segunda cabeça estão o ombro e o peito. Na terceira cabeça encontram-se as costelas, o cotovelo e parte do quadril. Na quarta temos o pulso, a coxa e mão. No meio da quinta cabeça está o joelho. Na sexta fica a perna e na última meia-cabeça ficam o calcanhar e o pé.

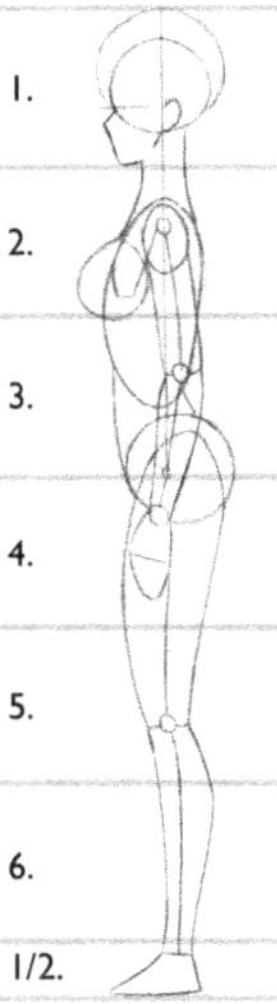

Com a aplicação de figuras geométricas sobre esta estrutura base, vamos dar forma e volume para a personagem. Neste caso, estarão proeminentes o seio e o glúteo. Apague as linhas de construção, reforce o traçado de contorno e a figura estará concluída.

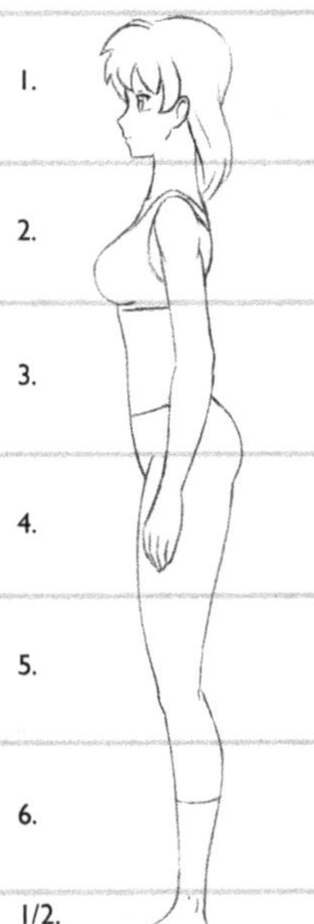

Nesta ilustração teremos um círculo para o ombro, um cilindro para o braço, um pequeno círculo para o cotovelo, um cone alongado para o antebraço e, finalmente, um oval para a mão. Estas serão as figuras usadas para criar os volumes e os músculos.

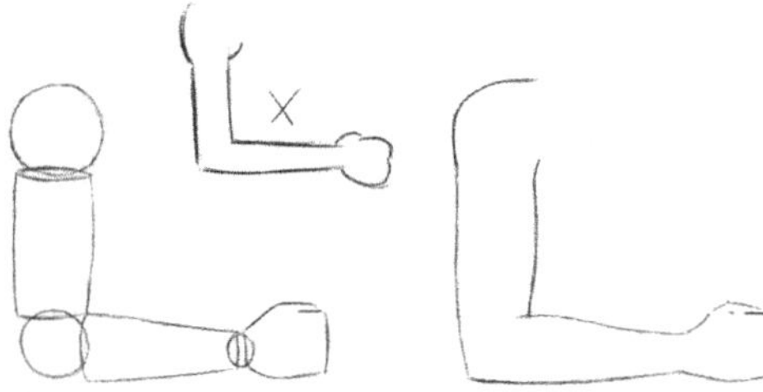

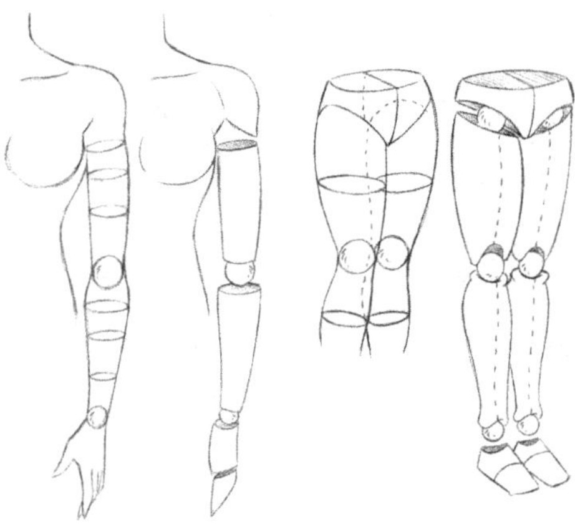

Sempre trabalhe muito bem os volumes para dar um tom mais realista para o seu desenho.

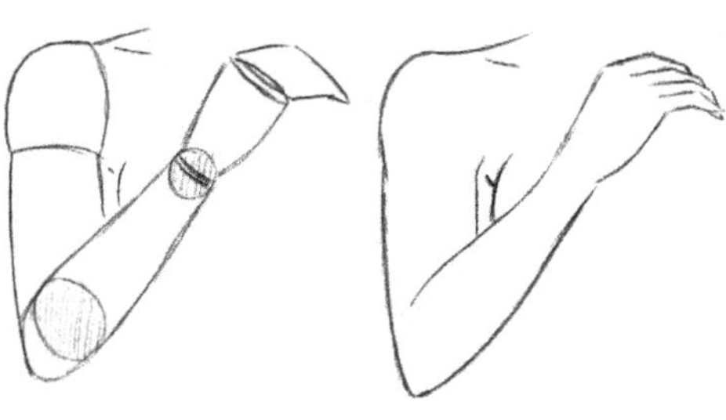

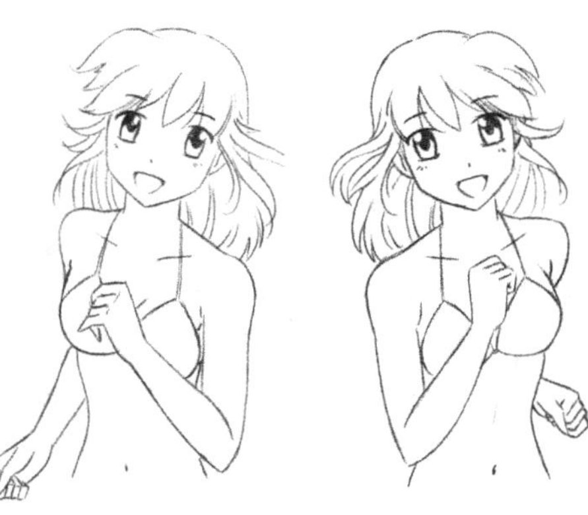

As proporções dos tronco e dos membros deverão ser mantidas iguais, mesmo que o corpo esteja em movimento.

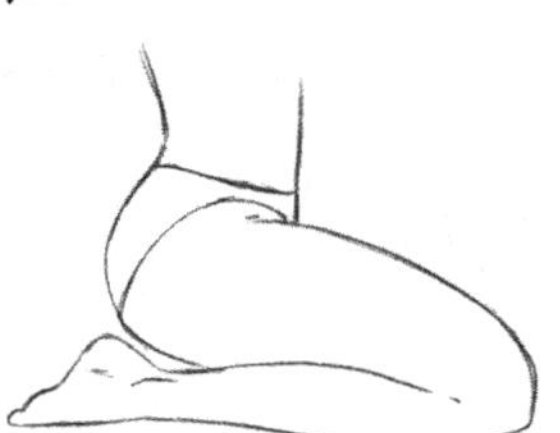

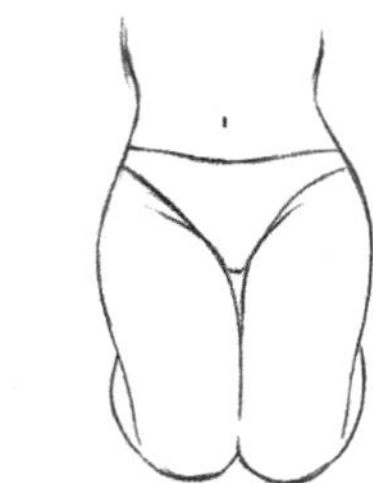

Mãos

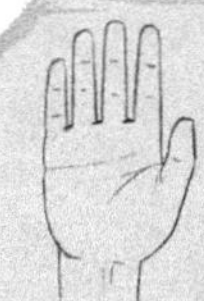

Para que servem as mãos? Elas possuem mais de centenas de movimentos e são empregadas em diversas funções. Elas podem segurar alguma coisa, ser utilizadas em combate ou apenas gesticular um aceno. Por isso, são muito importantes para o corpo.

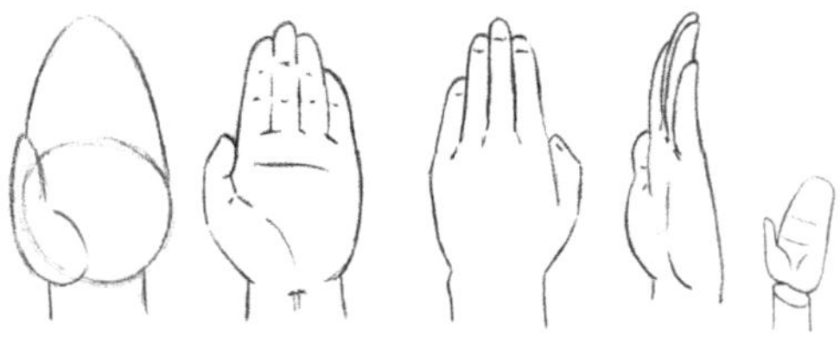

2) Na mão, são encontradas várias articulações que permitem os movimentos dos dedos e do pulso. Estas articulações também possibilitam movimentos de rotação para dentro ou para fora do corpo. Nos quatro dedos maiores, há três articulações denominadas falanges; no polegar, há duas. Na parte de trás dos dedos temos as unhas, que podem apresentar diferentes formatos, como arredondado ou quadrado, de acordo com o estilo do personagem.

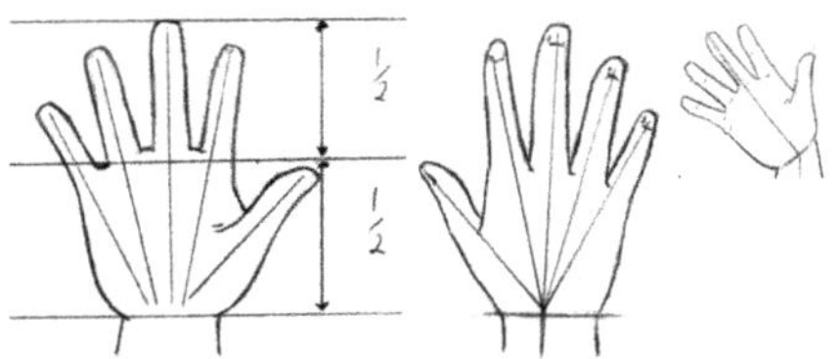

O dedo médio é o maior de todos, e possui o mesmo comprimento da palma. O indicador é menor do que o médio e o anular. O dedo mínimo tem o tamanho de duas falanges do dedo anular. Conforme podemos reparar na ação representada, a palma da mão parecerá maior que o restante, podendo ainda estar em perspectiva.

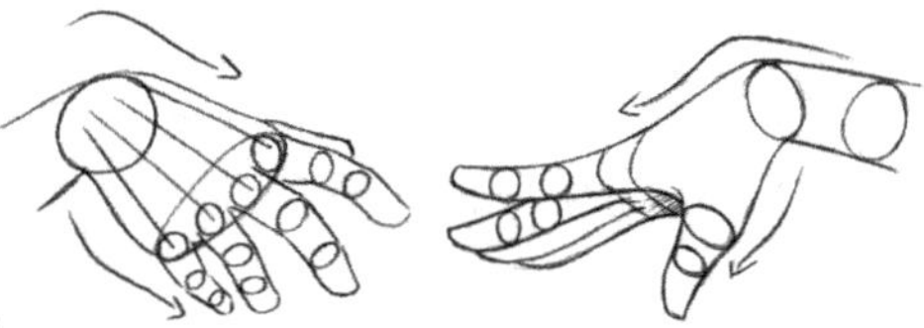

Em mangá, o encaixe do pulso para a mão deve ser um pouco menos largo do que a palma. Os dedos que, em geral, possuem formas cilíndricas, estreitos nas pontas e largos na palma, possuem movimentos retilíneos conforme o direcionamento.

1) Inicie o desenho da mão com um círculo e, acima dele, faça outro com a mesma medida. Em seguida, transforme estes dois círculos em um oval. Divida a parte superior em quatro partes verticais para fazer os dedos – indicador, médio, anular e mínimo. O círculo inferior é a palma ou as costas da mão. Divida-a ao meio horizontalmente. Desenhe o polegar a partir da metade superior desta divisão, fora do desenho oval, de forma que fique um pouco abaixo do dedo indicador. Em seguida, desenhe o pulso abaixo da palma.

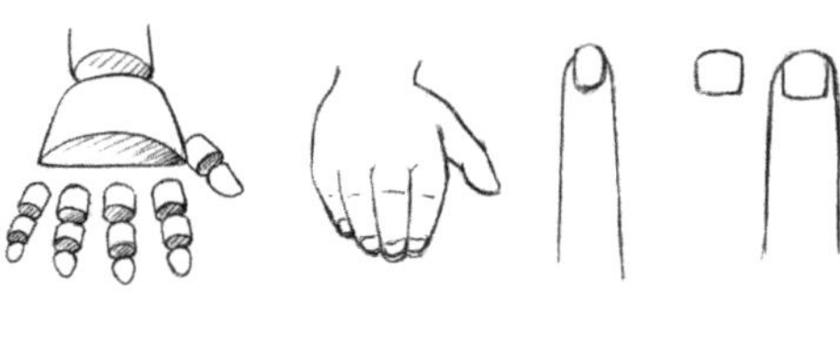

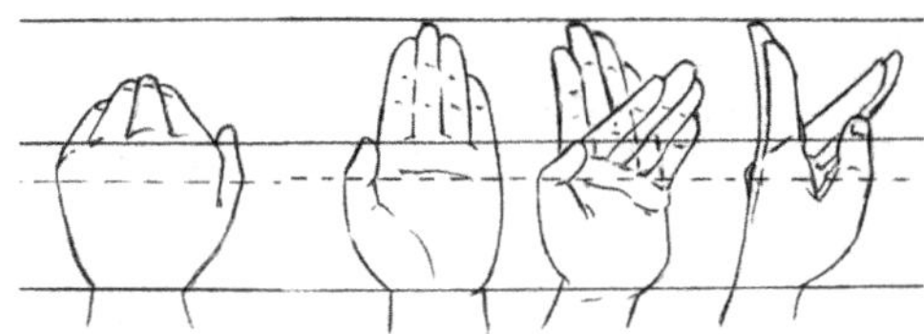

Pés

Seja qual for a representação, os pés têm a função básica de sustentação e apoio do corpo, além de serem responsáveis pela impulsão de simples ações, como andar, correr, saltar e nadar. Devido à articulação na canela, é possível realizar sua rotação para dentro ou para fora do corpo.

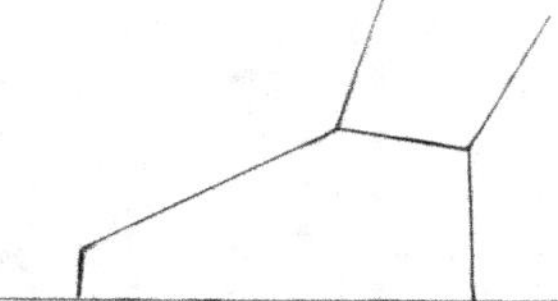

1) Para iniciar, trace uma linha na horizontal e dividida-a em três partes iguais.

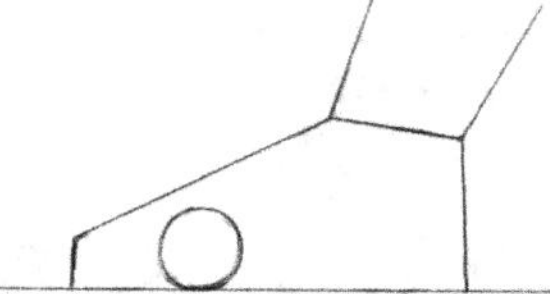

2) Dando prosseguimento ao desenho do pé, desenhe um pequeno círculo entre a parte A e B, cuja altura seja equivalente à meia parte de A.

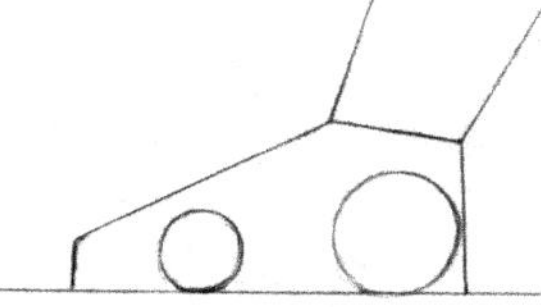

3) Desenhe um círculo maior na parte C, usando a medida da parte como altura.

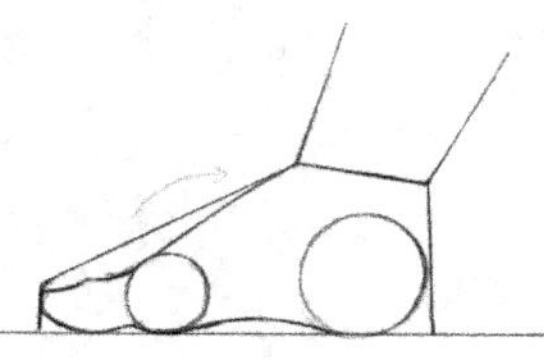

4) Para delinear o pé, comece pelo hálux, ou seja, o dedão. Desenhe uma pequena forma cônica, do tamanho do círculo menor. Trace o peito do pé com uma linha, unindo o dedão com o final da perna, passando pelo círculo menor. Na parte inferior, entre o círculo menor em B e o círculo maior em C, faça uma linha levemente curvada para representar a parte interna do pé.

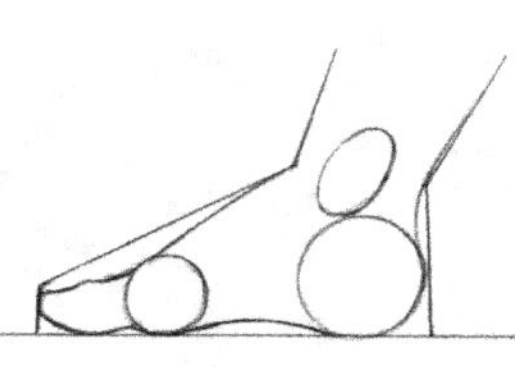

5) A seguir, desenhe uma elipse sobre o círculo maior, de forma que fique entre o pé o final da perna, para localizar o osso do tornozelo. Depois, trace uma pequena linha curvada, unindo o círculo maior ao final da perna para formar o calcanhar na parte de trás do pé.

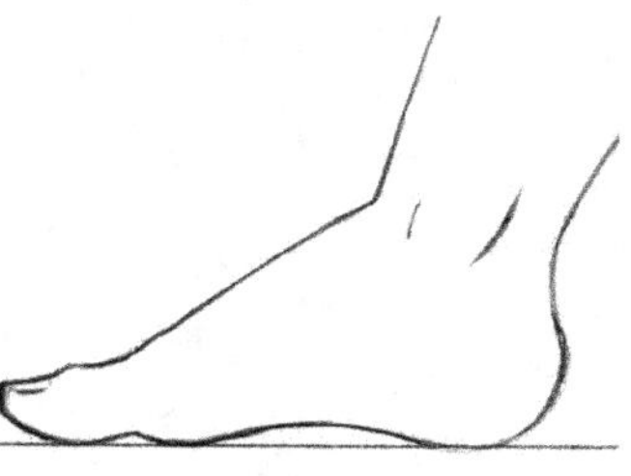

6) Defina a forma do pé conforme a figura acima.

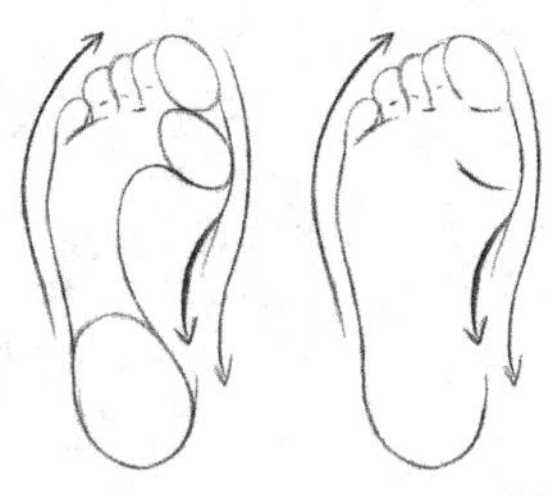

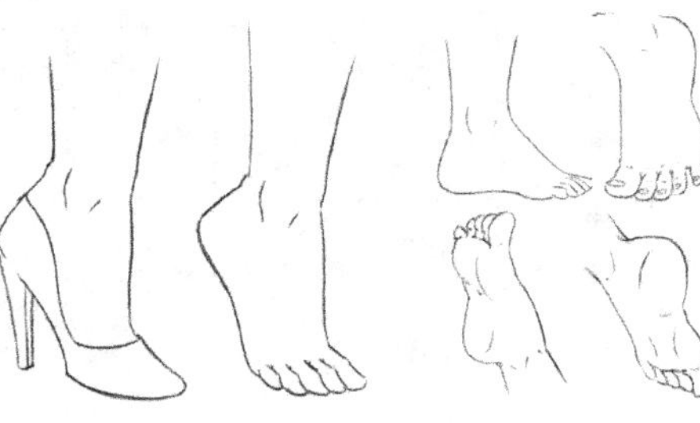

Na visão plantar (ou sola do pé), podemos notar que a parte interior possui uma curvatura maior do que a parte exterior. A parte superior do pé, na qual ficam os dedos, é um pouco mais larga que a parte inferior, em que está o calcanhar.

A articulação do encaixe do calcanhar com o tornozelo deve ser levemente menor do que o início do pé.

Anatomia:
Movimentos do corpo feminino

Movimentos

O corpo humano tem a capacidade de desenvolver movimentos incríveis no dia a dia.

Nós somos capazes de realizar movimentos amplos, como abraçar um enorme tronco de árvore ou movimentos mais curtos, como segurar uma pequena moeda. Também podemos saltar a uma distância com mais de oito metros, ou dançar bem juntinho em um salão apertado. Todos estes movimentos parecem ser banais e corriqueiros, mas, em mangá, sua correta aplicação torna uma cena mais bonita e impactante. Para que isso ocorra, esses movimentos são incrementados por linhas cinéticas que os reforçam e geram maior dinamismo à cena desenhada. Contudo, é necessário que o artista saiba como desenhá-los bem, para que fiquem reais.

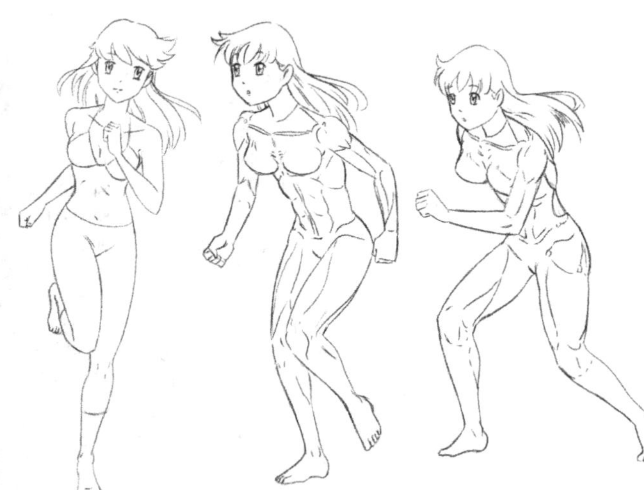

O que vemos e o que não vemos em uma figura em ação? Desenhar um movimento específico se traduz em um estudo da anatomia funcional do personagem – no caso, um ser humano. Nós vemos um corpo em movimento, mas não vemos que, para que isto ocorra, dentro deste corpo há um trabalho de sustentação feito pelo esqueleto, permitindo a fixação e equilíbrio do corpo. Outro detalhe que nos passa despercebido é a energia despendida pelas rotações, impulsões, alongamentos e enrijecimento dos músculos.

Observe as figuras ao lado. Cada uma tem um movimento específico. Mas o que há de comum entre elas? Uma linha de ação baseada na coluna vertebral (Figuras A e B). Já na figura C, pode-se notar como os ossos que compõem o braço o deixam fixo como uma haste, além de apoiar e sustentar todo o tronco em perfeito equilíbrio. Por isso, é o estiramento muscular que exibe a força e a energia despendida, dando harmonia e beleza à figura humana.

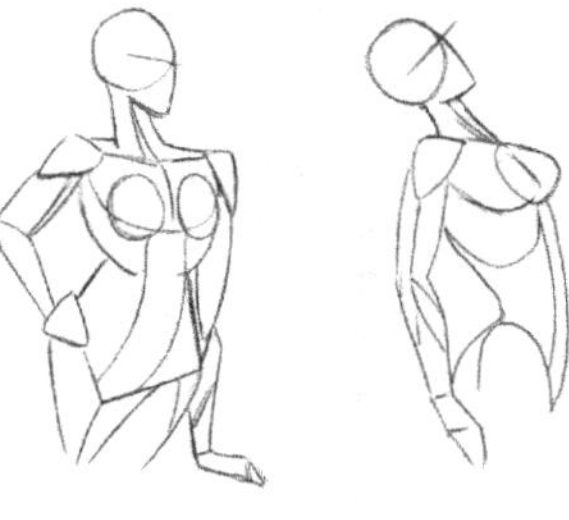

Figuras A – B – C – D

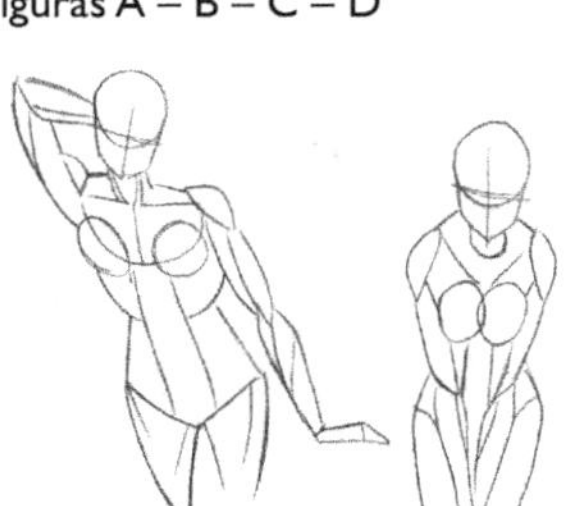
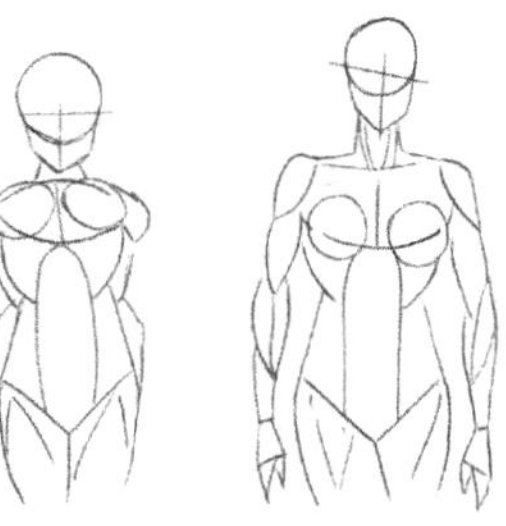

Prosseguindo no estudo dos movimentos, é preciso fazer as linhas de construções, o apoio e rotação dos gestos. Traçamos uma linha curvada, na qual está estabelecida a coluna vertebral da personagem. Esta é a chamada linha de ação ou movimento, e é por meio dela que podemos desenhar qualquer ação. Em seguida, distribuímos as cabeças sobre esta linha. Trabalhando passo a passo, perceba que no simples ato de andar ou correr o tronco está projetado para frente, demonstrando a quebra de resistência à ação do ar à sua volta. Acontece ainda o deslocamento dos braços, sempre em ação inversa aos movimentos das pernas. Isto se dá por meio da rotação do tronco sobre os quadris.

Vamos especular um pouco mais os movimentos. Veja bem a figura da menina ao lado. Primeiro, foi traçada uma linha de ação tendo como base a coluna vertebral. O fato do corpo estar na posição ¾ passa a ideia de perspectiva. Então, sobre a linha de ação, são distribuídas as cabeças. Em seguida, é necessário criar um ponto de apoio. Neste caso, é a perna esquerda, mais à frente, que realiza uma função óssea. A outra perna impulsiona o corpo, deslocando-o para frente, exercendo uma função muscular.

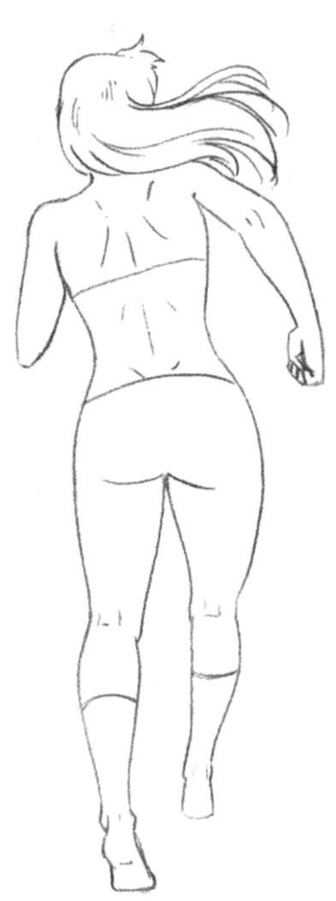

Visto de costas, o movimento se apresenta da mesma forma, com as linhas de ação demarcadas e a rotação do tronco com a distribuição das cabeças. Note, na figura ao lado, como a menina joga o corpo para o lado esquerdo, a fim de conseguir o impulso necessário para seguir em frente. Por estar de costas para o observador, algumas partes não podem ser vistas, como o antebraço e a mão esquerda, além dos pés.

Vestimentas:
Dobras e tecidos femininos

Vestimentas

As roupas funcionam como proteção e abrigo para o ser humano. Elas servem para resguardar a nudez, proteger o corpo das mudanças climáticas e até como demonstração de exuberância. O importante no estudo dos tecidos é reparar em seus caimentos sobre o corpo e perceber as diferenças entre tecidos leves e finos, grossos e pesados. Também é necessário observar possíveis alterações geradas por movimentos, como alongamento e tensão dos músculos.

O primeiro passo para desenhar trajes é começar pelo corpo em questão, para depois sobrepô-lo com roupas. Quando se desenha a roupa junto ao personagem, ocorre uma descontinuidade no membro ou na roupa, deixando-os totalmente desproporcionais. Na figura acima, desenhamos primeiro o braço e, em seguida, colocamos a manga. Para isso, é importante reparar o agrupamento de tecido sobre a articulação do cotovelo, além da tensão no tecido resultante do movimento do braço em relação ao corpo.

Em bermudas ou calças, que geralmente são feitas de tecidos grossos e pesados, as dobras mais comuns ficam próximas à virilha.

O desenho de vestidos varia de acordo com o tipo de tecido ilustrado. Geralmente, ele modela a parte do local envolto, mantém as tensões nas articulações e forma dobras na barra.

É de suma importância ao mangaká (artista que desenha mangás) ter sempre uma referência para desenvolver os trajes de seus personagens. Observe a figura ao lado e note que, em determinados pontos com mais volume, o tecido sofre maior tensão ao ser esticado. Para compensar esta tensão, as dobras tendem a agrupar-se na parte inferior do corpo quando ele se encontra em repouso.

C) Punho da manga

Ao manter o braço direito para baixo, o tecido desce por toda a extensão do braço e antebraço, acumulando-se sobre o pulso e a mão.

F) Tornozelos

Em tecidos leves, é possível observar as dobras do tecido sobre os pés.

A) Articulação do braço

Ao erguer o antebraço, a personagem faz com que o tecido da manga escorregue e crie um agrupamento de dobras na articulação.

B) Seios

O tecido fica tensionado, tanto na parte superior como na inferior, porque o volume dos seios o estica para frente.

D) Região Pélvica

Esta região acumula dobras de tecidos, tanto nas virilhas como sobre o púbis.

E) Joelhos

Em alguns tipos de tecidos, geralmente nos mais pesados, as dobras da parte frontal não aparecem. Já em tecidos mais leves, elas se formam logo abaixo dos joelhos. Na parte de trás, devido à forma ressaltada da panturrilha, sempre há formação de dobras, estando o personagem em pé ou sentado.

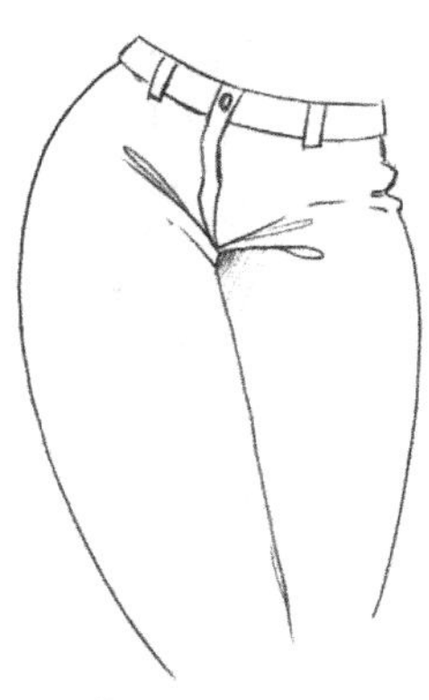

Sempre ocorre maior tensão no tecido perto dos seios, devido ao maior volume que eles provocam ao corpo. É importante lembrar que cada tecido se comporta de forma diferente, e as representações de suas linhas podem variar.

Tecidos tipo collant não sofrem grandes variações nem criam grandes dobras. Entretanto, em pontos específicos, como cotovelos e joelhos, sempre há uma parte repuxada.

Em tecidos finos e leves há maior ocorrência de dobras, principalmente nas áreas de articulações e nas partes em repouso. Por outro lado, quando um traje é elaborado para ser ajustado ao corpo, como no caso do quimono - cujo tecido é fechado em trespasse e cingido por uma larga faixa -, poucas dobras aparecem.

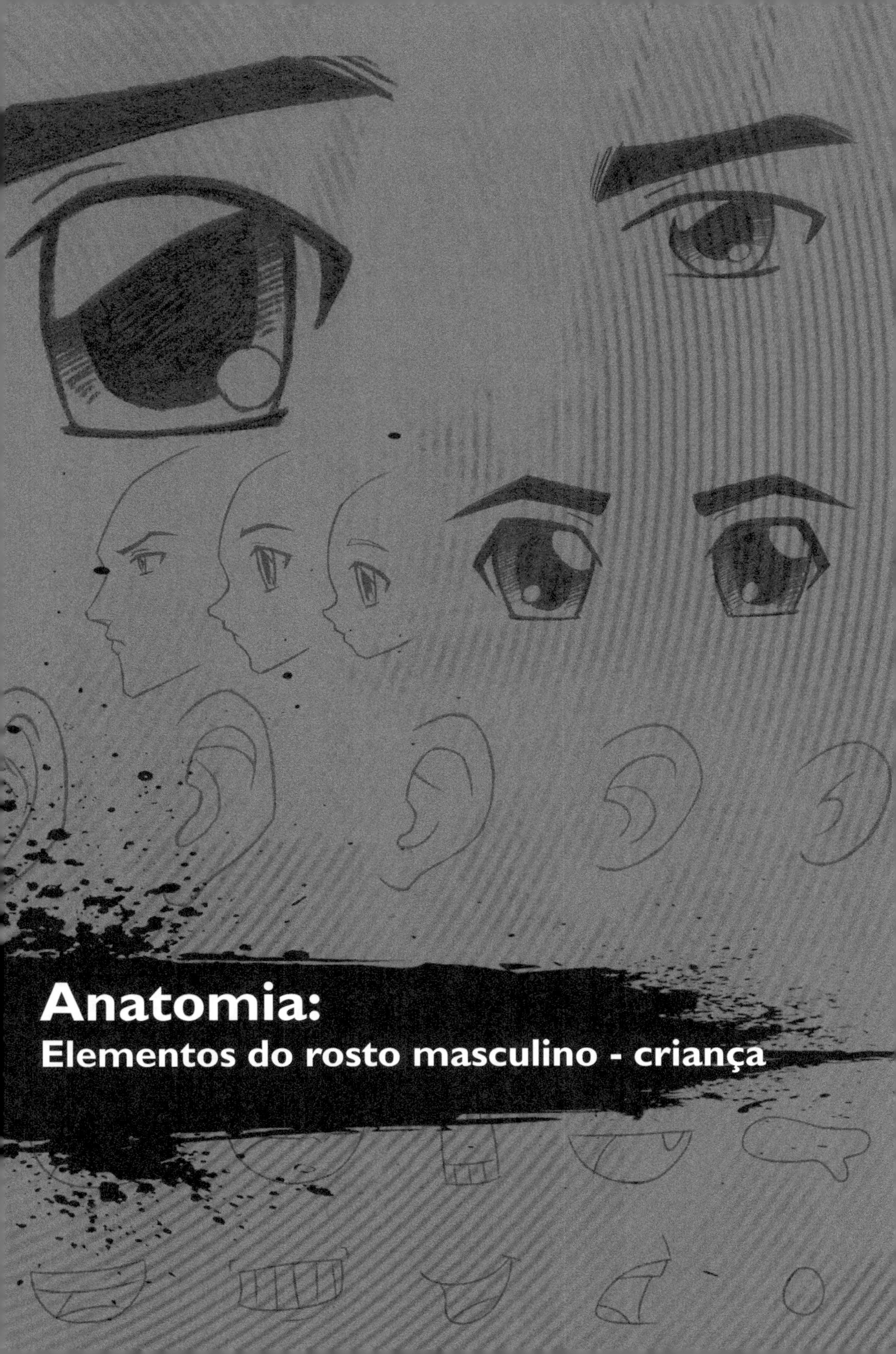

Anatomia:
Elementos do rosto masculino - criança

Variação de olhos

Apesar de distorcidos, os olhos no estilo mangá também apresentam uma grande variedade de tamanhos. As crianças têm os olhos maiores para pode passar uma expressão de mais inocência. Porém, também podem ser distorcidos para os personagens mais carismáticos, como os SD, que têm nos olhos sua principal característica, com tamanho maior que o infantil.

Frontal

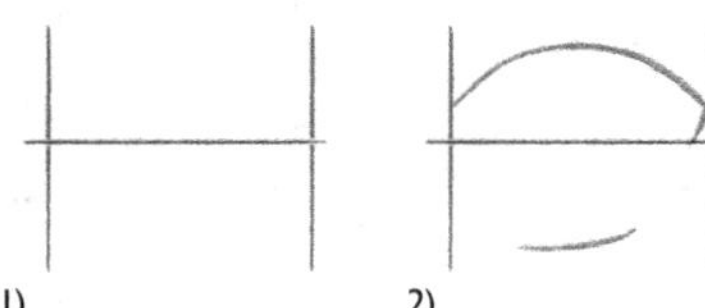

1)

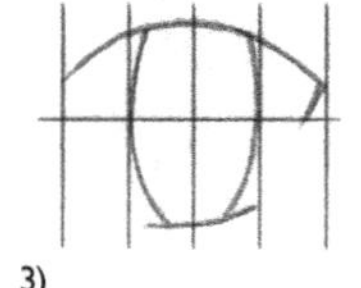

2)

3)

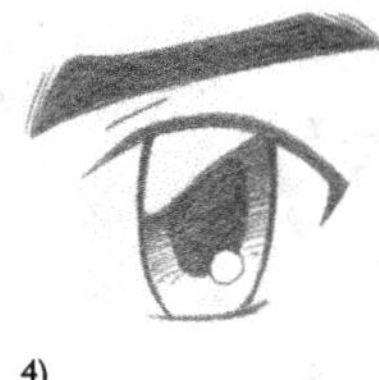

4)

1) O processo de construção é similar ao olho de adulto. Então, inicie por uma linha na horizontal e faça duas marcações, no início e no final, para limitar o espaço que irá utilizar.

2) Na sequência, faça a marcação para as pálpebras com espaços maiores, sendo o dobro nas partes superior e inferior.

3) Divida em quatro partes. Desenhe uma elipse nas partes 2 e 3, respeitando o limite demarcado pelo desenho das pálpebras. Esta elipse será a íris. Dentro dela, faça outra elipse, que será a pupila. Coloque a sobrancelha.

4) Apague as linhas desnecessárias e reforce as linhas dos cílios da parte superior e os cílios da parte inferior mais suaves. O brilho será bem maior que o desenho do olho anterior.

3/4

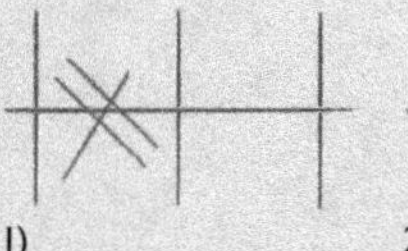

1)

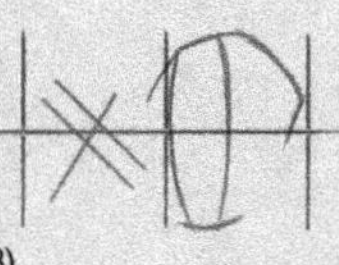

2)

3)

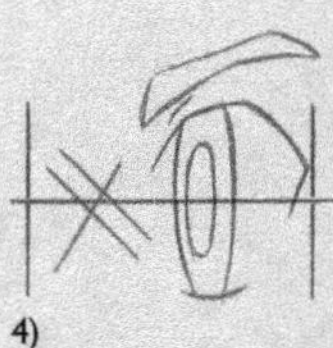

4)

1) A forma de construir o olho é semelhante ao anterior: na linha horizontal, trace duas linhas verticais, uma no início e outra no final. Divida ao meio e elimine uma parte.

2) Na sequência, faça a marcação para as pálpebras superior e inferior, dentro do espaço que irá utilizar.

3) Respeitando o limite das marcações das pálpebras, faça uma elipse para a íris e outra dentro desta, que será a pupila. Acima, desenhe a sobrancelha.

4) Desenhe os cílios superiores e inferiores marcados. Coloque o brilho e estará pronto o olho.

Perfil

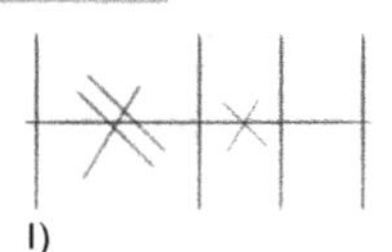

1)

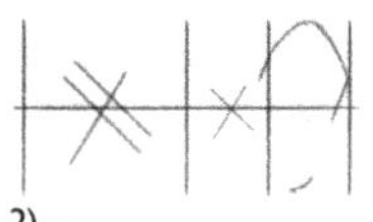

2)

3)

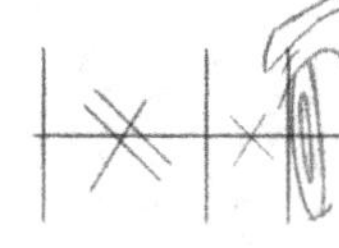

4)

1) Siga o mesmo esquema anterior, com uma linha na horizontal e marcações ao meio. Elimine uma das partes e divida a outra ao meio.

2) Elimine uma dessas partes e faça a marcação para as pálpebras superior e inferior no espaço restante.

3) Delimitado pelas marcações das pálpebras, faça uma elipse pequena para a íris, e outra interna para a pupila. Desenhe a sobrancelha.

4) Faça os cílios superiores e os cílios inferiores e coloque os brilhos.

Desenhando o par de olhos

1)

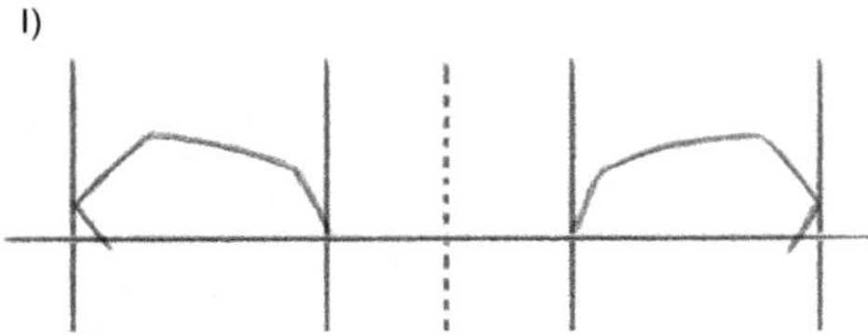

2)

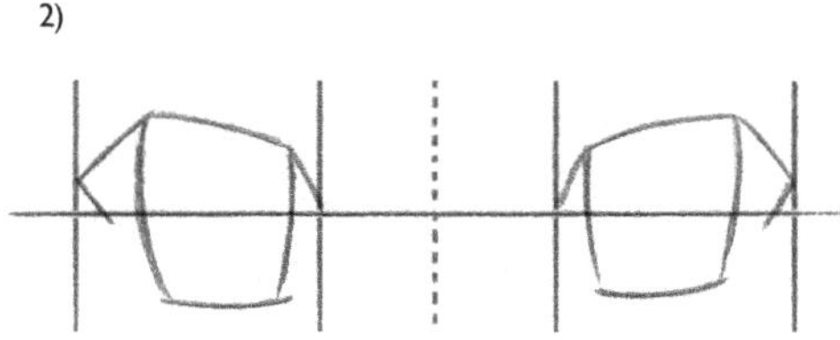

1) Quando desenhamos dois olhos, podemos partir do mesmo princípio da construção de apenas um olho, lembrando que, no estilo mangá, os olhos de criança são um pouco maiores que o de um adulto. Sendo assim, basta prolongar a linha horizontal. Para calcular a medida, utilize três vezes a largura do olho. Marque a pálpebra superior nos espaços das extremidades.

2) Depois da limitação das pálpebras, é hora de desenhar a íris. Siga a orientação do passo 3 frontal.

3)

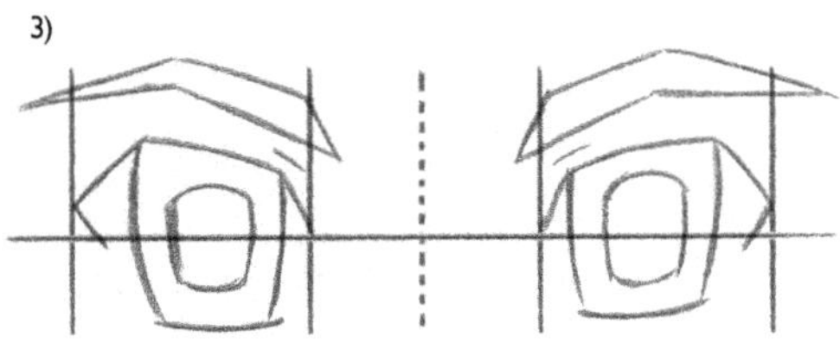

4)

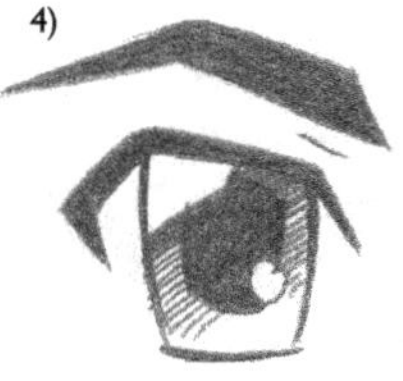

3) Desenhe as sobrancelhas nos dois olhos. Faça as pupilas no interior dos círculos que representam a íris.

4) Agora, finalize apagando as linhas de construção e aplicando sombras e brilhos.

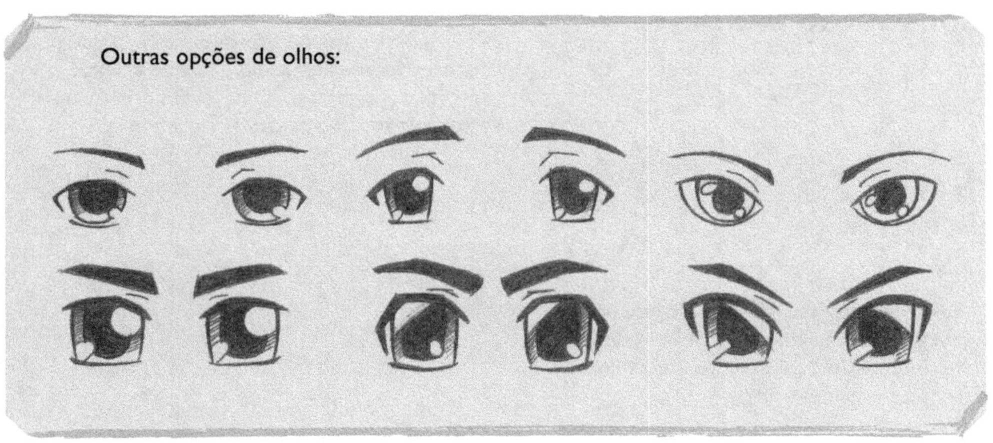

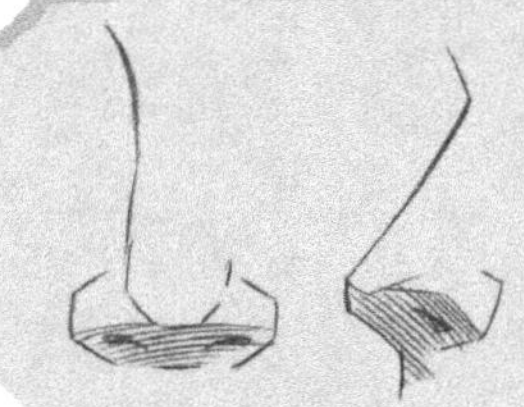

Nariz e suas variações

A variação do tamanho do nariz com relação à idade do personagem pode ser bem significativa. Em alguns casos, ele possui uma forma bem simplificada, ou até mesmo não existe. Sua estrutura básica é o triângulo, sendo usadas apenas algumas linhas para demarcação.

Apesar de simplificado, o nariz pode ter uma grande variação para caracterizar os personagens. Veja alguns exemplos de nariz abaixo:

Veja a relação do nariz em conjunto com os olhos:

Orelhas e variações

As orelhas têm como base um oval. Por se tratar de crianças, elas são bem mais simplificadas e pouco distorcidas.

Variação de orelha do adulto até a criança:

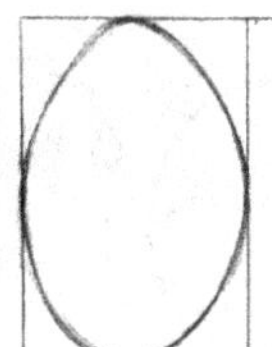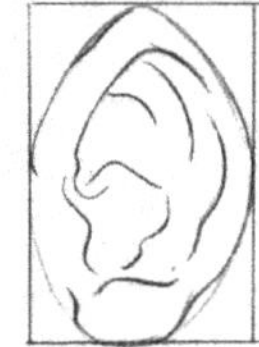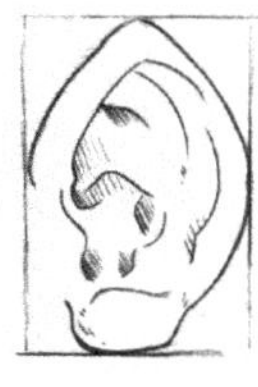

Construção básica:

O encaixe das orelhas não muda. O que pode ocorrer, como vemos no exemplo acima, é o formato. Crianças e SD possuem orelhas menores, pois seus olhos são muito grandes.

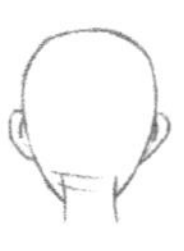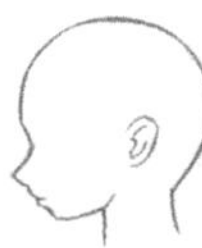

Sua construção se inicia a partir de um oval. Em seguida, desenha-se o pavilhão auditivo na parte interna do oval. Basta apagar as linhas desnecessárias e definir.

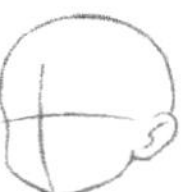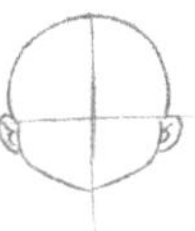

Anatomia:
Cabeça masculina - criança

Rosto

Para desenhar o rosto de uma criança, devemos nos atentar aos seus detalhes. Diferentemente do rosto adulto, as crianças possuem o maxilar menor e seus olhos são maiores. Seguindo os passos abaixo, conseguiremos desenhar o rosto infantil facilmente.

Frontal

1) A construção da cabeça se inicia com o desenho de um círculo mais perfeito possível.

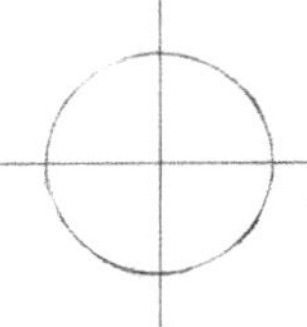

2) Divida o círculo em duas partes iguais, tanto na horizontal como na vertical.

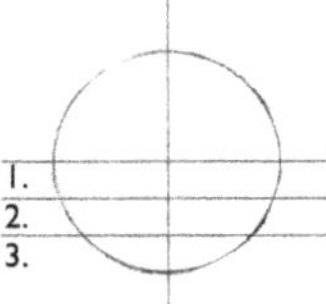

3) Divida a metade de baixo em três partes iguais.

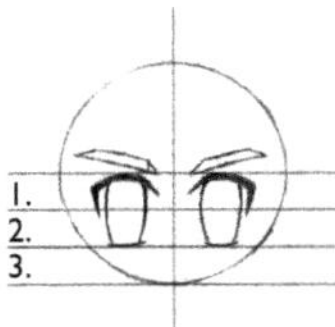

4) Na primeira e segunda parte ficarão os olhos. Desenhe-os de forma que ocupe toda essa parte.

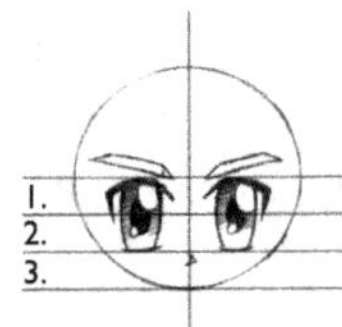

5) Agora, desenhe o nariz entre os olhos, no início da terceira parte e no centro do círculo.

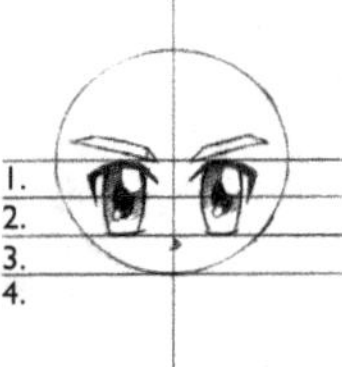

6) Adicione uma parte onde será o limite do maxilar.

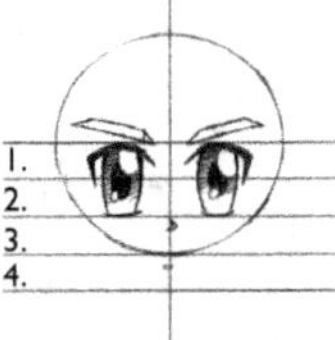

7) Desenhe a linha do interlabial ao final do círculo. Ela será a referência para localização da boca.

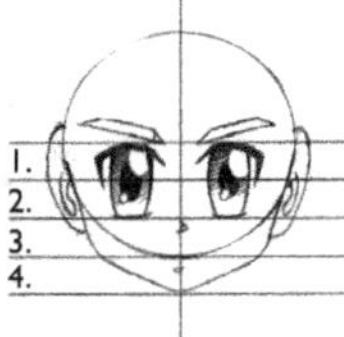

8) Agora, feche o limite do maxilar com linhas nas laterais. E leve o traço do centro até o final da parte 4.

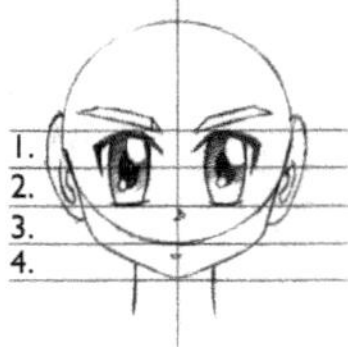

9) Nas laterais, desenhe as orelhas. Elas se iniciam a partir das sobrancelhas e terminam na linha do nariz. Faça também as linhas do pescoço.

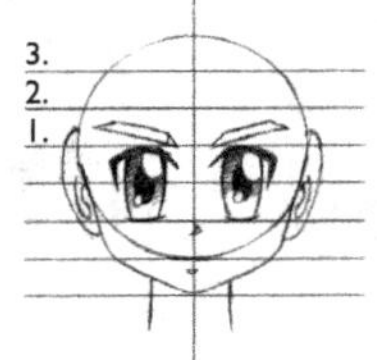

10) Divida, então, a parte superior em três partes iguais, como foi feito na etapa 3.

11) Desenhe o começo da franja do cabelo no fim da segunda parte. Faça as mechas próximas aos olhos. Adicione mais uma parte acima.

12) Faça um semicírculo partindo da linha da parte 4 até a linha tracejada da boca.

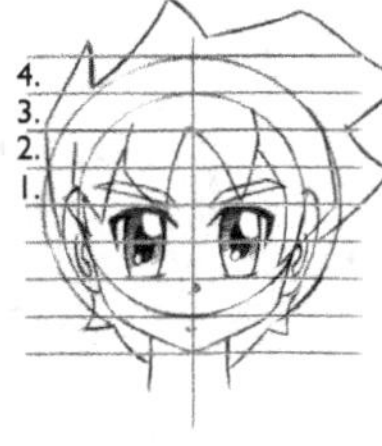

13) Desenhe as mechas do cabelo partindo deste círculo. Desenhe também algumas mechas atrás das orelhas. Apague as linhas de construção e seu desenho está pronto.

3/4

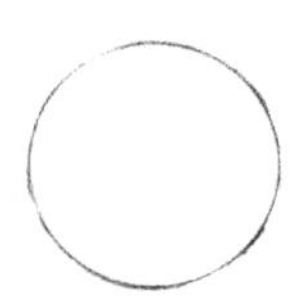

1) Conforme o exercício anterior, iniciaremos a construção cabeça por meio de um círculo.

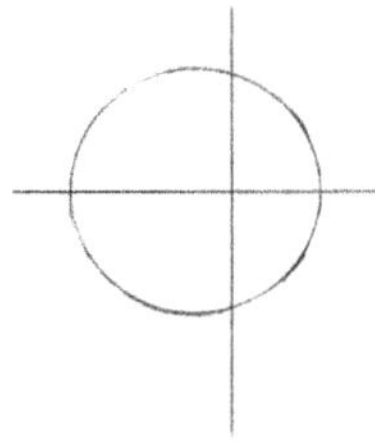

2) Divida o círculo em duas partes iguais, tanto na horizontal como na vertical, seguindo o exemplo.

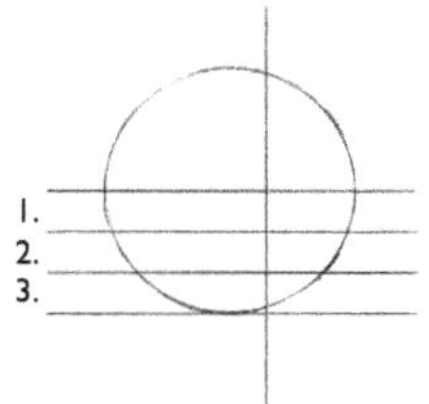

3) Divida a metade de baixo em três partes iguais.

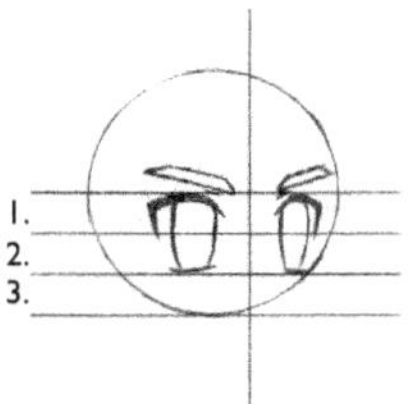

4) Entre a parte 1 e 2 ficarão os olhos. Desenhe-os de forma que eles ocupem toda essa parte.

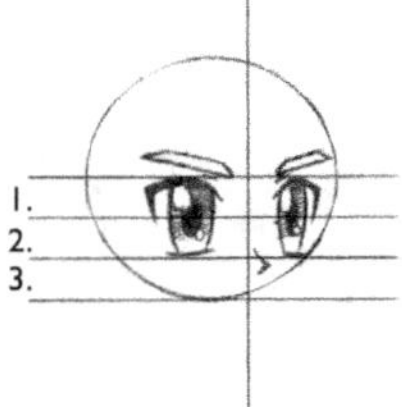

5) Desenhe o nariz entre os olhos e no começo da parte 3.

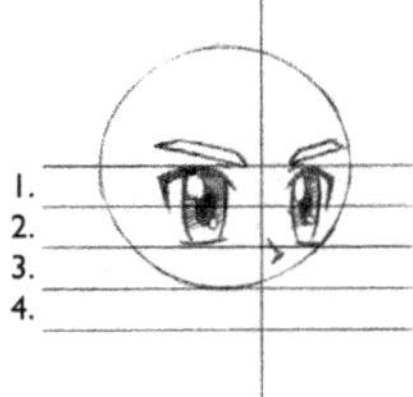

6) Adicione mais uma parte abaixo.

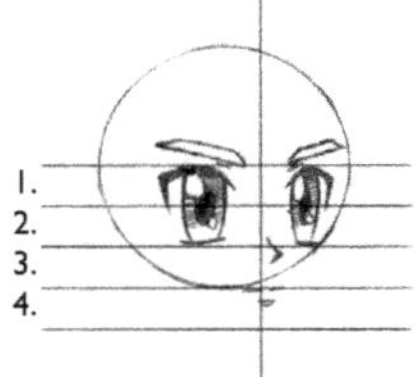

7) Desenhe a linha do interlabial no final do círculo.

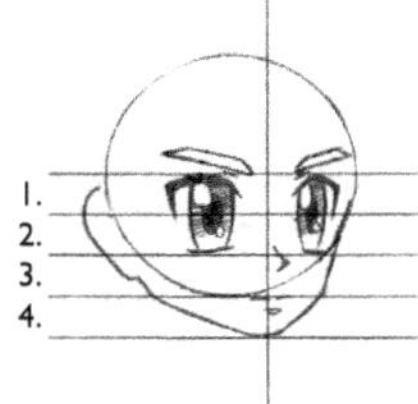

8) Agora, feche o limite do maxilar com linhas nas laterais e leve até a linha central, fazendo o formato do rosto.

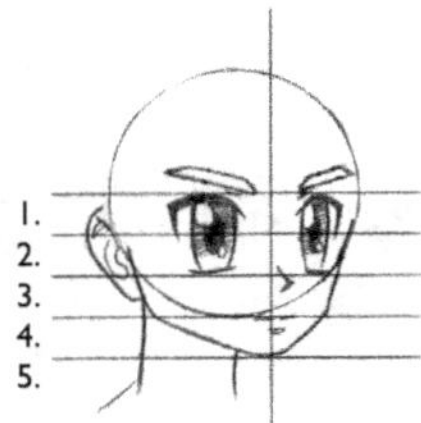

9) Desenhe a orelha do início da linha dos olhos até o fim da linha do nariz. Faça as linhas do pescoço.

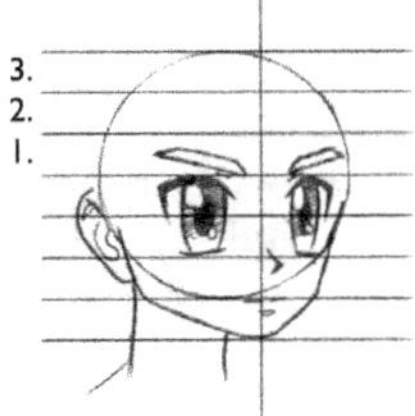

10) Divida a parte superior em três partes, como foi feito na etapa 3.

11) No fim da segunda parte, desenhe o começo da franja. Faça mechas próximas aos olhos. Adicione mais uma parte acima.

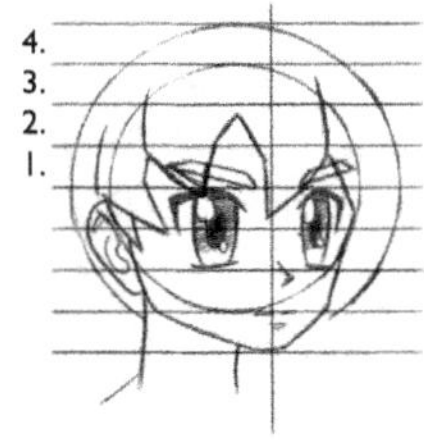

12) Faça um semicírculo partindo da parte 4 até a linha tracejada da boca.

13) Desenhe as mechas do cabelo partindo deste círculo. Apague as linhas de construção e seu desenho está pronto.

Perfil

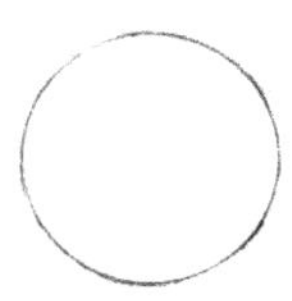

1) Inicie a construção da cabeça por meio de um círculo.

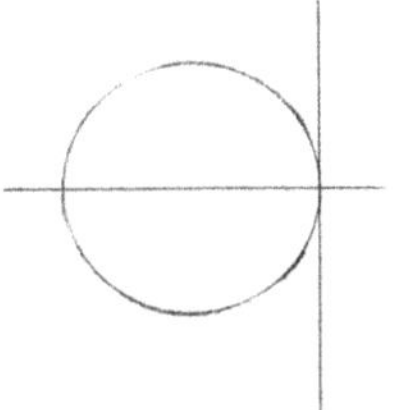

2) Divida o círculo em duas partes iguais na horizontal. Depois, trace uma linha tangente à esquerda.

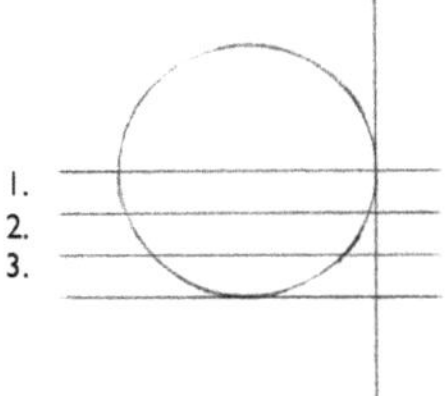

3) Divida a metade de baixo em três partes iguais.

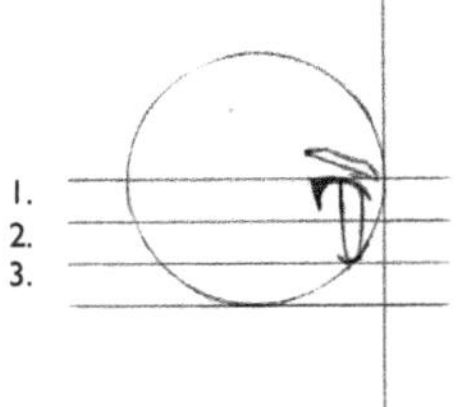

4) Entre a primeira parte e a segunda ficarão os olhos. Desenhe-os de perfil, de forma que eles ocupem toda esta parte.

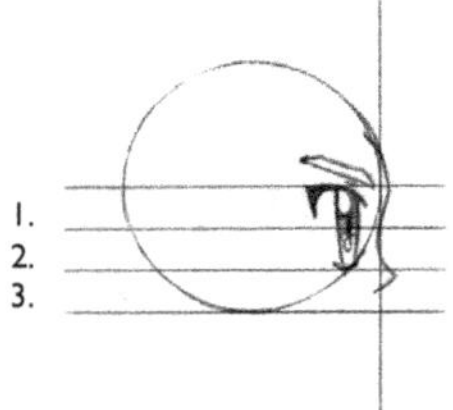

5) Desenhe o nariz no início da terceira parte, ficando um pouco à frente da tangente vertical.

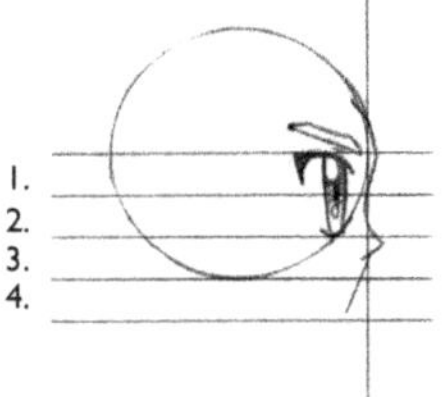

6) Adicione mais uma parte abaixo.

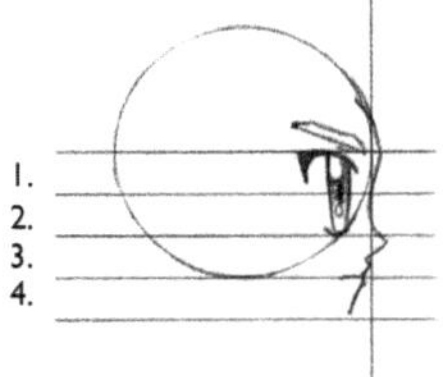

7) Desenhe a linha interlabial no final do círculo. O comprimento da linha do interlabial deverá ser até a íris.

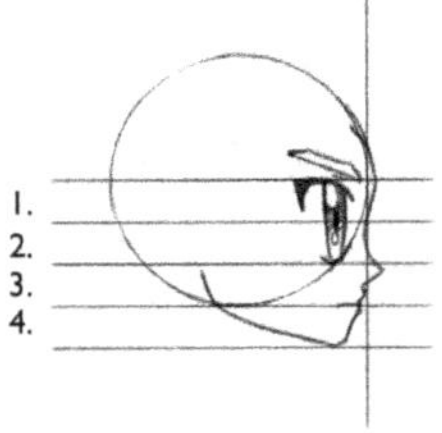

8) Desenhe o queixo e feche o limite do maxilar na lateral até a parte 4.

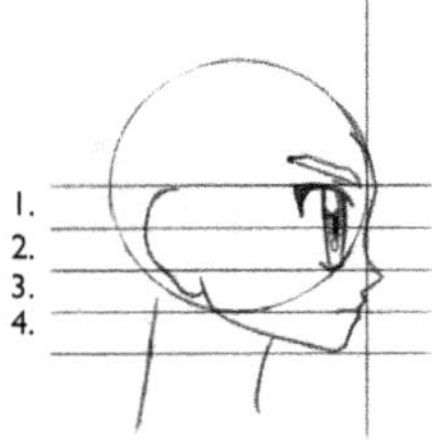

9) Desenhe a orelha desde o início da linha dos olhos até a linha do nariz. Faça as linhas do pescoço.

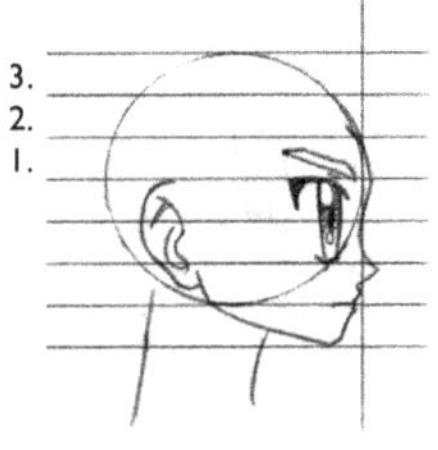

10) Divida a parte superior em três partes, como foi feito na etapa 3.

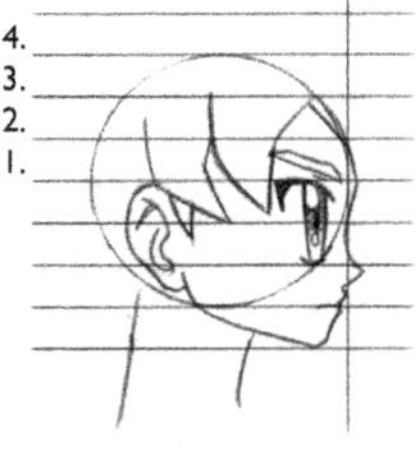

11) No fim da segunda parte, desenhe o começo da franja. Faça as mechas próximas aos olhos. Adicione mais uma parte acima.

12) Faça um semicírculo partindo da parte 4 até a linha da boca.

13) Agora, desenhe as mechas do cabelo partindo deste círculo. Desenhe também uma mecha na parte de trás da cabeça, como mostra a figura. Apague as linhas de construção e seu desenho está pronto.

Anatomia:
Proporções do corpo masculino - criança

Frontal

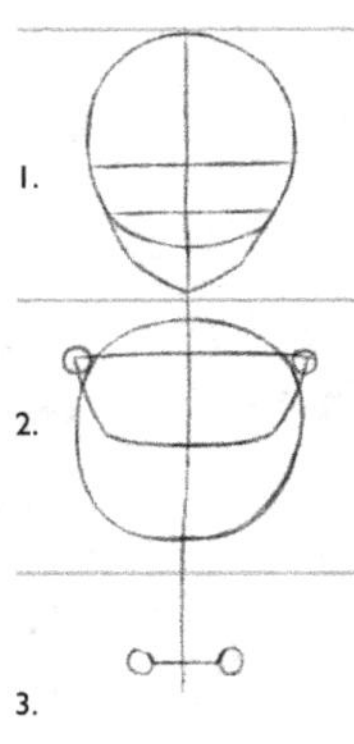

Seguindo o processo anterior, identificaremos a altura do personagem, utilizando a medida da cabeça. Repetimos esta medida no total de quatro vezes para baixo, marcando a linha de eixo vertical. Faremos as marcações da estrutura com linhas e figuras geométricas. Na altura da segunda cabeça ficam os ombros, peito e costelas.

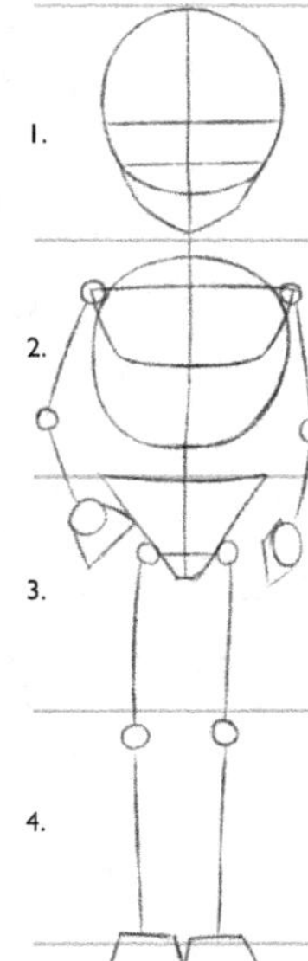

Demarque o restante das partes do corpo, como cotovelos e parte do quadril. Na metade da terceira cabeça estão os pulsos, o começo das coxas e as mãos. No início da quarta cabeça ficam joelhos, pernas, calcanhares e os pés. A construção anterior foi uma base para o desenho do manequim. Preencha os espaços colocando os volumes e as massas das partes do corpo. Com as figuras geométricas, dê forma aos braços, quadril, coxas, pernas e pés.

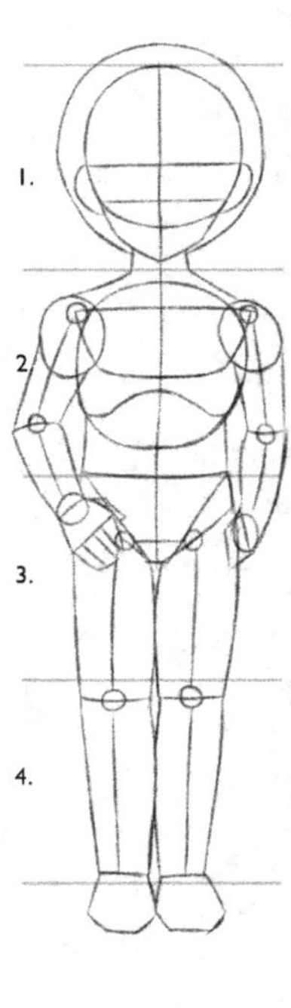

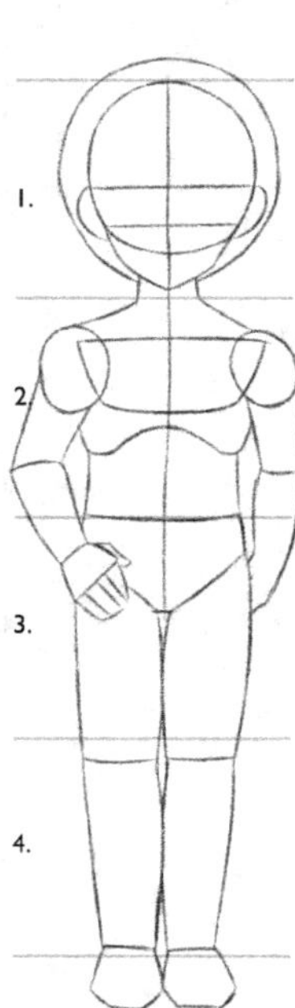

Este passo é semelhante ao do exercício de construção do corpo frontal do adulto. Apague as linhas desnecessárias e defina a figura, deixando-a pronta para receber a próxima etapa.

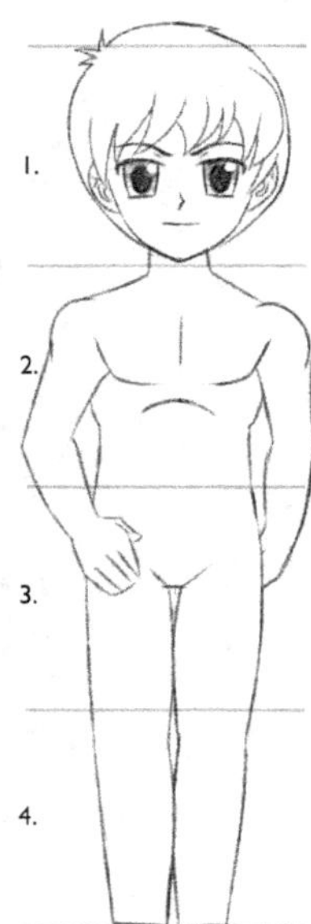

Agora, defina o rosto e faça toda a marcação do corpo, como músculos, mãos e pés. Ao terminar o desenho, adicione as roupas.

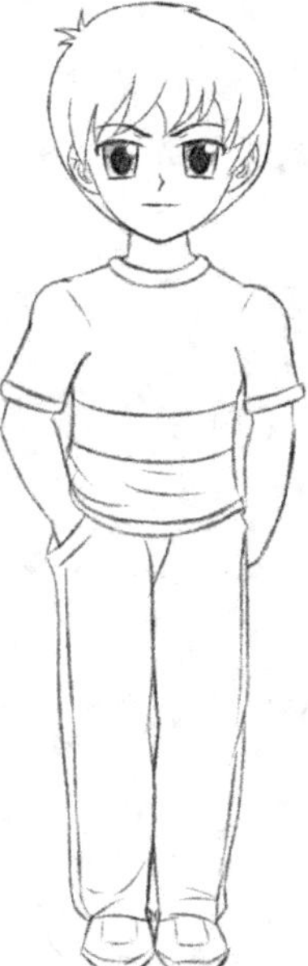

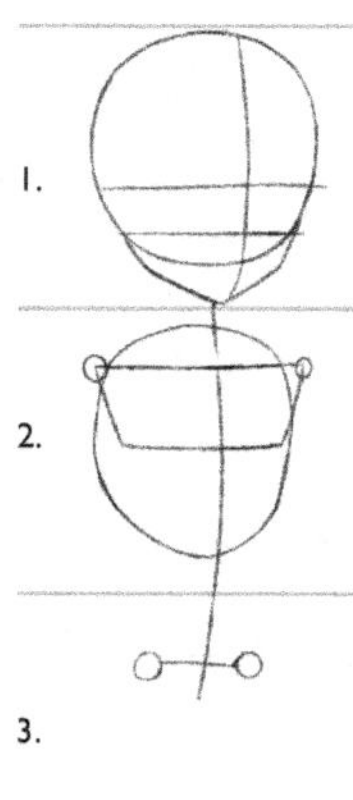

Como a posição não é frontal, a linha de eixo será deslocada para a esquerda, o que dará a impressão de que um lado é maior do que o outro. Identifique a altura do personagem, utilizando a medida da cabeça. Repita esta medida no total de quatro vezes para baixo, marcando a linha de eixo vertical. Faremos as marcações da estrutura com linhas e figuras geométricas. Na altura da segunda cabeça ficam os ombros, peito e costelas.

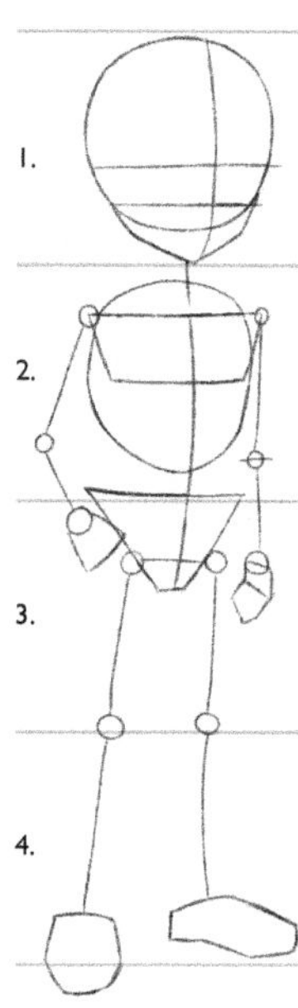

Demarque o restante das partes do corpo, como cotovelos e parte do quadril. Na metade da terceira cabeça estão os pulsos, o começo das coxas e as mãos. No início da quarta cabeça ficam joelhos, pernas, calcanhares e pés. A construção anterior foi uma base para o desenho do manequim. Preencha os espaços colocando os volumes e as massas das partes do corpo.
Com as figuras geométricas, dê forma aos braços, quadril, coxas, pernas e pés.

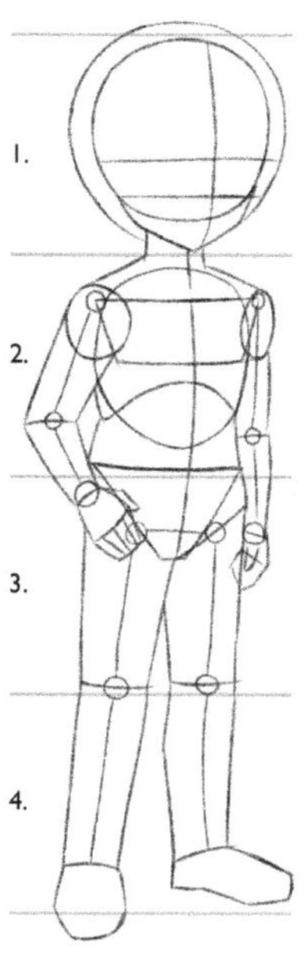

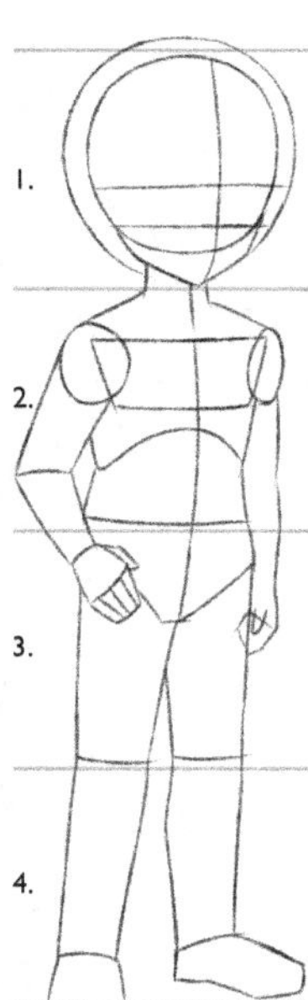

Este passo é semelhante ao do exercício de construção do adulto. Então, apague as linhas desnecessárias, defina a figura e ela estará pronta para receber a próxima etapa.

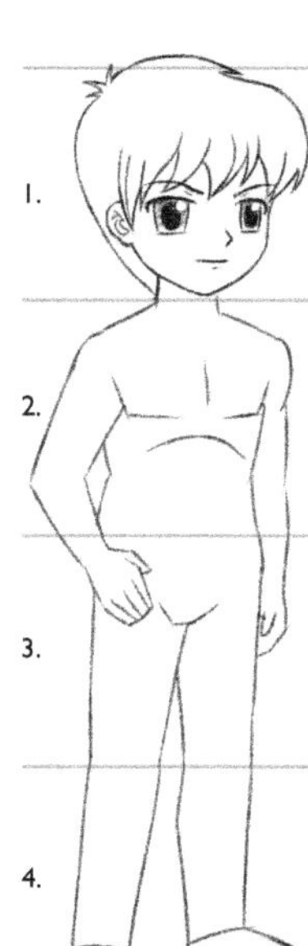

Agora, devemos definir o rosto e fazer toda a marcação do corpo, como músculos, mãos e pés. Ao terminar o desenho, adicione roupas.

Perfil

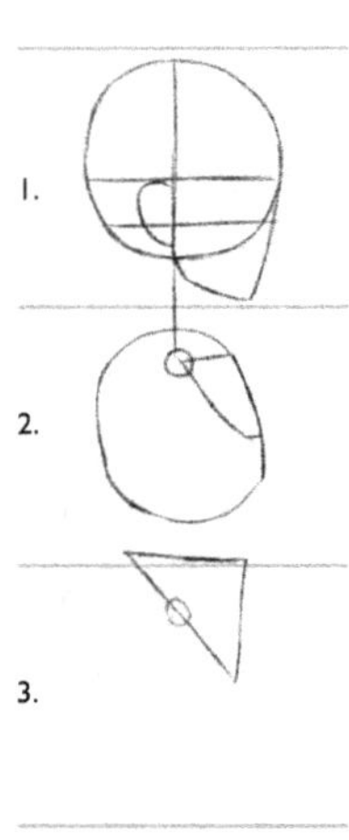

A linha de eixo vertical ficará no meio do corpo para que a figura e seus elementos pareçam estar de lado. Identifique sua altura, utilizando a medida da cabeça. Repita esta medida no total de quatro vezes para baixo, marcando a linha de eixo vertical. Faça as marcações da estrutura com linhas e figuras geométricas. Na altura da segunda cabeça ficam os ombros, peito e costelas.

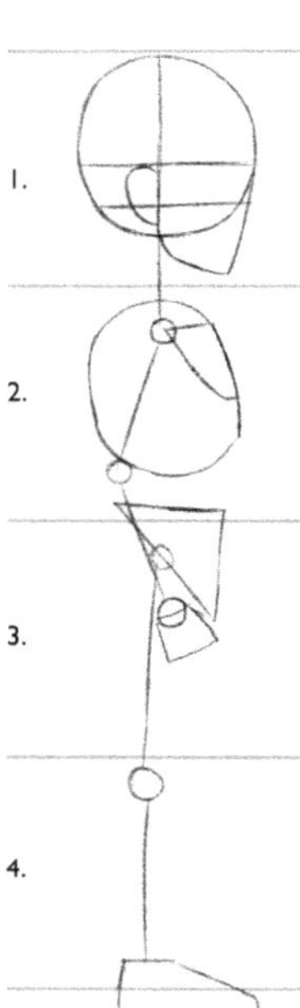

Demarque as outras partes do corpo, como cotovelos e parte do quadril. Na metade da terceira cabeça estão os pulsos, o começo das coxas e as mãos. No início da quarta cabeça ficam joelhos, pernas, calcanhares e pés. A construção anterior foi uma base para o desenho do manequim. Preencha os espaços colocando os volumes e as massas das partes do corpo.
Com as figuras geométricas, dê forma aos braços, quadril, coxas, pernas e pés.

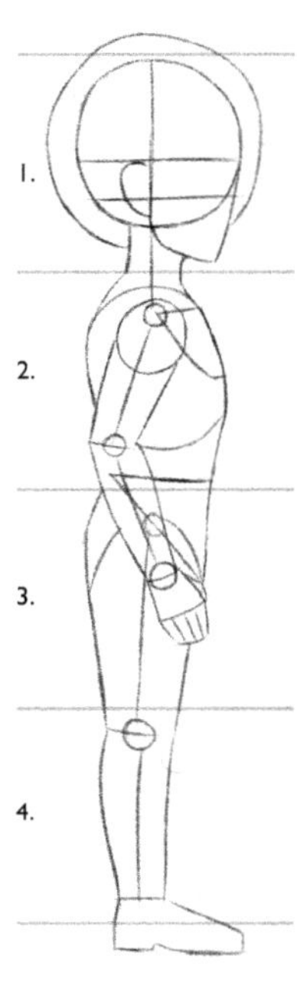

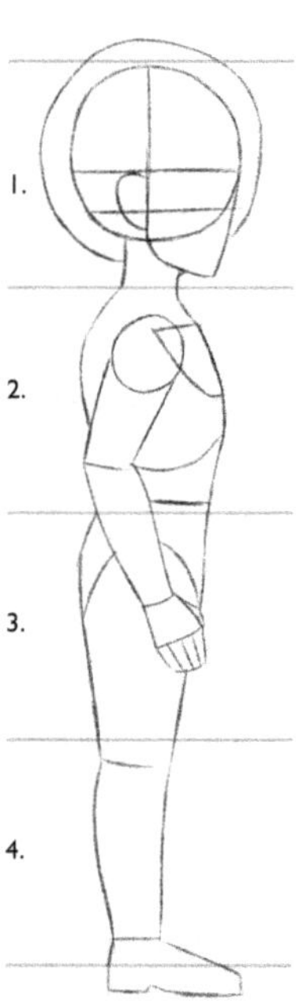

Este passo é semelhante ao do exercício de construção do adulto. Então, apague as linhas desnecessárias, defina a figura e ela estará pronta para receber a próxima etapa.

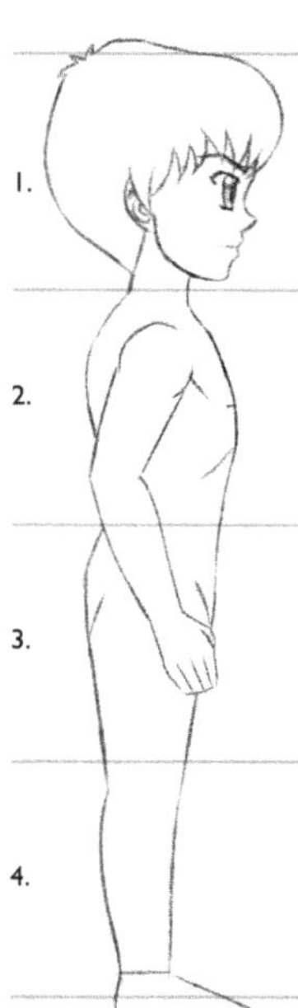

Agora, devemos definir o rosto e fazer toda a marcação do corpo, como músculos, mãos e pés. Ao terminar o desenho, adicione roupas.

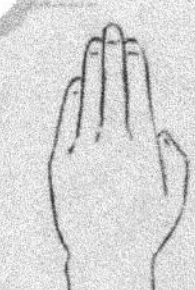

Mãos

Sua construção é muito simples. Sempre baseadas em figuras geométricas, as mãos podem ter também variações de tamanho e, em alguns casos, podem ter menos dedos, apenas simulando o espaço.

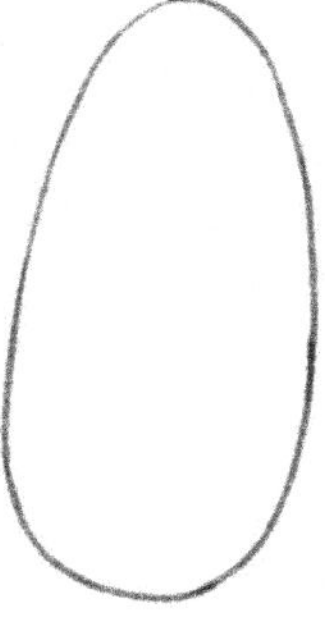

1) Inicie a construção com uma elipse.

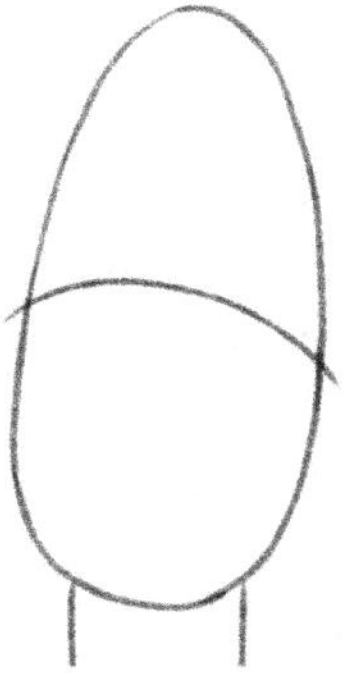

2) Com uma linha curva, divida a elipse ao meio. Na parte inferior, marque os pulsos.

3) Na metade inferior, encaixe o dedão, que irá ocupar metade do espaço na vertical e terá uma parte para fora da elipse.

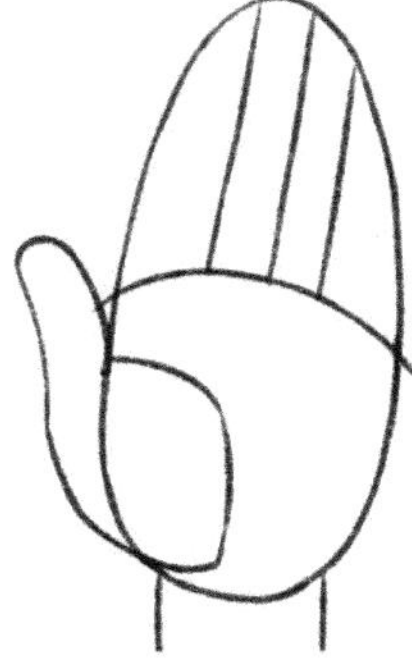

4) Divida a parte superior em quatro linhas verticais. Assim, teremos os espaços dos dedos.

5) Na parte superior, onde estão localizados os dedos, arredonde as pontas.

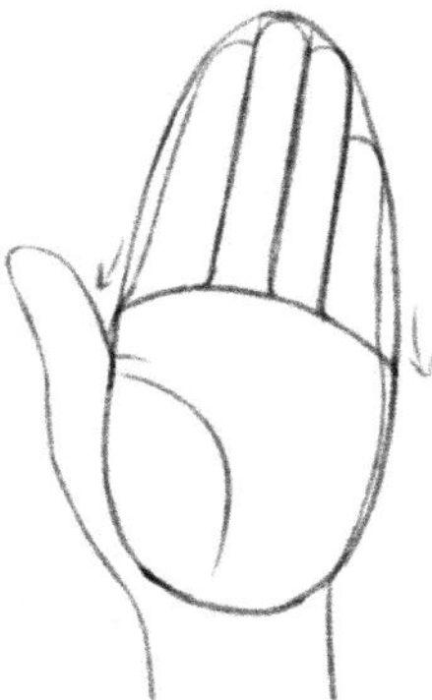

6) Faça ajustes nos dedos, colocando mais curvas e deixando mais finos. Terminando, basta apagar as linhas desnecessárias e definir o desenho.

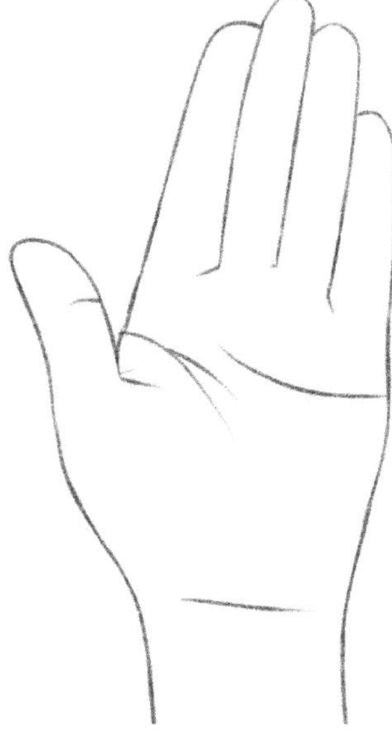

Quando desenhamos mãos de crianças, devemos observar que os dedos são menores que os de um adulto. Nas mãos infantis os traços são mais simplificados, sem muitos detalhes.

Outros exemplos de mãos infantis com traço simplificado:

 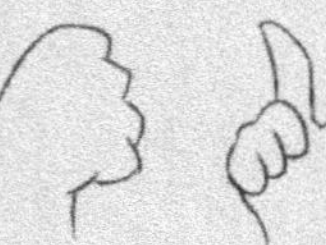    

Pés diferenciados

Na construção dos pés infantis e SD, devemos observar que existem mudanças em relação ao tamanho do personagem e ao formato do pé, já que devem ter menos detalhes e ser um pouco menores que os de um adulto.

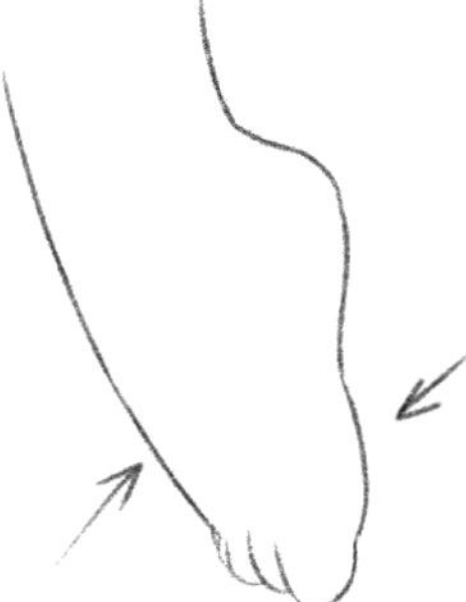 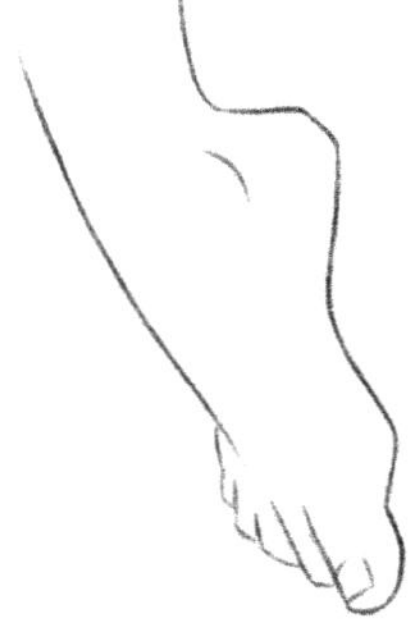

No caso do desenho infantil, o pé é um pouco menor e fica com aspecto de mais cheio. Veja que os dedos são menores e sem muito detalhes.

O desenho do pé de um adulto requer mais detalhes e suas linhas são mais marcadas.

Outros exemplos:

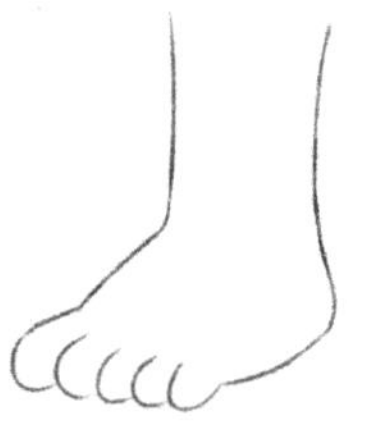 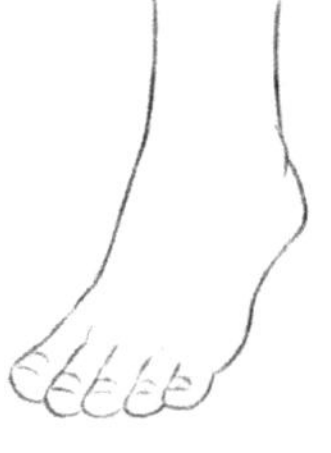 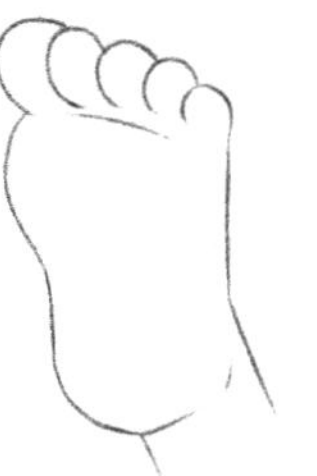 

Anatomia:
Elementos rosto feminino - criança

Variação de olhos

Apesar de distorcidos, os olhos no estilo mangá também apresentam uma grande variedade de tamanhos. As crianças têm os olhos maiores para pode passar uma expressão de mais inocência. Porém, também podem ser distorcidos para os personagens mais carismáticos, como os SD, que têm nos olhos sua principal característica, com tamanho maior que o infantil.

Frontal

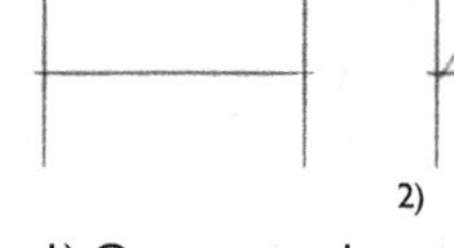

1)

2)

3)

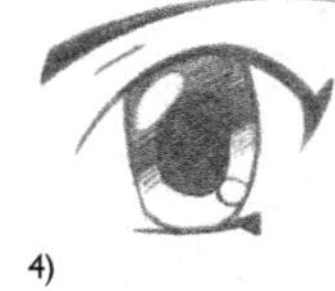

4)

1) O processo de construção é similar ao do olho adulto. Então, inicie por uma linha na horizontal e faça duas marcações, uma no início e outra no final, para limitar o espaço que irá utilizar.

2) Na sequência, faça a marcação para as pálpebras com espaços maiores, sendo o dobro nas partes superior e inferior.

3) Divida em quatro partes. Desenhe uma elipse nas partes 2 e 3, respeitando o limite demarcado pelo desenho das pálpebras. Esta elipse será a íris. Dentro dela, faça outra elipse, que será a pupila. Coloque a sobrancelha.

4) Apague as linhas desnecessárias e reforce as linhas dos cílios da parte ssuperior, deixando os cílios da parte inferior mais suaves. O brilho será bem maior que o desenho do olho anterior.

3/4

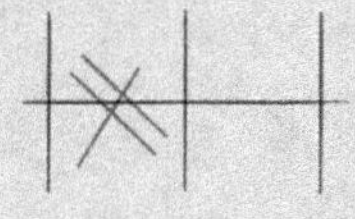

1)

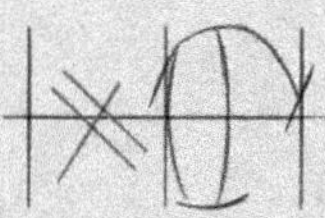

2)

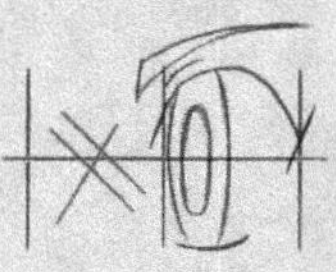

3)

4)

1) A forma de construir o olho é semelhante ao anterior: na linha horizontal, trace duas linhas verticais, uma no início e outra no final. Divida ao meio e elimine uma parte.

2) Na sequência, faça a marcação para as pálpebras superior e inferior, dentro do espaço que irá utilizar.

3) Respeitando o limite das marcações das pálpebras, faça uma elipse para a íris e outra dentro desta, que será a pupila. Acima, desenhe a sobrancelha.

4) Desenhe os cílios superiores e inferiores marcados. Coloque o brilho e estará pronto o olho.

Perfil

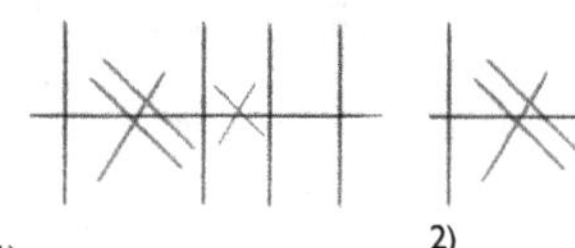

1)

2)

3)

4)

1) Siga o mesmo esquema anterior, fazendo uma linha na horizontal e fazendo marcações ao meio. Elimine uma das partes e divida a outra ao meio.

2) Elimine uma dessas partes e faça a marcação para as pálpebras superior e inferior no espaço restante.

3) Delimitado pelas marcações das pálpebras, faça uma elipse pequena para a íris, e outra interna para a pupila. Desenhe a sobrancelha.

4) Faça os cílios superiores e os cílios inferiores e coloque os brilhos.

Desenhando o par de olhos

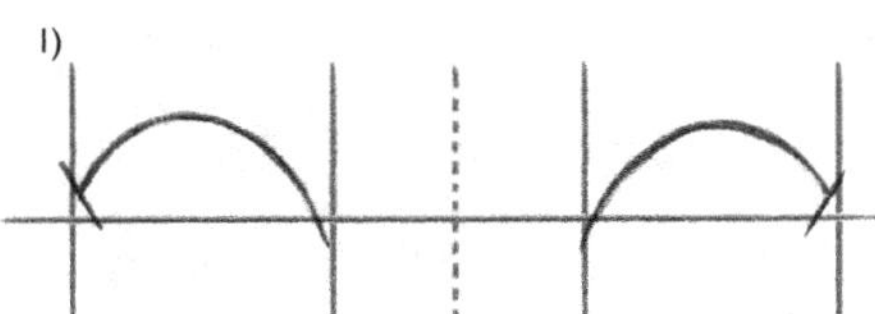

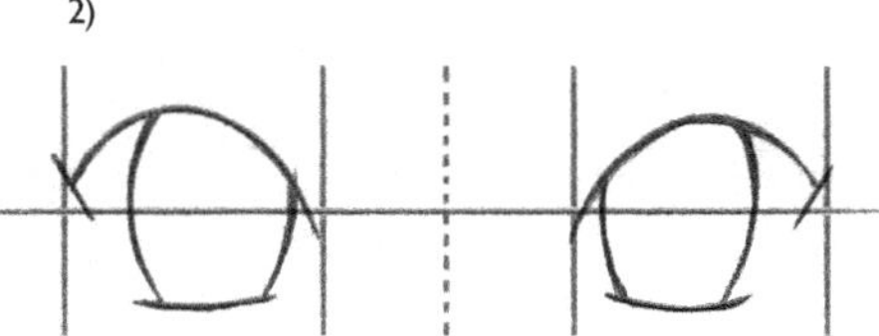

1) Quando desenhamos dois olhos, podemos partir do mesmo princípio da construção de apenas um olho. Vale lembrar que, no estilo mangá, os olhos de criança são um pouco maiores que o de um adulto. Sendo assim, basta prologar a linha horizontal. Para calcular a medida, utilize três vezes a largura do olho. Marque a pálpebra superior nos espaços das extremidades.

2) Depois da limitação das pálpebras, é hora de desenhar a íris. Siga a orientação do passo 3 frontal.

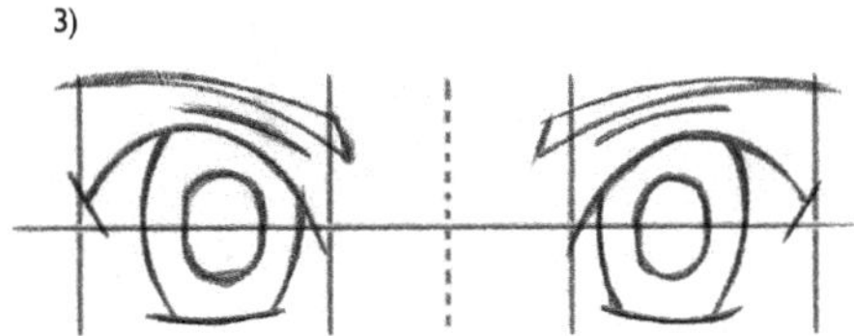

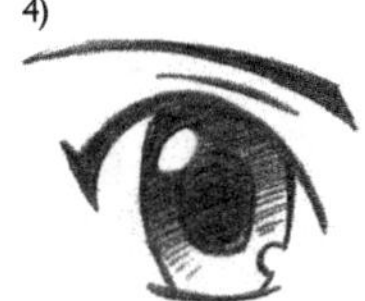

3) Desenhe as sobrancelhas nos dois olhos. Faça as pupilas no interior dos círculos que representam a íris.

4) Agora, finalize apagando as linhas de construções e aplicando sombras e brilhos.

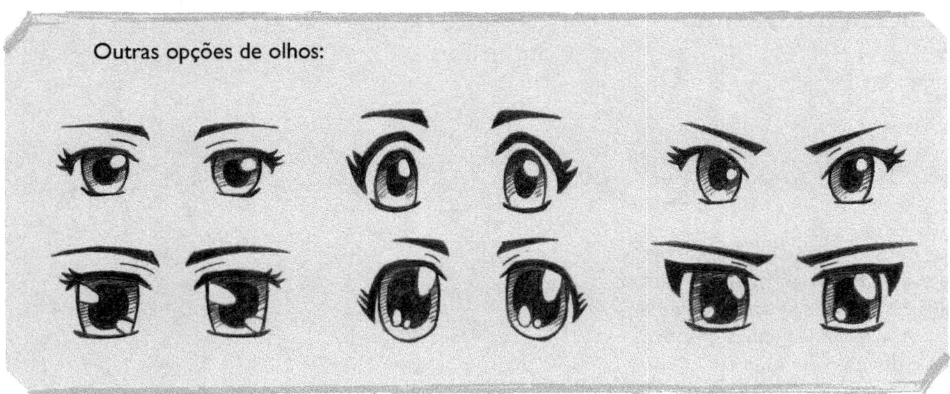

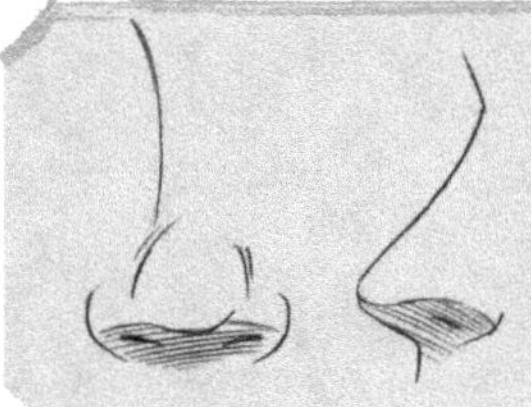

Nariz e suas variações

A variação do tamanho do nariz com relação à idade do personagem pode ser bem significativa. Em alguns casos, ele possui uma forma bem simplificada, ou até mesmo não existe. Sua estrutura básica é o triângulo, sendo usadas apenas algumas linhas para demarcação.

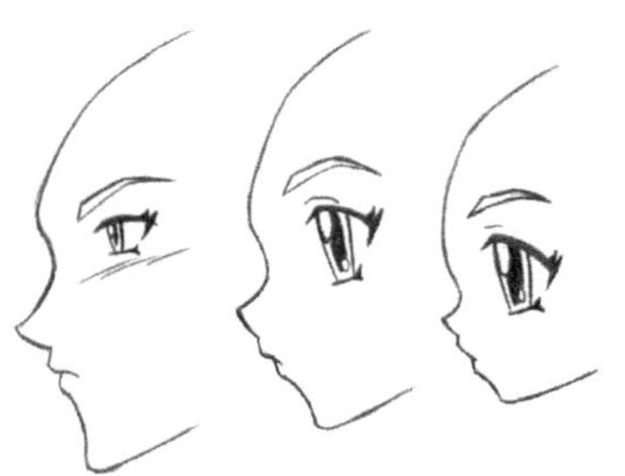

Apesar de simplificado, o nariz pode ter uma grande variação para caracterizar os personagens. Veja alguns exemplos de nariz abaixo:

Veja a relação do nariz em conjunto com os olhos:

Orelhas e variações

As orelhas têm como base um oval. Por se tratar de crianças, elas são bem mais simplificadas e pouco distorcidas.

Variação de orelha do adulto até a criança:

O encaixe das orelhas não muda. O que pode ocorrer, como vemos no exemplo acima, é o formato. Crianças e SD possuem orelhas menores, pois seus olhos são muito grandes.

Construção básica:

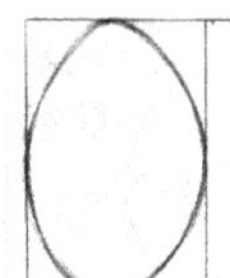 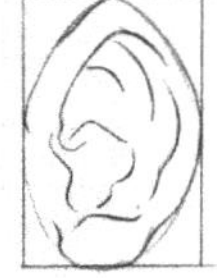 

Sua construção se inicia a partir de um oval. Em seguida, desenha-se o pavilhão auditivo na parte interna do oval. Basta apagar as linhas desnecessárias e definir.

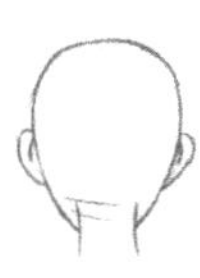  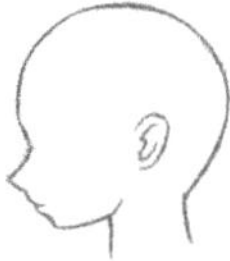 

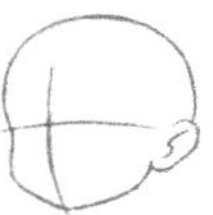  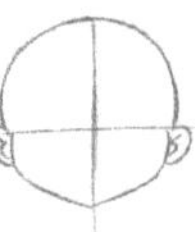 

Anatomia:
Cabeça feminina - criança

Rosto

Para desenhar o rosto de uma criança, devemos nos atentar aos seus detalhes. Diferentemente do rosto adulto, as crianças possuem o maxilar menor e seus olhos são maiores. Seguindo os passos abaixo, conseguiremos desenhar o rosto infantil facilmente.

Frontal

1) A construção da cabeça se inicia com o desenho de um círculo mais perfeito possível.

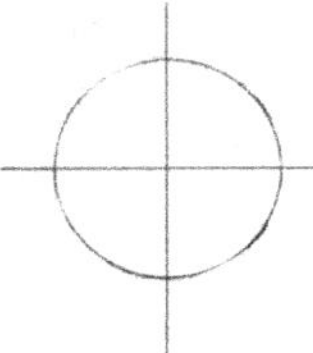

2) Divida o círculo em duas partes iguais, tanto na horizontal como na vertical.

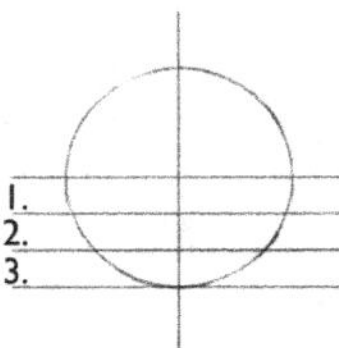

3) Divida a metade de baixo em três partes iguais.

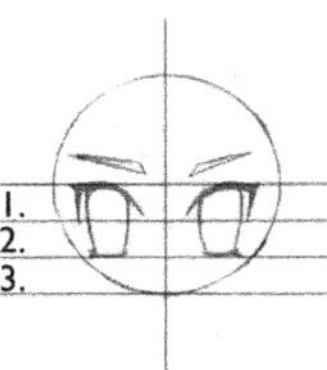

4) Na primeira e segunda parte ficarão os olhos. Desenhe-os de forma que ocupe toda essa parte.

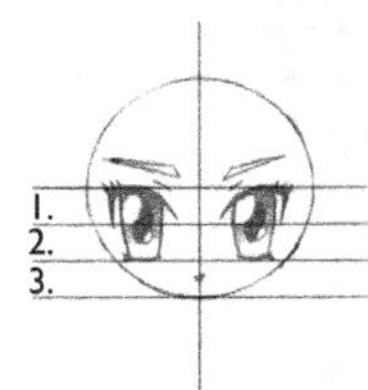

5) Agora, desenhe o nariz entre os olhos, no início da terceira parte, no centro do círculo.

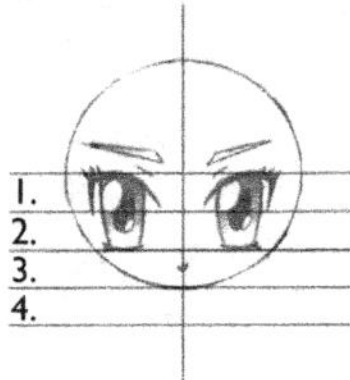

6) Adicione uma parte onde será o limite do maxilar.

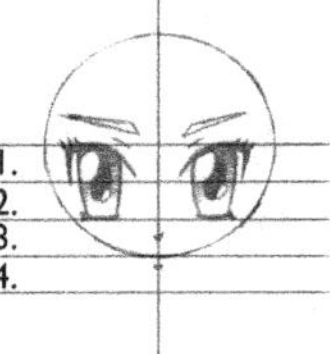

7) Desenhe a linha do interlabial ao final do círculo. Ela será a referência para a localização da boca.

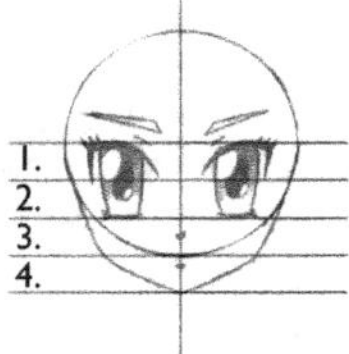

8) Agora, feche o limite do maxilar com linhas nas laterais. E leve o traço do centro até o final da parte 4.

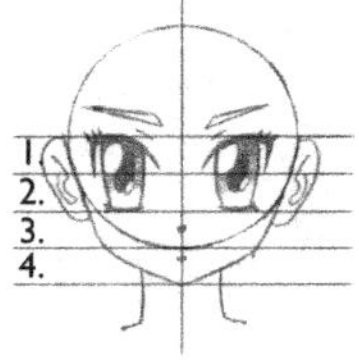

9) Nas laterais, desenhe as orelhas. Elas se iniciam a partir das sobrancelhas e terminam na linha do nariz. Faça também as linhas do pescoço.

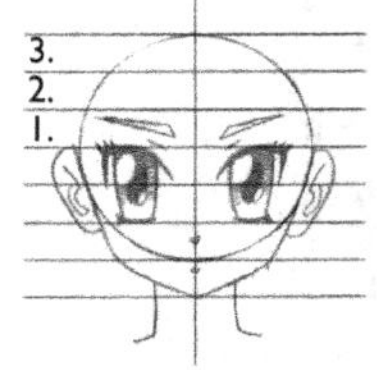

10) Divida, então, a parte superior em três partes iguais, como foi feito na etapa 3.

11) Desenhe o começo da franja do cabelo no fim da segunda parte. Faça as mechas próximas aos olhos. Adicione mais uma parte acima.

12) Faça um semicírculo partindo da linha da parte 4 até a linha tracejada da boca.

13) Desenhe as mechas do cabelo partindo deste círculo. Desenhe também algumas mechas atrás das orelhas. Apague as linhas de construção e seu desenho está pronto.

3/4

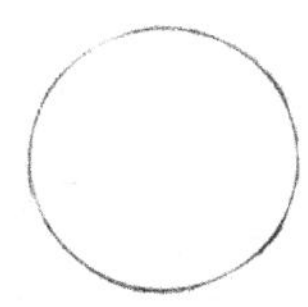

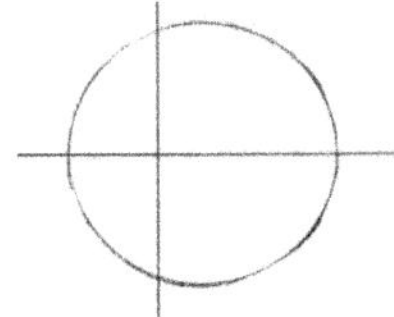

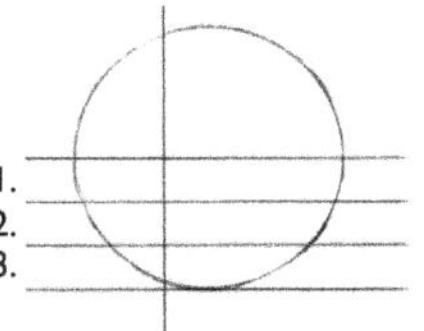

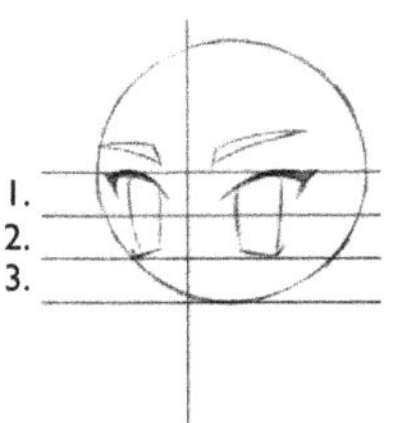

1) Conforme o exercício anterior, iniciaremos a construção cabeça por meio de um círculo.

2) Divida o círculo em duas partes iguais, tanto na horizontal como na vertical, seguindo o exemplo.

3) Divida a metade de baixo em três partes iguais.

4) Entre a parte 1 e 2 ficarão os olhos. Desenhe-os de forma que eles ocupem toda essa parte.

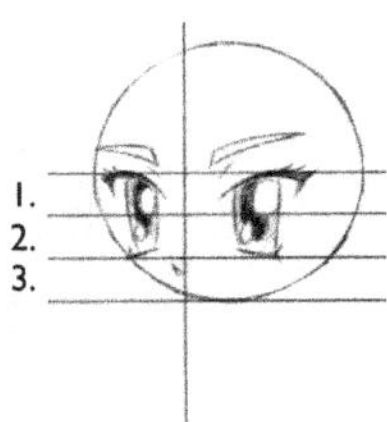

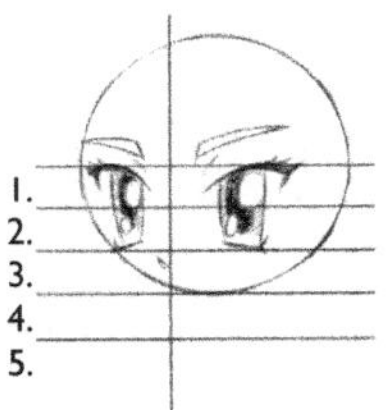

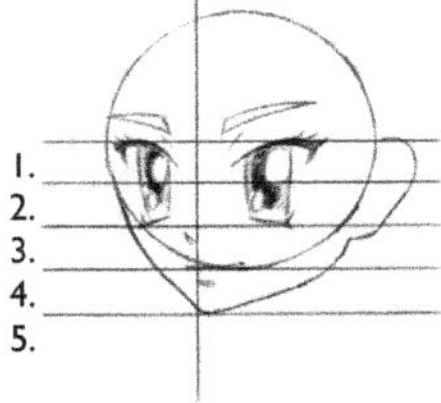

5) Desenhe o nariz, que ficará entre os olhos e no começo da parte 3.

6) Adicione mais uma parte abaixo.

7) Desenhe a linha do interlabial no final do círculo.

8) Agora, feche o limite do maxilar com linhas nas laterais e leve até a linha central, fazendo o formato do rosto.

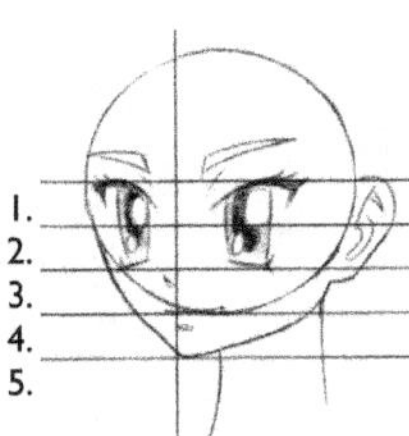

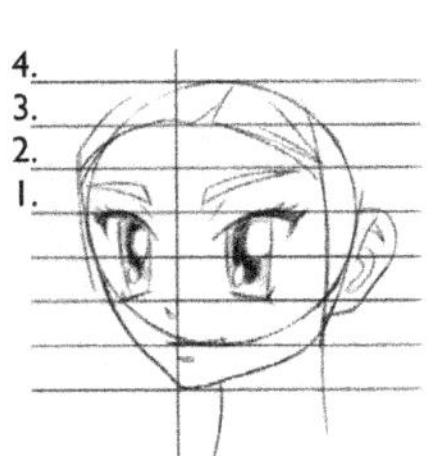

9) Desenhe a orelha do início da linha dos olhos até o fim da linha do nariz. Faça as linhas do pescoço.

10) Divida a parte superior em três partes, como foi feito na etapa 3.

11) No fim da segunda parte, desenhe o começo da franja. Faça mechas próximas aos olhos. Adicione mais uma parte acima.

12) Faça um semicírculo partindo da parte 4 até a linha tracejada da boca.

13) Desenhe as mechas do cabelo partindo deste círculo. Apague as linhas de construção e seu desenho está pronto.

Perfil

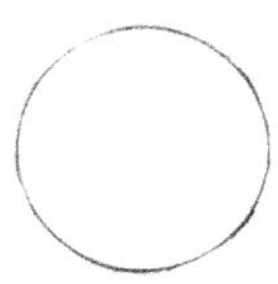

1) Inicie a construção da cabeça por meio de um círculo.

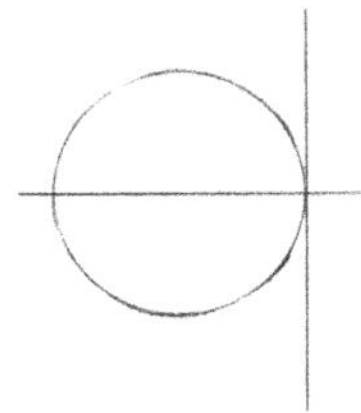

2) Divida o círculo em duas partes iguais na horizontal. Depois, trace uma linha tangente à esquerda.

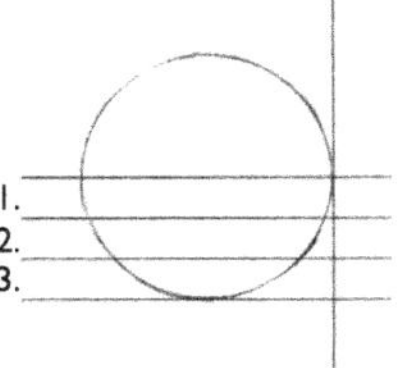

3) Divida a metade de baixo em três partes iguais.

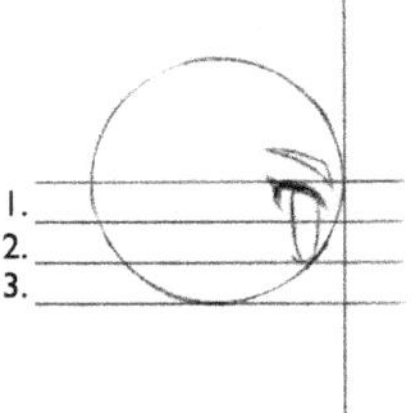

4) Entre a primeira parte e a segunda irá ficar o olho. Desenhe-os de perfil, de forma que eles ocupem toda esta parte.

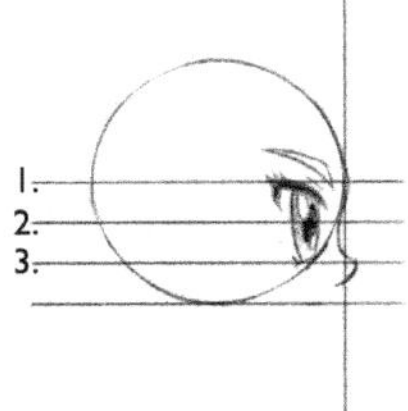

5) Desenhe o nariz, que ficará no início da terceira parte, um pouco à frente da tangente vertical.

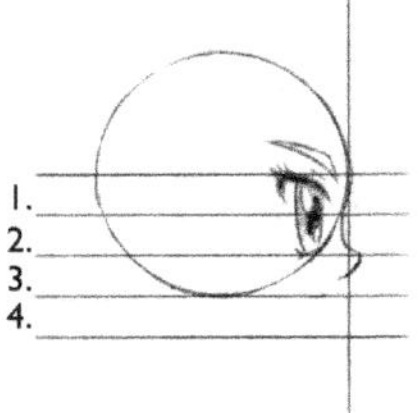

6) Adicione mais uma parte abaixo.

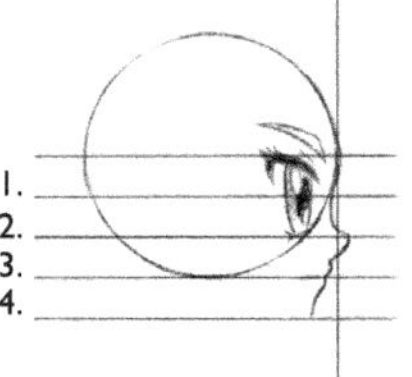

7) Desenhe a linha interlabial no final do círculo. O comprimento da linha do interlabial deverá ser até a íris.

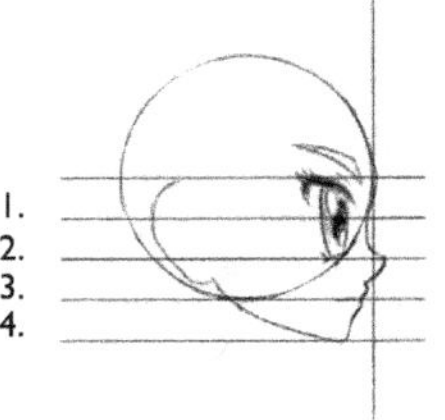

8) Desenhe o queixo e feche o limite do maxilar na lateral até a parte 4.

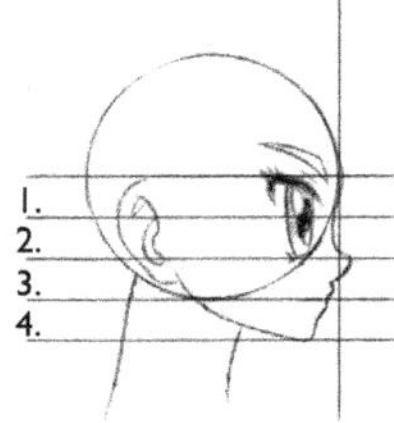

9) Desenhe a orelha, do início da linha dos olhos até a linha do nariz. Faça as linhas do pescoço.

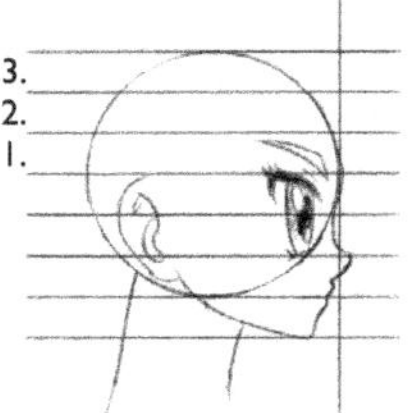

10) Divida a parte superior em três partes, como foi feito na etapa 3.

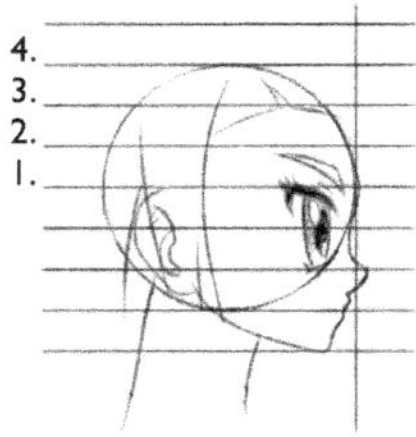

11) No fim da segunda parte, desenhe o começo da franja. Faça as mechas próximas aos olhos. Adicione mais uma parte acima.

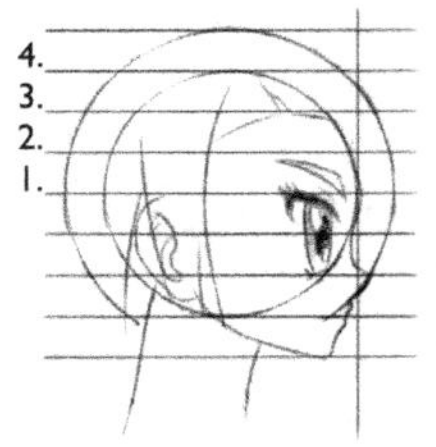

12) Faça um semicírculo partindo da parte 4 até a linha da boca.

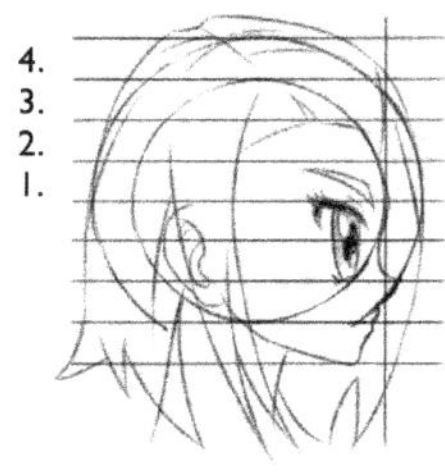

13) Agora, desenhe as mechas do cabelo partindo deste círculo. Desenhe também uma mecha na parte de trás da cabeça, como mostra a figura. Apague as linhas de construção e seu desenho está pronto.

Anatomia:
Proporções do corpo feminino - criança

Frontal

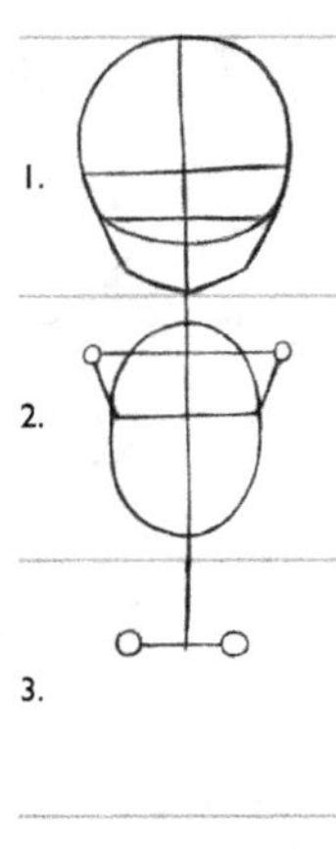

Seguindo o mesmo processo anterior, começamos identificando a altura da personagem. Para isso, utilize a medida da cabeça. Repetimos esta medida no total de quatro vezes para baixo, marcando a linha de eixo vertical. Faremos as marcações da estrutura com linhas e figuras geométricas. Na altura da segunda cabeça ficam os ombros, peito e costelas.

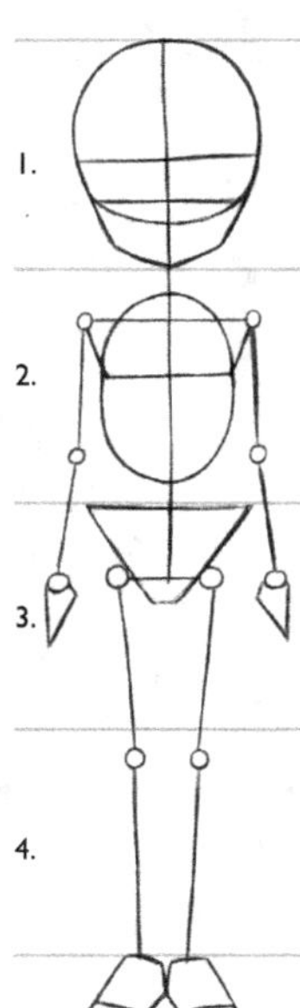

Vamos demarcar o restante das partes do corpo, como cotovelos e parte do quadril. Na metade da terceira cabeça estão os pulsos, o começo das coxas e as mãos. No início da quarta cabeça ficam joelhos, pernas, calcanhares e pés. A construção anterior foi uma base para o desenho do manequim. Preencha os espaços colocando os volumes e as massas das partes do corpo. Com as figuras geométricas, dê forma aos braços, quadris, coxas, pernas e pés.

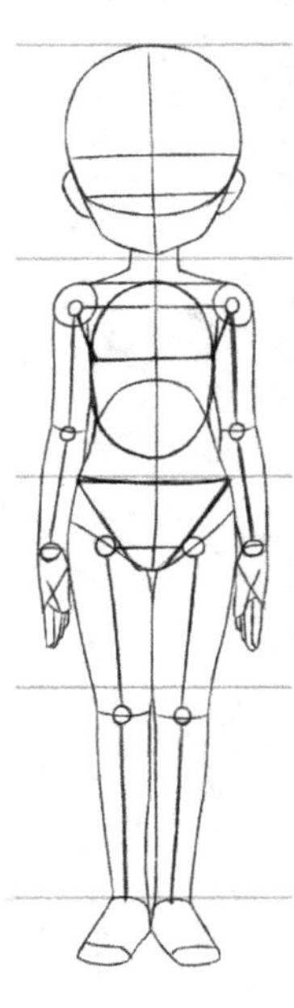

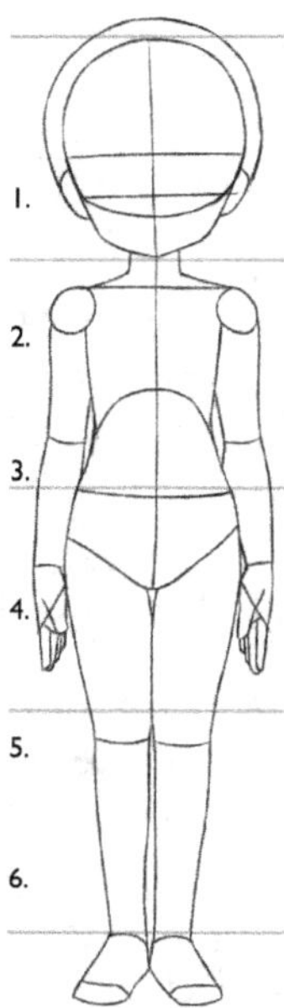

Este passo é semelhante ao do exercício de construção do adulto. Então, apague as linhas desnecessárias, defina a figura e ela estará pronta para receber a próxima etapa.

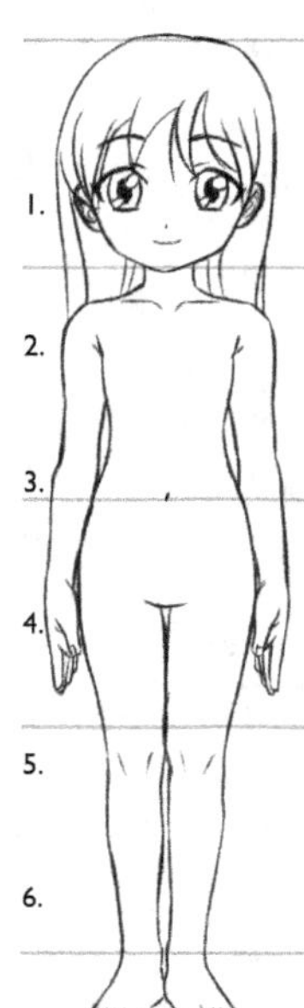

Agora, devemos definir o rosto e fazer toda a marcação do corpo, como músculos, mãos e pés. Terminando o desenho, adicione as roupas.

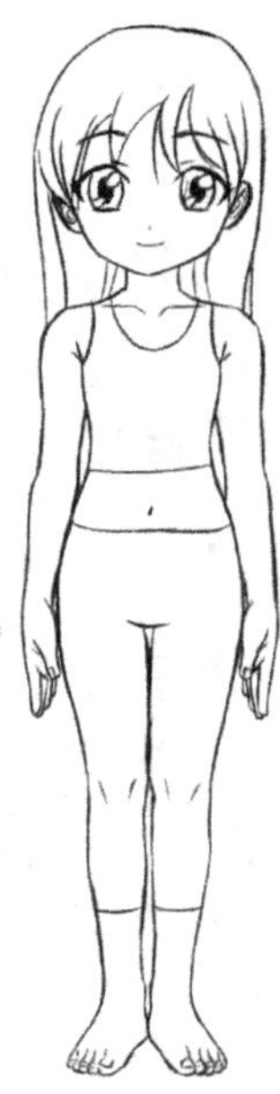

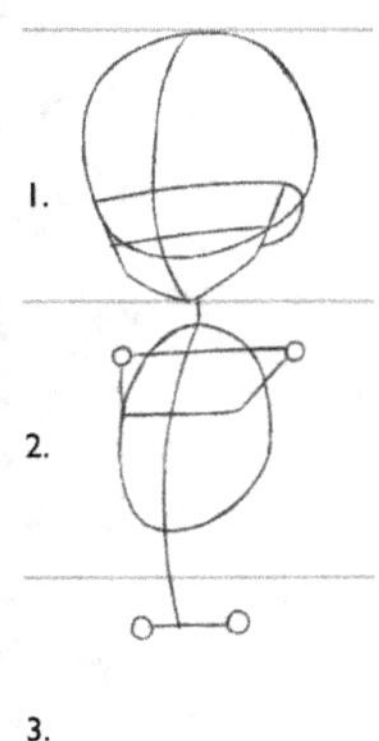

Como a posição não é frontal, a linha de eixo será deslocada para a esquerda, o que dará a impressão de que um lado é maior do que o outro. Para identificar a altura do personagem, utilize a medida da cabeça. Repetimos esta medida no total de quatro vezes para baixo, marcando a linha de eixo vertical. Faremos as marcações da estrutura com linhas e figuras geométricas. Na altura da segunda cabeça ficam os ombros, peito e costelas.

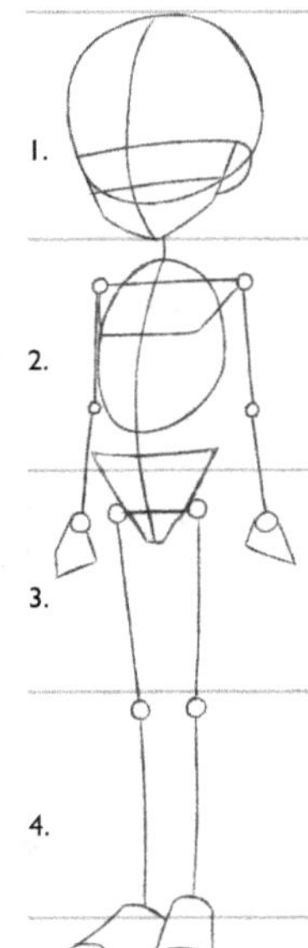

Vamos demarcar o restante das partes do corpo, como cotovelos e parte do quadril. Na metade da terceira cabeça estão os pulsos, o começo das coxas e as mãos. No início da quarta cabeça ficam os joelhos, pernas, calcanhares e os pés. A construção anterior foi uma base para o desenho do manequim. Preencha os espaços colocando os volumes e as massas das partes do corpo. Com as figuras geométricas, dê forma aos braços, quadris, coxas, pernas e pés.

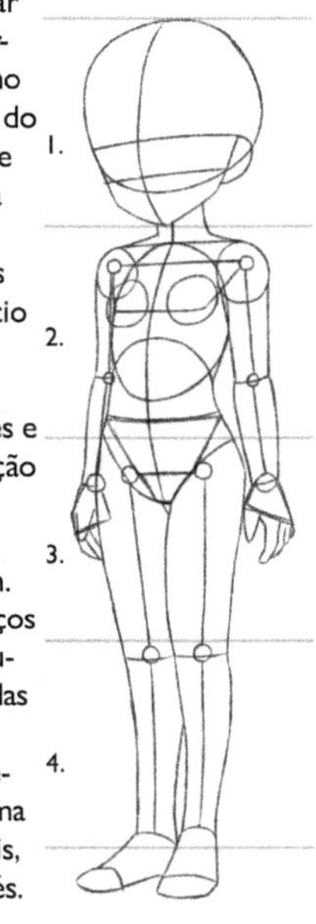

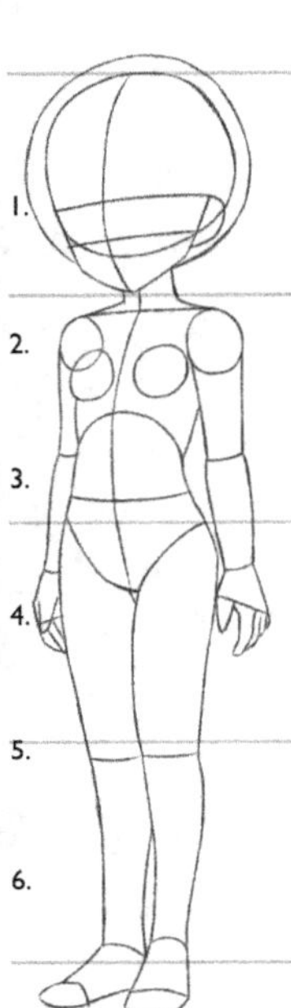

Este passo é semelhante ao do exercício de construção do adulto. Então, apague as linhas desnecessárias, defina a figura e ela estará pronta para receber a próxima etapa.

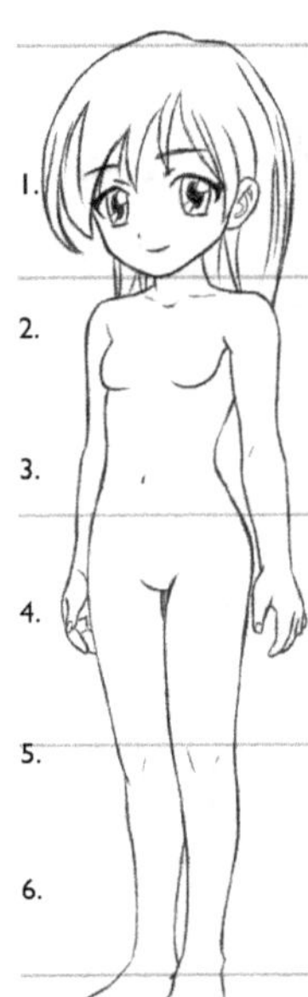

Agora, devemos definir o rosto e fazer toda a marcação do corpo, como músculos, mãos e pés. Termine o desenho e adicione as roupas.

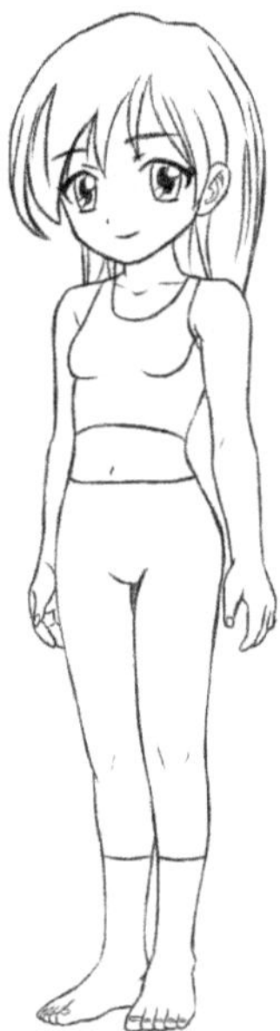

Perfil

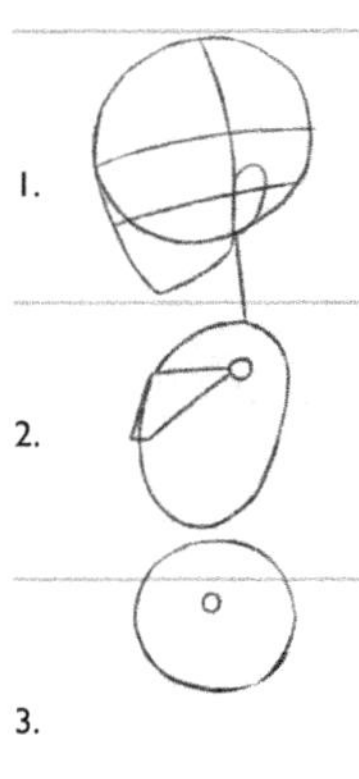

A linha de eixo vertical ficará no meio do corpo para que a figura e seus elementos pareçam estar de lado. Identifique a altura da personagem, utilizando a medida da cabeça. Repetimos esta medida no total de quatro vezes para baixo, marcando a linha de eixo vertical. Faremos as marcações da estrutura com linhas e figuras geométricas. Na altura da segunda cabeça ficam os ombros, peito e costelas.

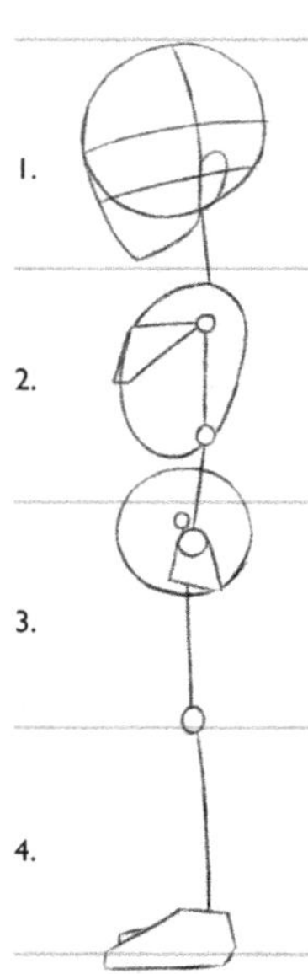

Demarque o restante das partes do corpo, como cotovelos e parte do quadril. Na metade da terceira cabeça estão os pulsos, o começo das coxas e as mãos. No início da quarta cabeça ficam joelhos, pernas, calcanhares e pés. A construção anterior foi uma base para o desenho do manequim. Preencha os espaços colocando os volumes e as massas das partes do corpo.
Com as figuras geométricas, dê forma aos braços, quadris, coxas, pernas e pés.

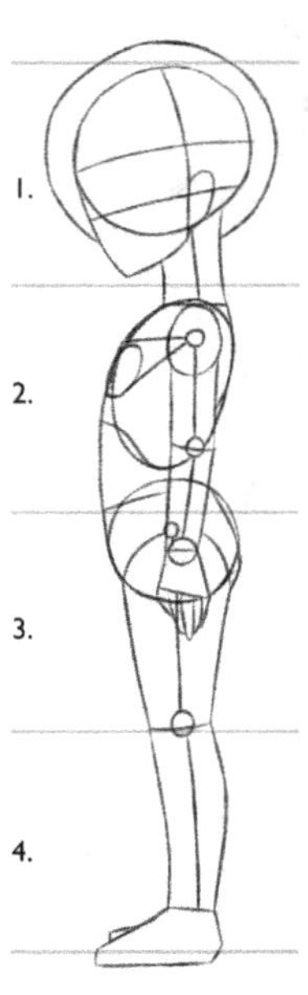

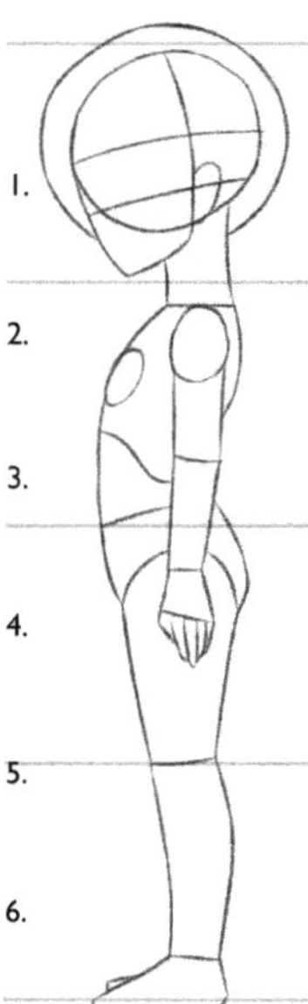

Este passo é semelhante ao do exercício de construção do adulto. Então, apague as linhas desnecessárias, defina a figura e ela estará pronta para receber a próxima etapa.

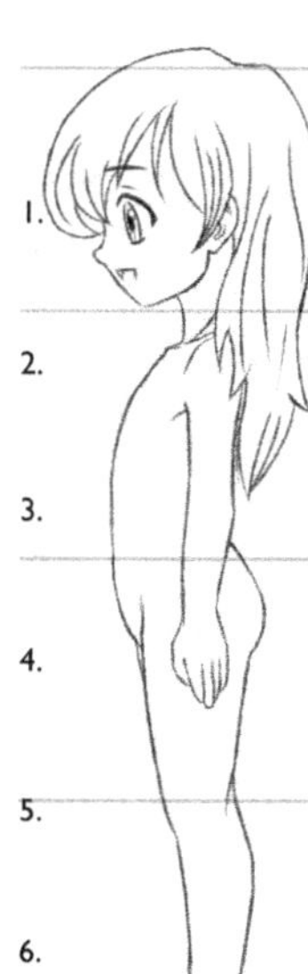

Agora, devemos definir o rosto e fazer toda a marcação do corpo, como músculos, mãos e pés. Terminando o desenho, adicione as roupas.

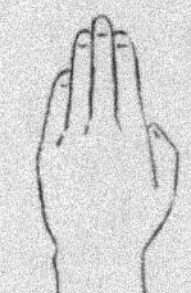

Mãos

A construção das mãos é muito simples, sempre baseada em figuras geométricas. Elas podem ter variação de tamanho e, em alguns casos, podem ter menos dedos, apenas simulando os espaços.

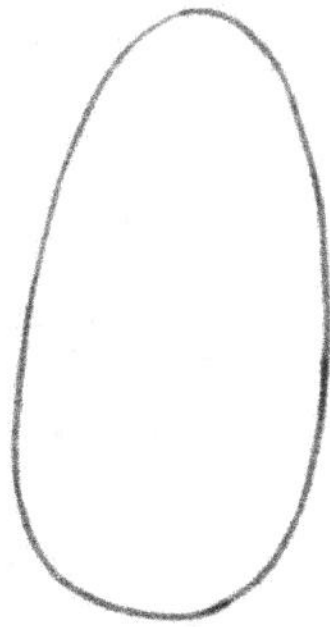

1) Inicie a construção com uma elipse.

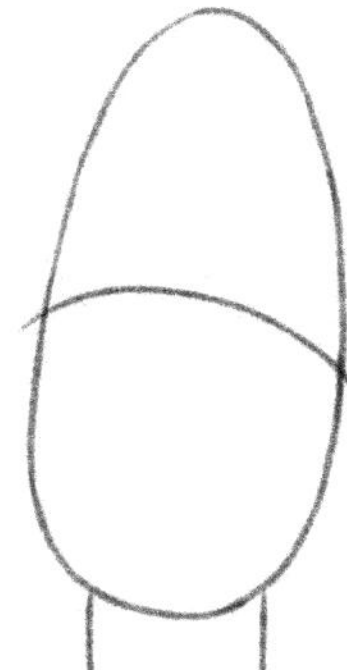

2) Com uma linha curva, divida a elipse ao meio. Na parte inferior, marque os pulsos.

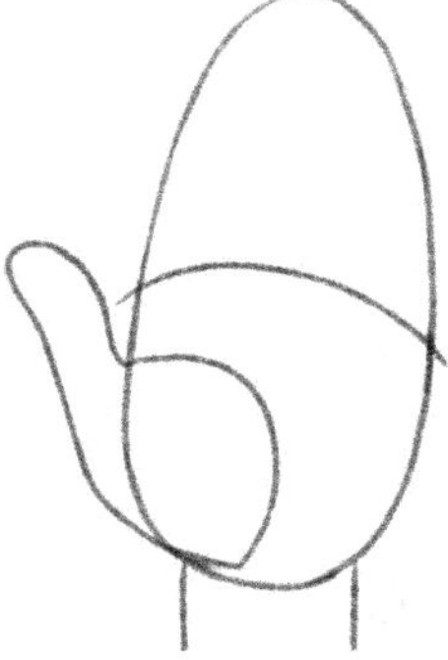

3) Na metade inferior, encaixe o dedão, que irá ocupar metade do espaço na vertical e terá uma parte para fora da elipse.

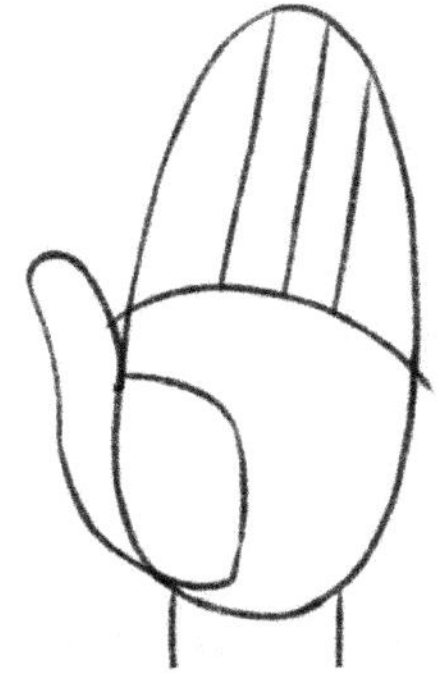

4) Divida a parte superior em quatro linhas verticais para termos os espaços dos dedos.

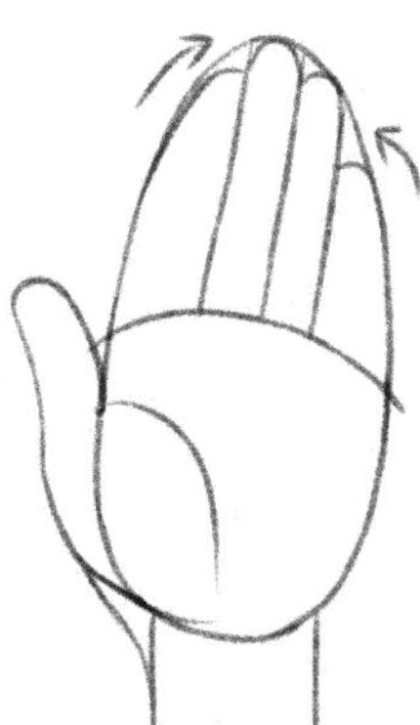

5) Na parte superior, onde estão localizados os dedos, arredonde as pontas.

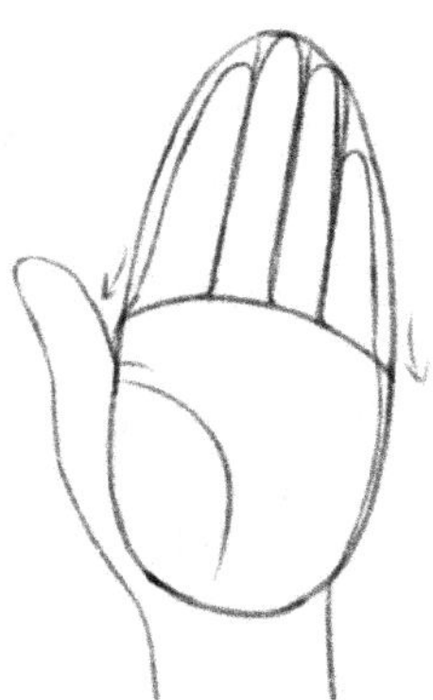

6) Faça ajustes nos dedos, colocando mais curvas e deixando mais finos. Terminando, basta apagar as linhas desnecessárias e definir o desenho.

Quando desenhamos as mãos de crianças, devemos observar que os dedos são menores que os de um adulto. Nas mãos infantis, os traços são mais simplificados, sem muitos detalhes.

   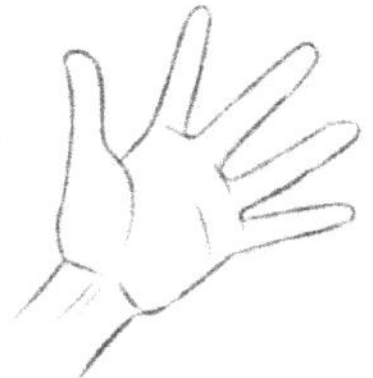

Outros exemplos de mãos infantis com traço simplificado:

    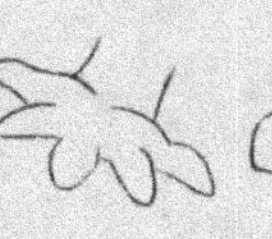 

Pés diferenciados

Na construção dos pés infantis e SD, devemos observar que existem mudanças em relação ao tamanho do personagem e ao formato do pé, já que devem ter menos detalhes e ser um pouco menores que os de um adulto.

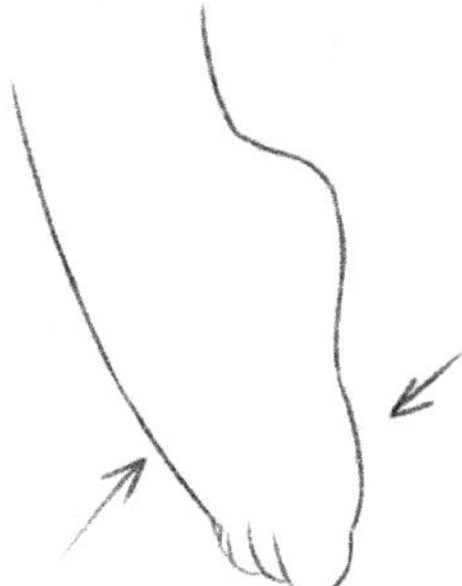 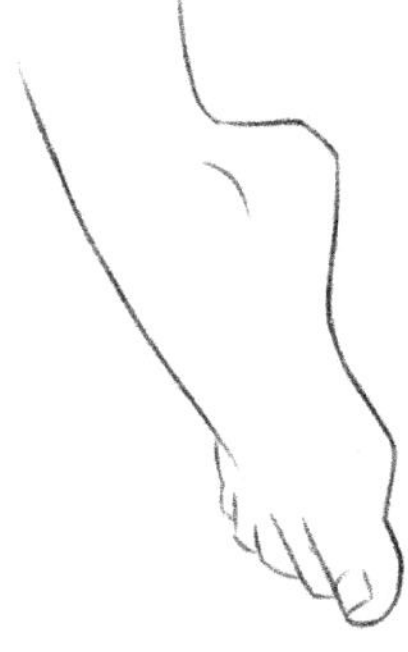

No desenho infantil, o pé é um pouco menor e fica com aspecto mais cheio. Observe que os dedos são menores e sem muitos detalhes.

O desenho do pé de um adulto requer mais detalhes e suas linhas também são mais marcadas.

Outros exemplos:

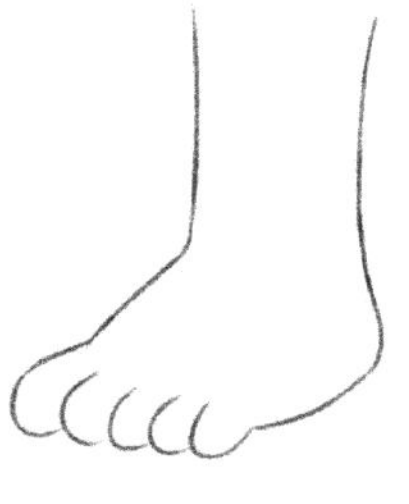 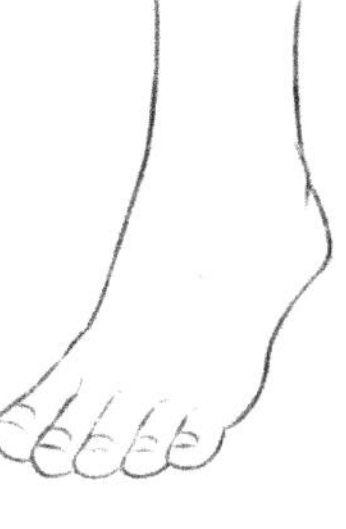 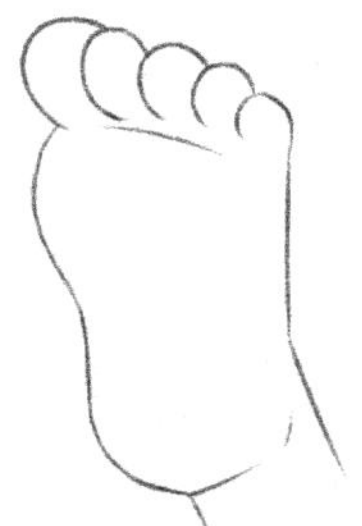 

Anatomia idoso:

Elementos e rosto masculino

Olhos de idosos

No mangá, os olhos são cheios de brilho e expressam os mais variados sentimentos. Quando os personagens envelhecem, isso não muda. No entanto, as linhas são desenhadas de forma que as curvas fiquem mais acentuadas, dando um aspecto de cansaço. As rugas também aparecem nos traços.

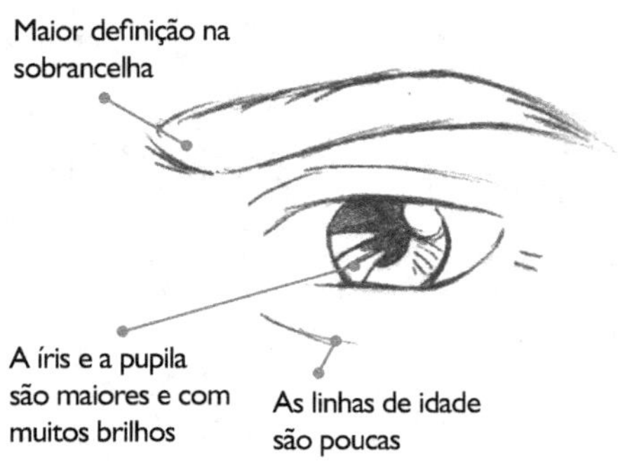

Maior definição na sobrancelha

A íris e a pupila são maiores e com muitos brilhos

As linhas de idade são poucas

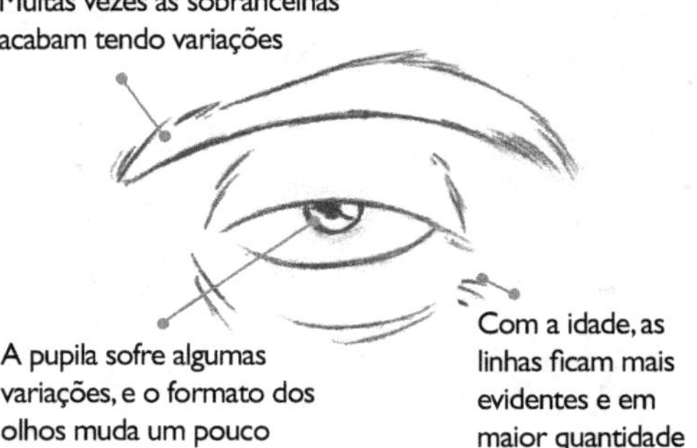

Muitas vezes as sobrancelhas acabam tendo variações

A pupila sofre algumas variações, e o formato dos olhos muda um pouco

Com a idade, as linhas ficam mais evidentes e em maior quantidade

Frontal

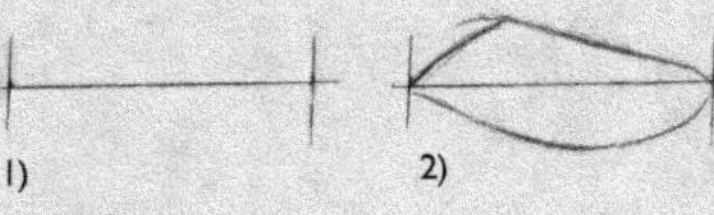

1)

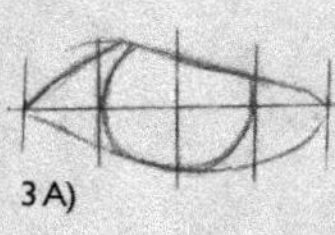

2)

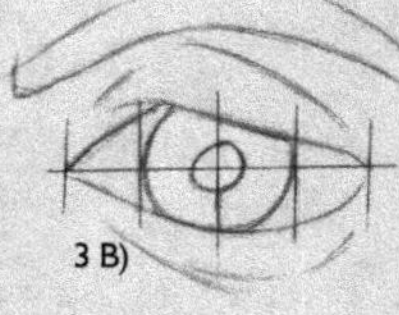

3 A)

3 B)

4)

1) Inicie a construção com uma linha na horizontal e faça duas marcações na vertical, tanto no início quanto no final, para limitar o espaço a ser utilizado.

2) Na sequência, faça a marcação para as pálpebras superior e inferior, mantendo pequenas curvas.

3) Divida o desenho em quatro partes. Trace um círculo nas partes 2 e 3, respeitando o limite demarcado pelo desenho das pálpebras. Este círculo será a íris. Dentro dele, faça outro círculo, que será a pupila. Desenhe as linhas das rugas, seguindo o formato curvo das pálpebras. Trace a sobrancelha.

4) Desenhe pequenas linhas na parte da lateral esquerda. Reforce a linha superior da pálpebra, onde se localizam os cílios. Procure deixar a sobrancelha com mais volume. Por fim, coloque o brilho dos olhos.

3/4

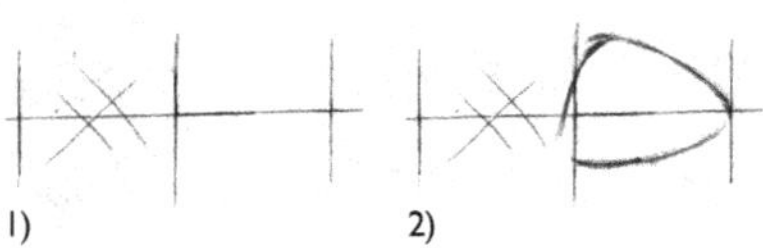

1)

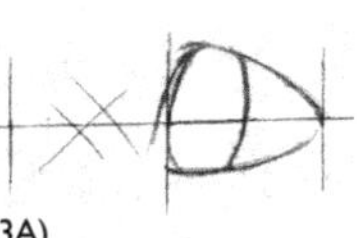

2)

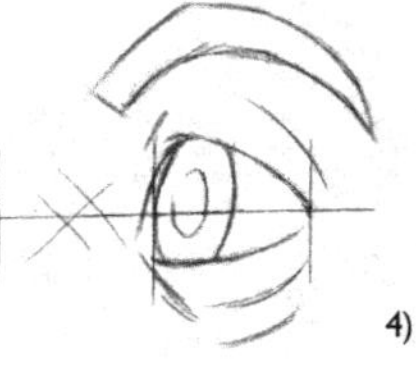

3A)

4)

1) Trace uma linha horizontal e, nela, faça duas linhas verticais, uma no início e outra no fim. Divida-a ao meio e elimine uma parte.

2) Procure deixar as linhas levemente curvas na marcação das pálpebras superior e inferior.

3) Nas marcações das pálpebras, desenhe uma elipse para a íris e outra dentro dela, que será a pupila. Acima, desenhe a sobrancelha. Lembre-se de desenhar também as linhas para formar as rugas na parte superior e inferior das pálpebras.

4) Reforce a linha da pálpebra superior e desenhe pequenas linhas, como no exemplo acima, para fazer algumas rugas na lateral. Deixe a sobrancelha com mais volume e, por fim, coloque o brilho no olho.

Perfil

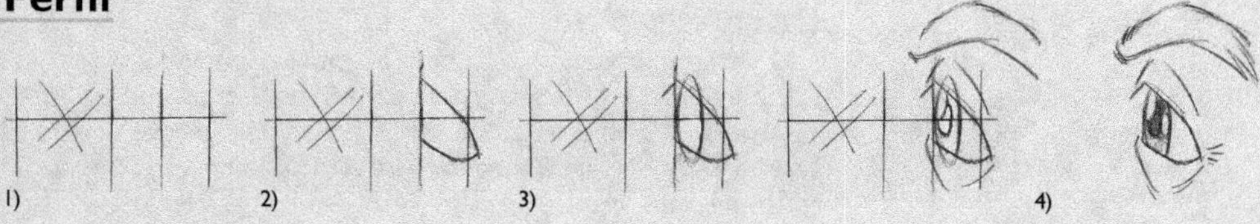

1) Conforme o esquema anterior, trace uma linha na horizontal e faça marcações verticais no meio do desenho. Elimine uma das partes e divida a outra ao meio.

2) Divida a metade que so-brou em duas partes. Utilize uma delas para fazer a marcação das pálpebras superior e inferior, conforme a imagem acima.

3) Entre as marcações das pálpebras, faça uma elipse pequena para a íris, e outra in-terna para a pupila. Desenhe as as rugas e faça a sobrancelha.

4) Reforce a linha superior das pálpebras e faça linhas na lateral do olho. Defina a sobrancelha, de forma que fique com volume. Por último, coloque o brilho.

Desenhando o par de olhos

1) O desenho de dois olhos tem o mesmo princípio de construção de um único olho. Porém, é preciso ter atenção, pois as linhas dos olhos dos idosos são mais caídas para dar um aspecto de cansaço. A proporção dos olhos se mantém a mesma. Para calcular a medida, utilize três vezes a largura do olho. Depois, marque a pálpebra superior nos espaços das extremidades.

2) Após a marcação das pálpebras, siga desenhando a íris, conforme a orientação do passo 3 (frontal).

3) Desenhe as sobrancelhas nos dois olhos e faça as pupilas no interior das íris. Entre as sobrancelhas e a pálpebra superior, desenhe as linhas das rugas.

4) Faça as sobrancelhas com mais volume. Desenhe também as pálpebras inferiores e pequenas linhas nos cantos dos olhos. Para finalizar, apague as linhas de construção e aplique as sombras e os brilhos.

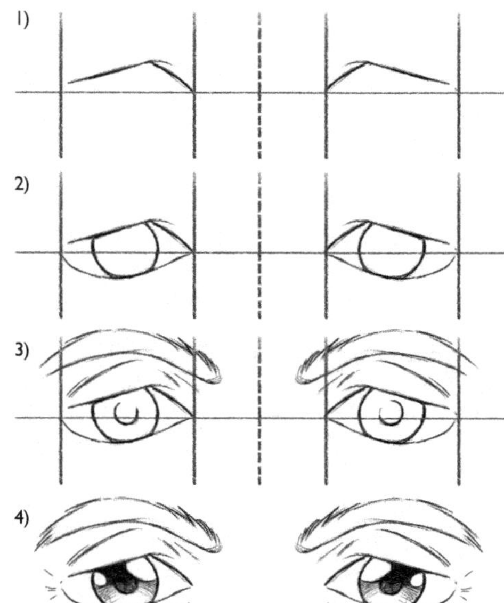

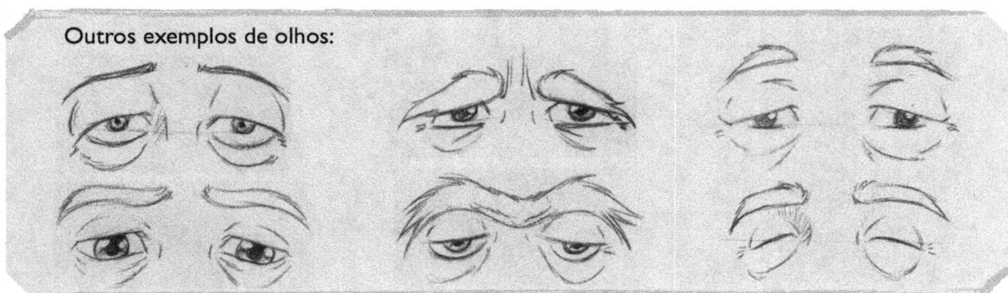

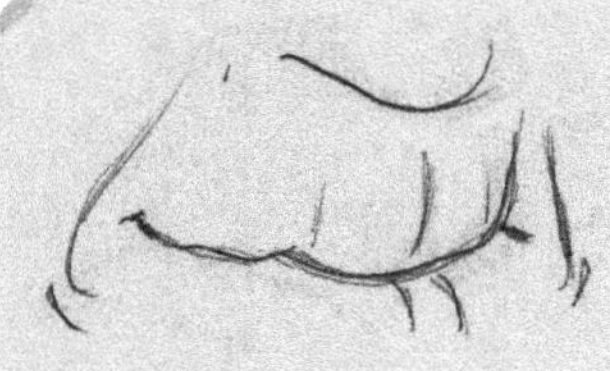

Boca envelhecida

O processo do desenho da boca do idoso não muda, pois a estrutura é a mesma. Porém, devemos observar que ocorrem algumas variações: as linhas, que eram horizontais, sofrem uma curva para baixo para evidenciar a idade do personagem; e as rugas começam a aparecer, pois as linhas de expressão se destacam.

Boca de adulto

Note que na boca do adulto as linhas são mais simplificadas e contínuas.

Boca de idoso

A boca do idoso é delineada para baixo, dando o aspecto de caída, e tem linhas para caracterizar as rugas.

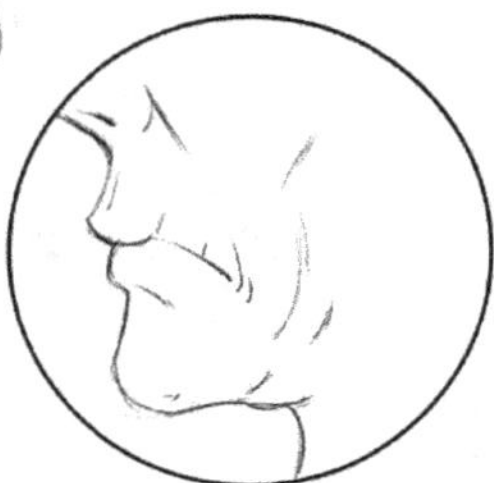

Construção

1)

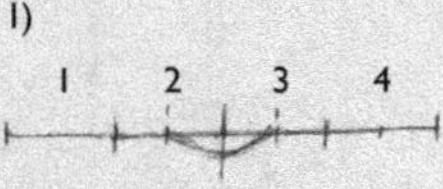

2)

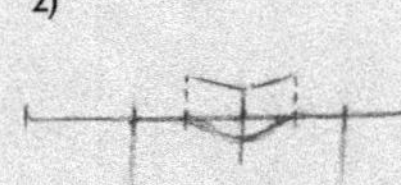

3)

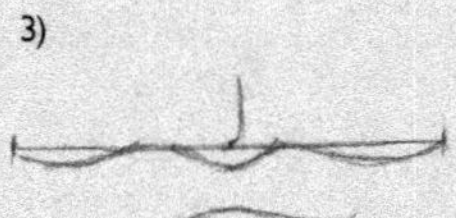

3b)

1) Faça uma linha na horizontal e divida-a em quatro partes iguais. Elimine a parte 1 e use apenas as partes 2 e 3 divididas ao meio. Trace uma pequena linha vertical abaixo da linha horizontal e desenhe um "V".

2) Projete para cima as linhas em "V" com a altura da metade do espaço 2. Agora, desenhe uma linha abaixo, entre o início da parte 2 e o final da parte 3, com o espaço de uma parte.

3) Na linha que foi encontrada entre as partes 2 e 3, faça um triângulo e apague as linhas auxiliares pontilhadas, mantendo a linha em "V" na parte superior. Apague as linhas desnecessárias, adicione as rugas e aumente as linhas nos cantos da boca.

Outros exemplos de boca:

Todas as construções partem da linha interlabial, mas podem ocorrer variações nas linhas das rugas, de acordo com o personagem.

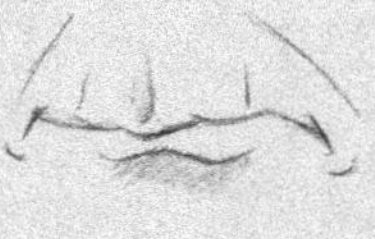

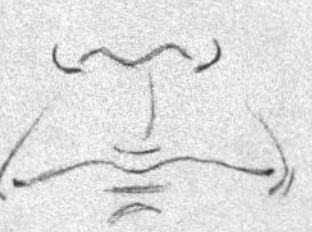

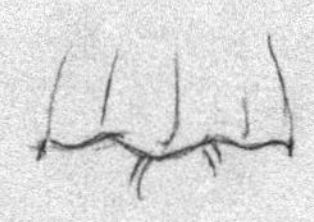

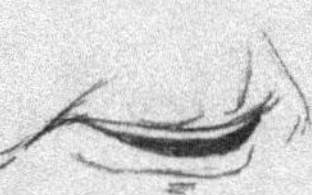

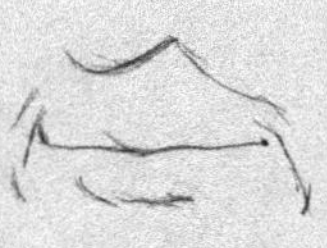

Nariz de idoso e algumas variações

Com o passar dos anos, ocorrem algumas variações no nariz. E quando nos referimos ao nariz de um idoso, ele sempre é definido com a ponta projetada para baixo. No mangá, isso não é diferente. Em alguns casos, eles são grandes; em outros, pequenos. Para ter essa definição, é importante observar o estilo do personagem e analisar qual formato de nariz mais se adequa a ele.

Observe os exemplos e note que, no idoso, o nariz tem suas pontas projetadas para baixo, criando uma variação.

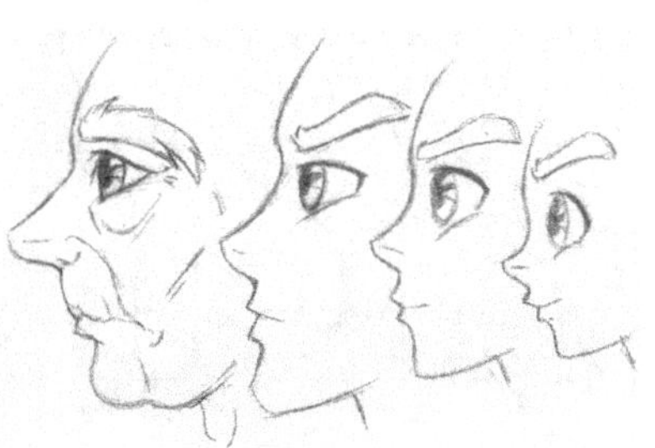

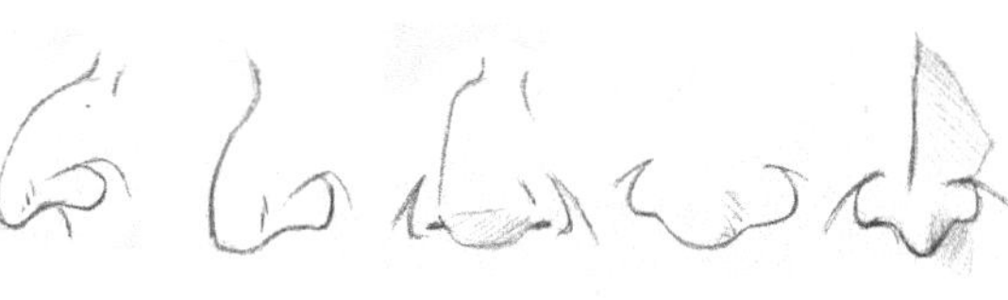

Veja a relação do nariz em conjunto com os olhos:

Orelhas

O formato da orelha tem como base o oval. No entanto, nos idosos, existem partes com variações de tamanho - o que não ocorre na orelha infantil e de adulto.

Variação de orelha do adulto e idoso:

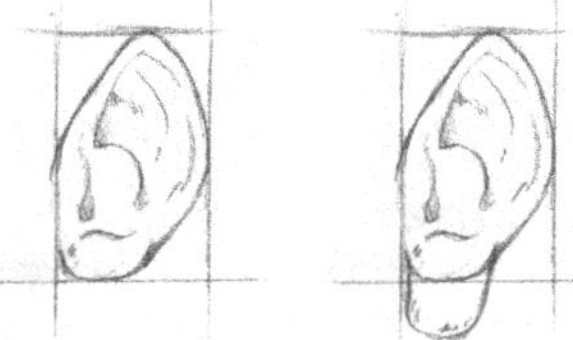

Construção básica:

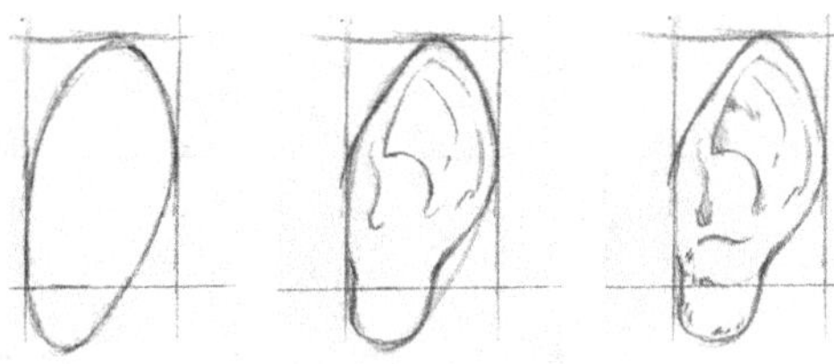

Observe que o encaixe das orelhas não muda. O que pode variar é o formato, já que idosos possuem orelhas maiores, mesmo com olhos grandes. Por isso, às vezes, podem não seguir o padrão do desenho adulto, pois acabam passando um pouco a linha do nariz.

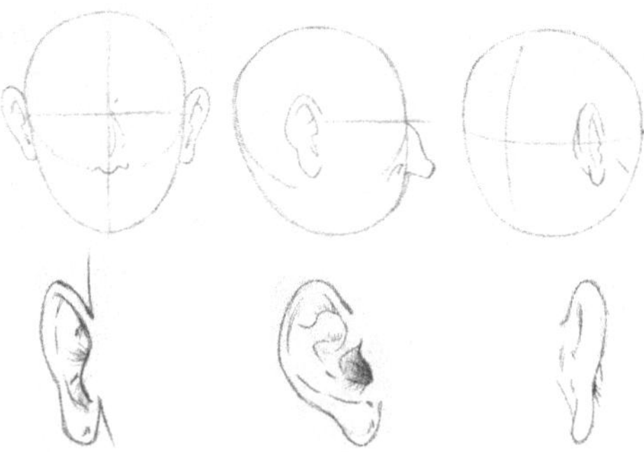

Sua construção tem início a partir do formato oval. Em seguida, desenha-se o pavilhão auditivo na parte interna. Por fim, basta apagar as linhas desnecessárias e definir os detalhes.

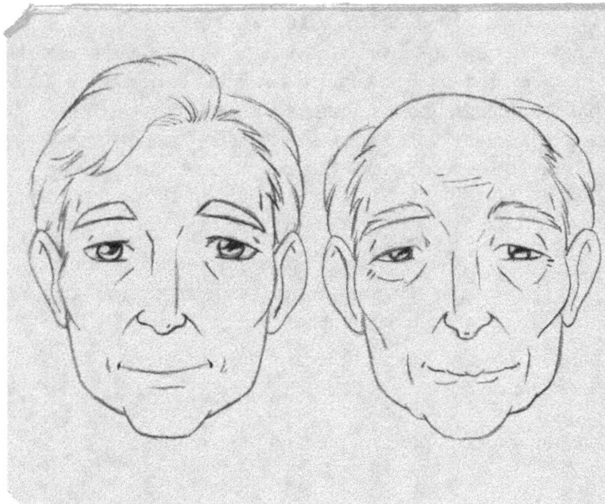

Construção da cabeça

Na imagem ao lado, temos a figura de um homem de cerca de 40 anos de idade, e outra de um idoso com mais de 60 anos de idade. Observe que os cabelos estão diferentes, assim como os olhos, o nariz e a boca. As linhas de expressão do rosto são bem mais evidentes no idoso, revelando a sua idade avançada. Assim, podemos trabalhar com a idade por meio dessas linhas. Agora, vamos desenhar seguindo o esquema de construção com base em figuras geométricas. Devemos seguir essas dicas para trabalhar as linhas de expressão do personagem.

Frontal

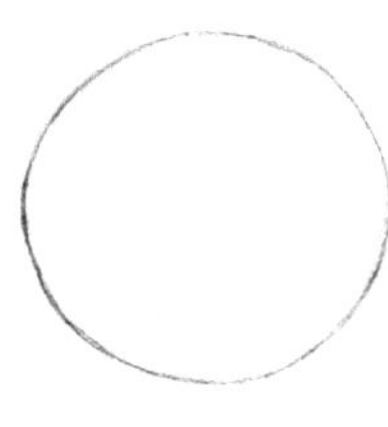

1) Vamos iniciar a construção da cabeça por meio de um círculo o mais perfeito possível.

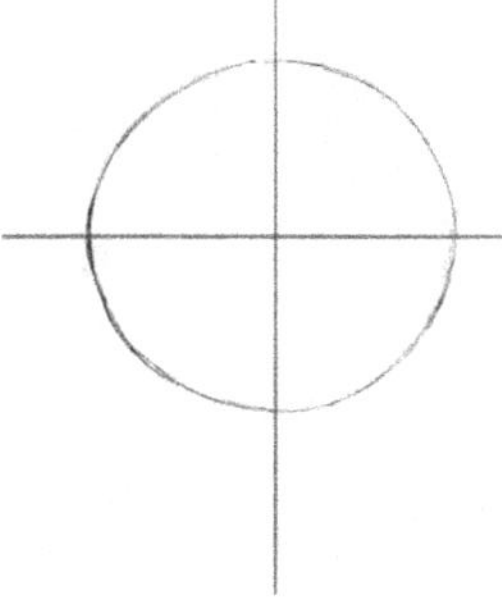

2) Divida o círculo em duas partes iguais tanto na horizontal como na vertical.

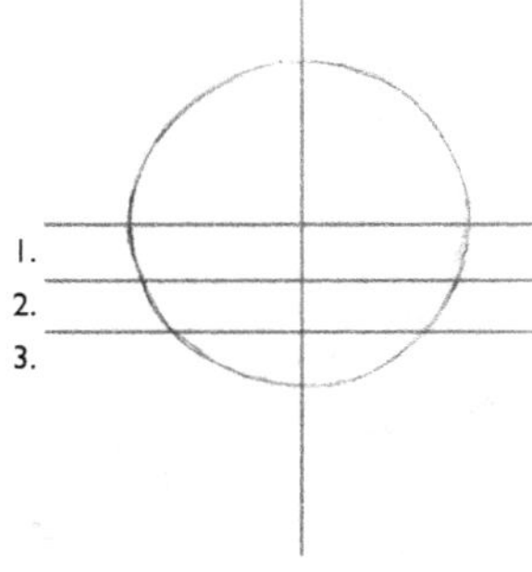

3) Divida a metade de baixo em três partes iguais.

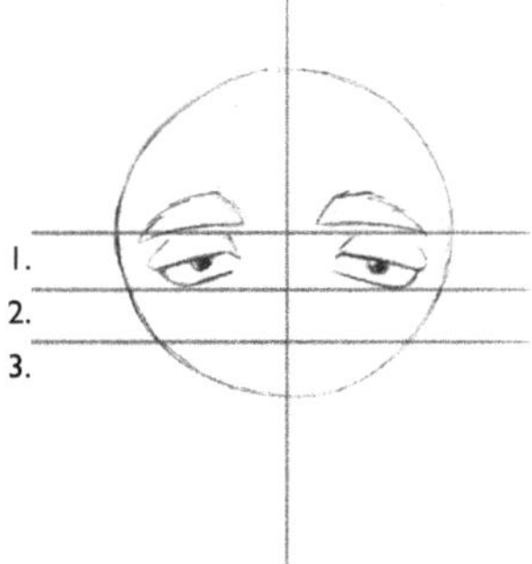

4) Na primeira parte ficarão os olhos. Coloque-os de forma que ocupem a altura desta parte.

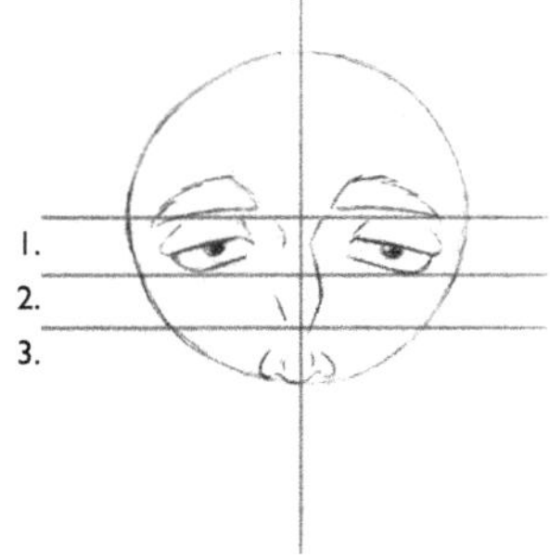

5) Agora, desenhe o nariz. Ele será da altura dos olhos até o final da terceira parte, e ficará no centro do círculo.

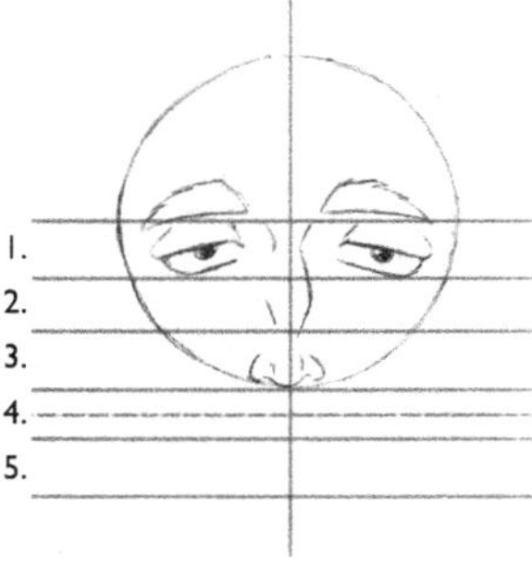

6) Adicione mais duas partes para baixo, sendo que a parte 4 deverá ser dividida ao meio com uma linha pontilhada.

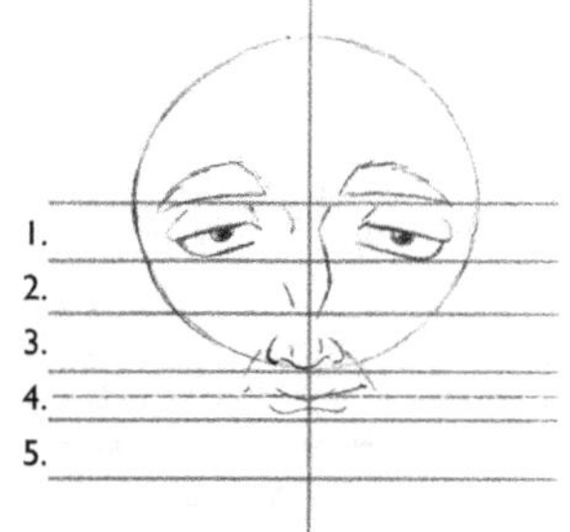

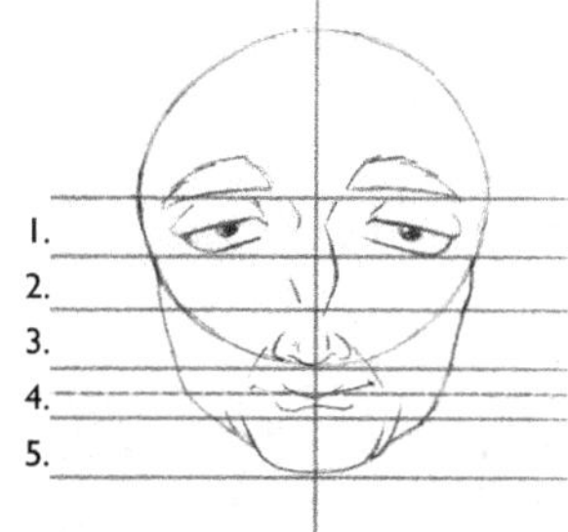

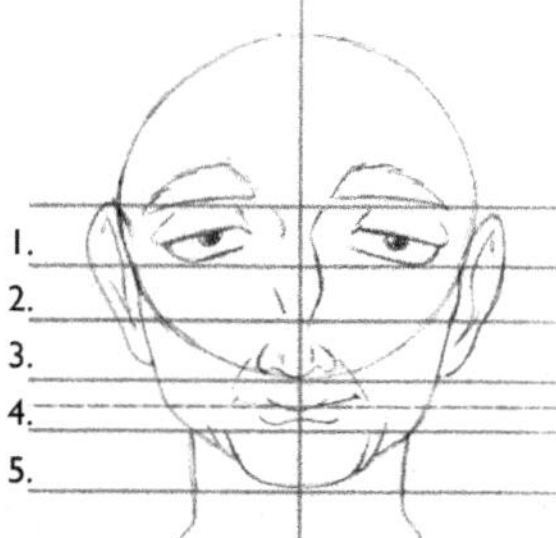

7) Desenhe a linha do inter-labial nesta marcação pontilha-da. Ela marcará a localização da boca.

8) Agora, feche o limite do maxilar com linhas nas laterais e leve até o centro da linha pontilhada.

9) Nas laterais, desenhe as orelhas, que se iniciam na linha dos olhos e terminam na linha do nariz. Faça as linhas do pescoço.

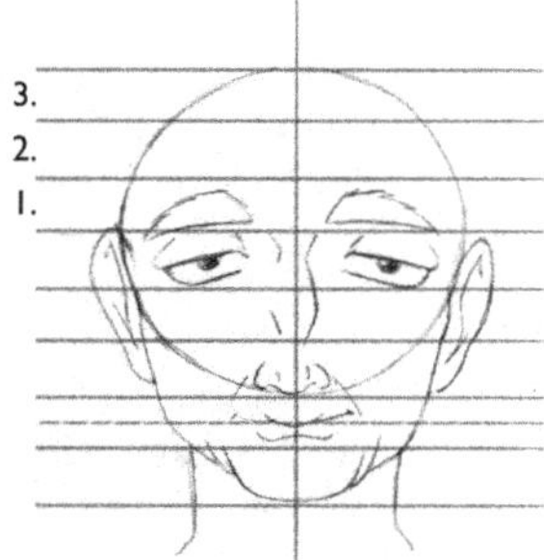

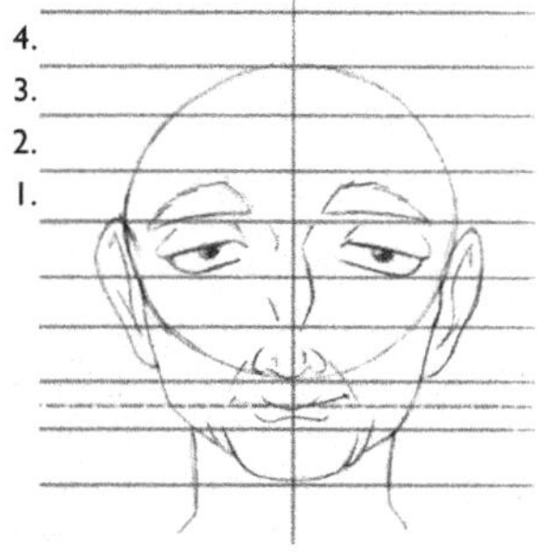

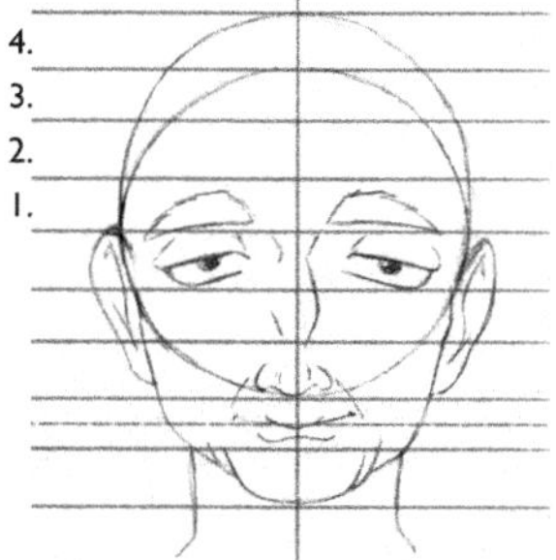

10) Divida a parte superior em três partes iguais, como foi feito na etapa 3.

11) No final da parte 2 se localiza o início da franja. Desenhe as mechas próximas aos olhos e adicione mais uma parte para cima.

12) Faça um semicírculo partindo da linha da parte 4 até a linha tracejada da boca.

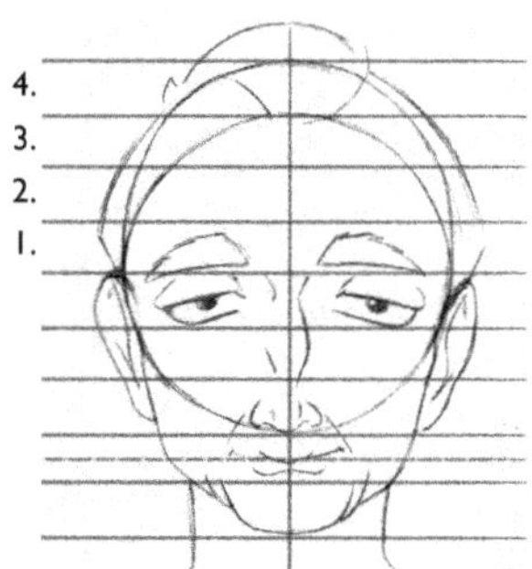

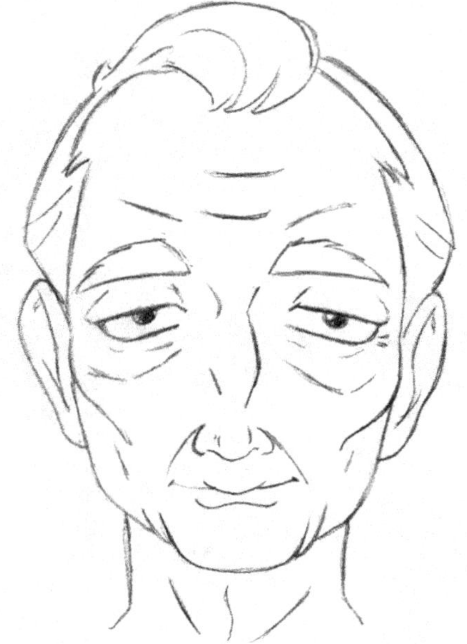

13) Agora, desenhe as me-chas do cabelo, partindo deste círculo. Faça algumas rugas nos olhos e na boca, e deixe algumas linhas do rosto mais evidentes para revelar a idade. Apague as linhas de construção e o desenho estará pronto.

3/4

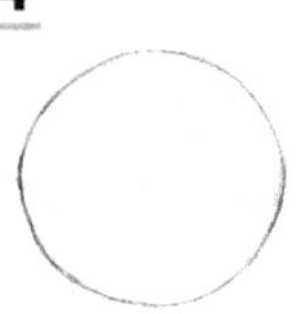

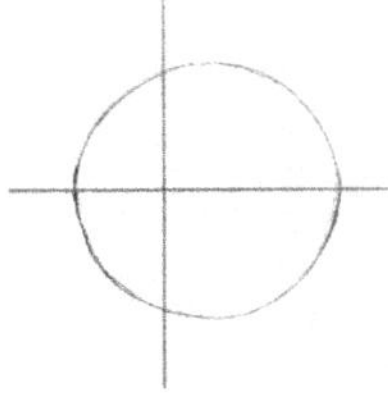

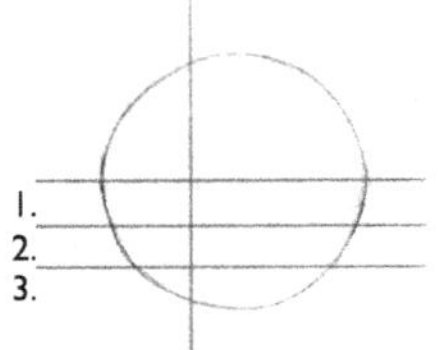

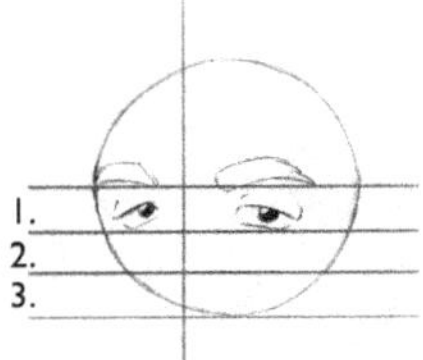

1) Seguindo o exercício anterior, iniciaremos a construção da cabeça por meio de um circulo.

2) Divida o círculo em duas partes na horizontal. Como no exemplo, faça uma linha na vertical para dividir o círculo em duas partes, sendo a parte da esquerda menor.

3) Divida a metade de baixo em três partes iguais.

4) Na primeira parte ficarão os olhos. Coloque-os de forma que ocupem a altura desta parte.

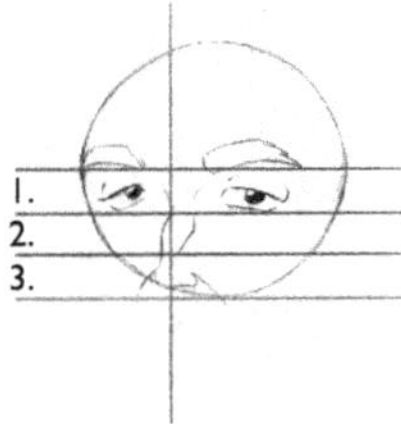

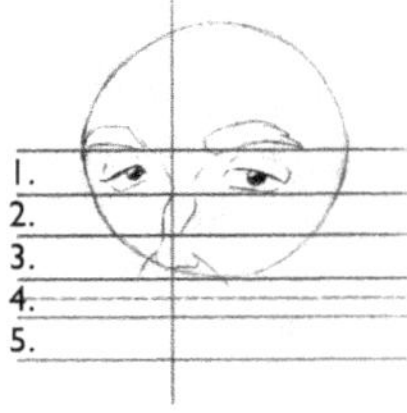

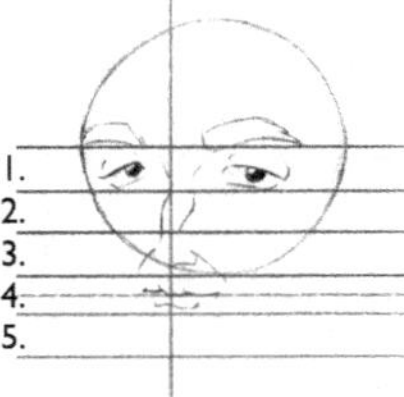

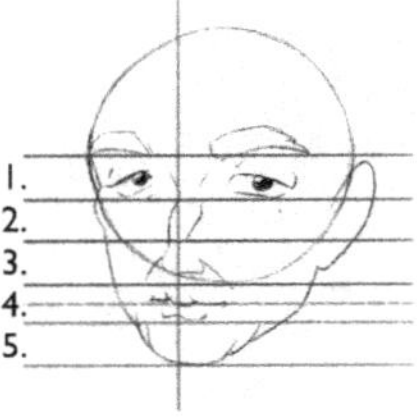

5) Agora, desenhe o nariz. Ele será da altura dos olhos até o final da terceira parte, e ficará no centro do círculo.

6) Adicione mais duas partes para baixo, sendo que a parte 4 deverá ser dividida ao meio com uma linha pontilhada.

7) Desenhe a linha do interlabial nesta marcação pontilhada. Ela será a localização da boca.

8) Agora, feche o limite do maxilar com linhas nas laterais e leve até a linha central.

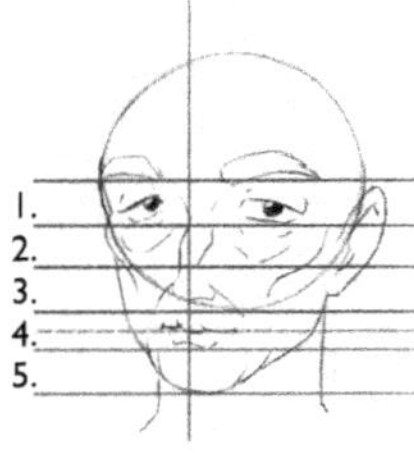

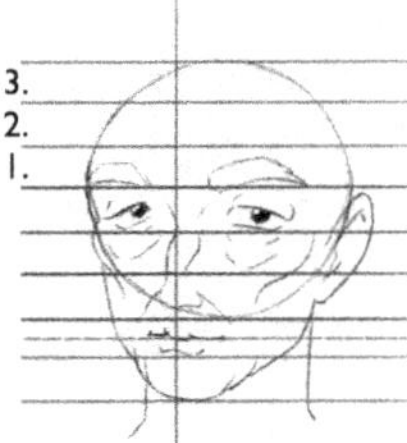

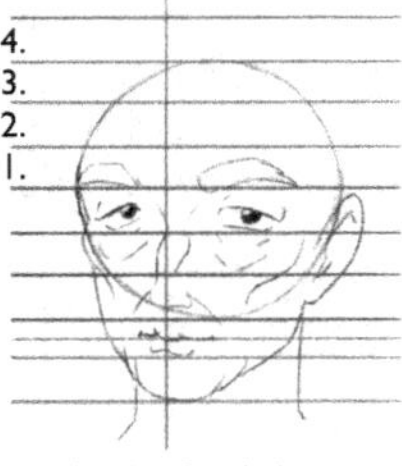

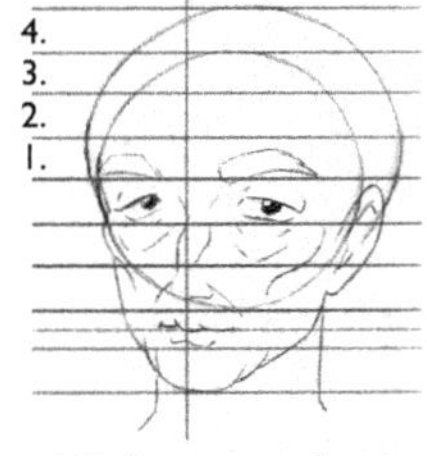

9) Desenhe a orelha no início da linha dos olhos e finalize na linha do nariz. Faça as linhas do pescoço.

10) Divida a parte superior em três partes, como foi feito na etapa 3.

11) No final da parte 2 se localiza o início da franja. Em seguida, desenhe as mechas próximas aos olhos. Adicione uma parte para cima.

12) Faça um círculo partindo da linha final da parte 4 até a linha da boca.

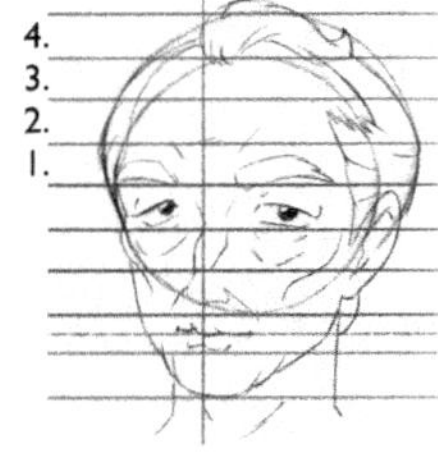

13) Agora, desenhe as mechas do cabelo, partindo deste círculo. Faça algumas rugas nos olhos e na boca, e deixe evidentes algumas linhas no rosto para dar a impressão de idade. Apague as linhas de construção e o desenho estará pronto.

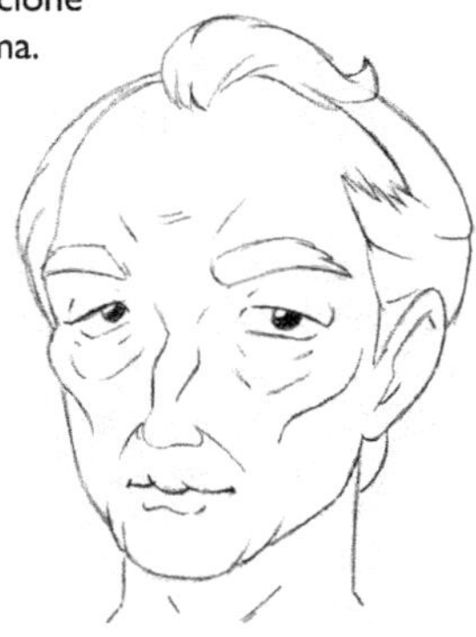

Perfil

1) Inicie a construção da cabeça por meio de um círculo.

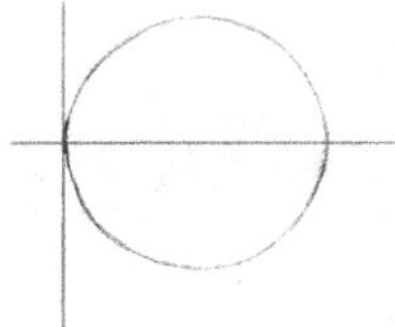

2) Divida o círculo em duas partes na horizontal. Depois, trace uma linha tangente à esquerda.

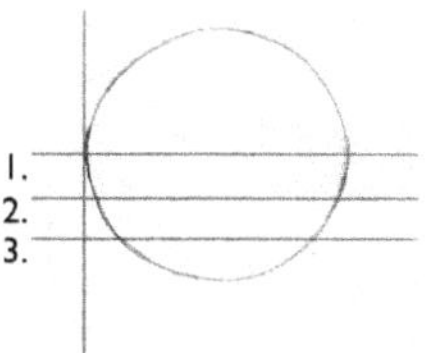

3) Divida a metade de baixo em três partes iguais.

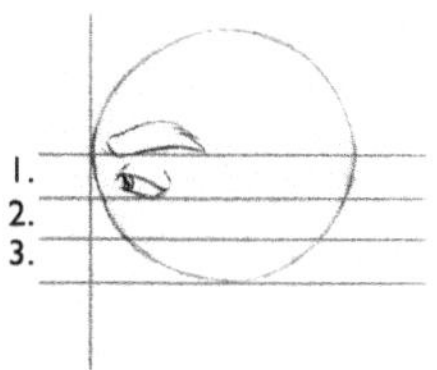

4) Na primeira parte ficará o olho. Coloque-o de perfil, de forma que ocupe a altura total desta parte.

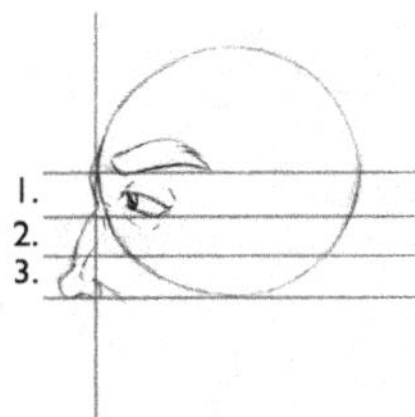

5) Agora, desenhe o nariz. O seu tamanho será da altura do olho até o final da terceira parte, ficando um pouco à frente da tangente vertical.

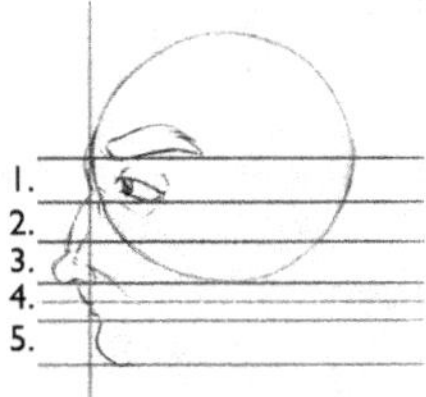

6) Adicione mais duas partes para baixo. A parte 4 deverá ser dividida ao meio com uma linha pontilhada.

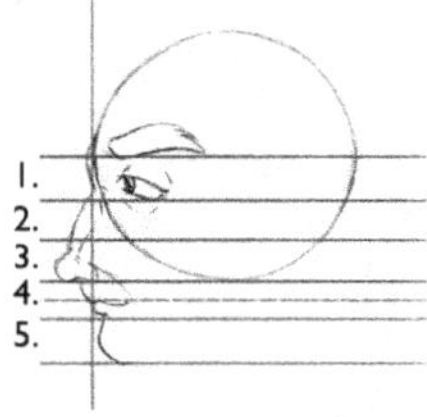

7) Desenhe a linha interlabial nesta marcação pontilhada. Ela será a localização da boca. O comprimento da linha do interlabial deverá ser até a íris.

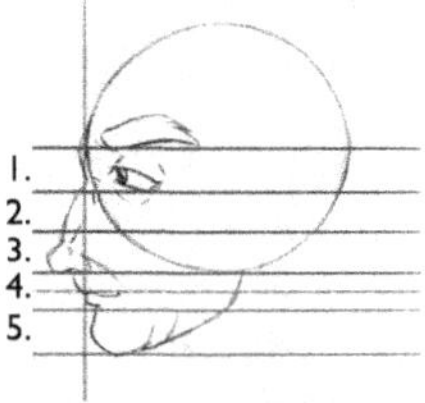

8) Desenhe o queixo e feche o limite do maxilar na lateral até a parte 4.

9) Desenhe a orelha no início da linha dos olhos e termine na linha do nariz. Faça as linhas do pescoço.

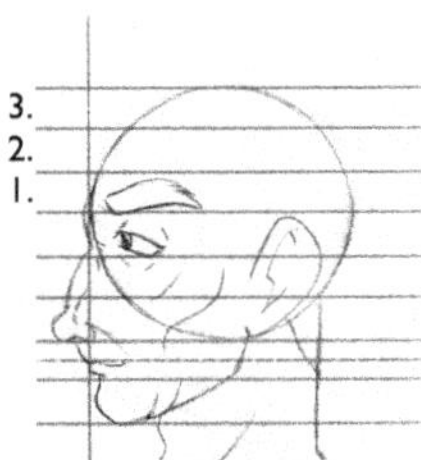

10) Divida a parte superior em três partes, como foi feito na etapa 3.

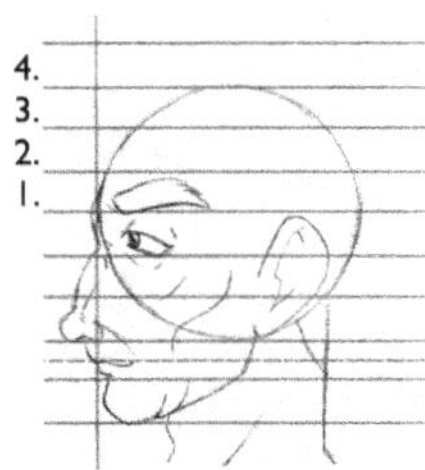

11) No final da parte 2 localiza-se o início da franja. Em seguida, desenhe as mechas até próximo do olho. Coloque uma parte a mais acima do círculo.

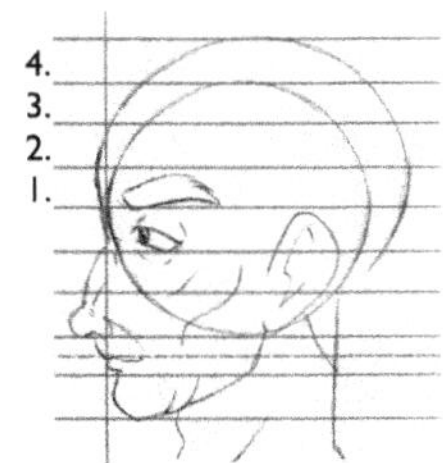

12) Faça um semicírculo partindo da linha da parte 4 até a linha tracejada da boca.

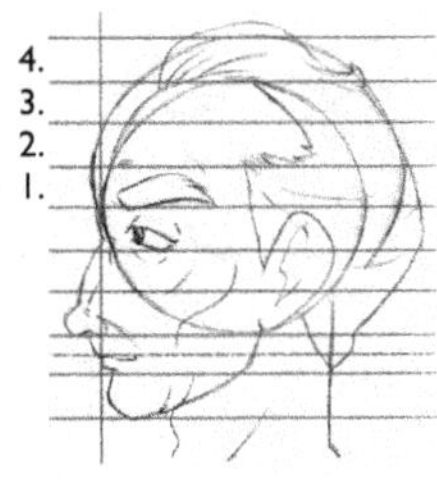

13) Partindo deste círculo, desenhe as mechas do cabelo. Faça algumas rugas nos olhos e na boca. Deixe evidentes algumas linhas no rosto para dar impressão de idade. Desenhe também uma mecha na parte três da cabeça, como mostra a figura.

Cabelos

No mangá, os cabelos sempre têm destaque especial. Por conta disso, quando os personagens estão envelhecendo, acabam passando por mudança devido à cor e à queda natural dos fios. Agora, vamos comparar as figuras abaixo:

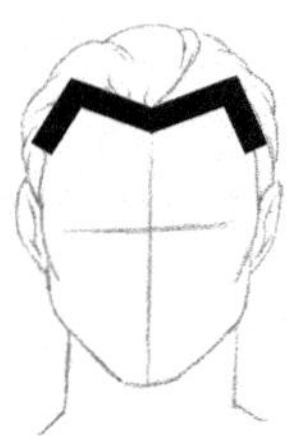
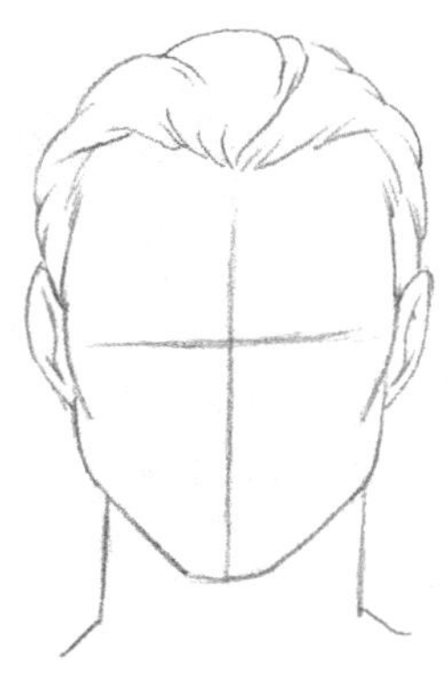
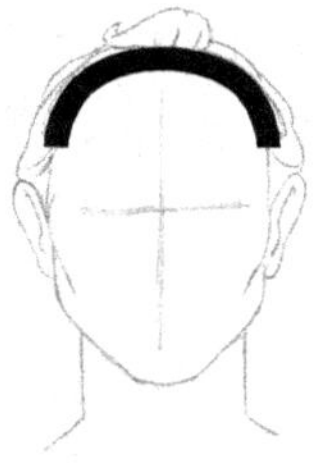
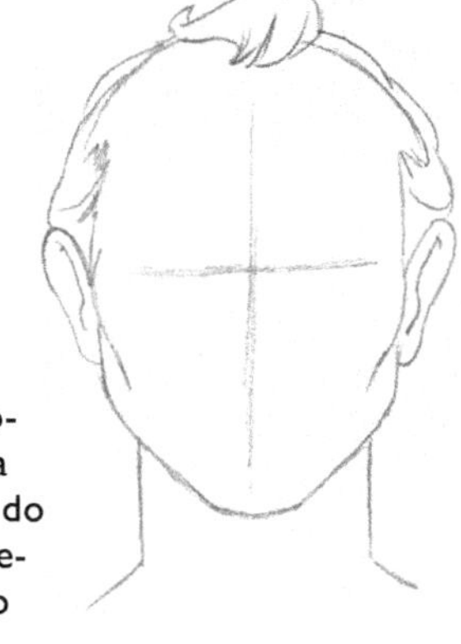

Observe que o cabelo do personagem mais jovem tem entradas menores, dando uma aparência melhor para ele.

Quando o personagem envelhece, a linha de marcação do início fica mais arredondada, revelando menos cabelo.

Veja na referência abaixo como ocorre o aumento das entradas conforme a idade do personagem:

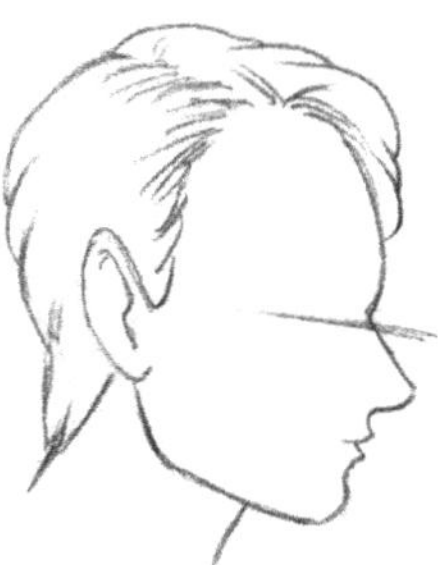
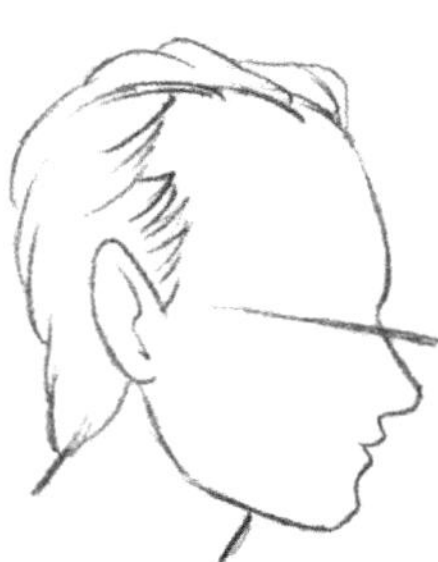
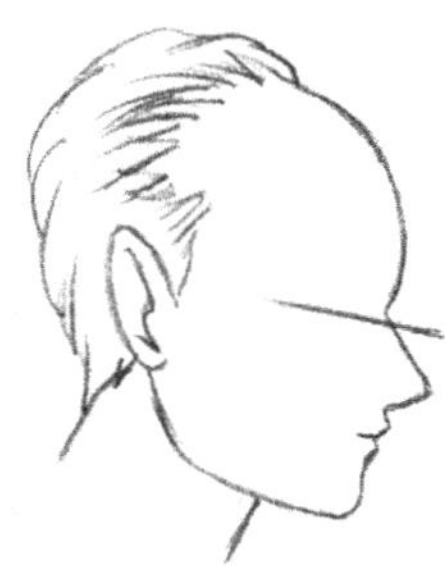

Outras variedades de cabelos e diferentes estilos:

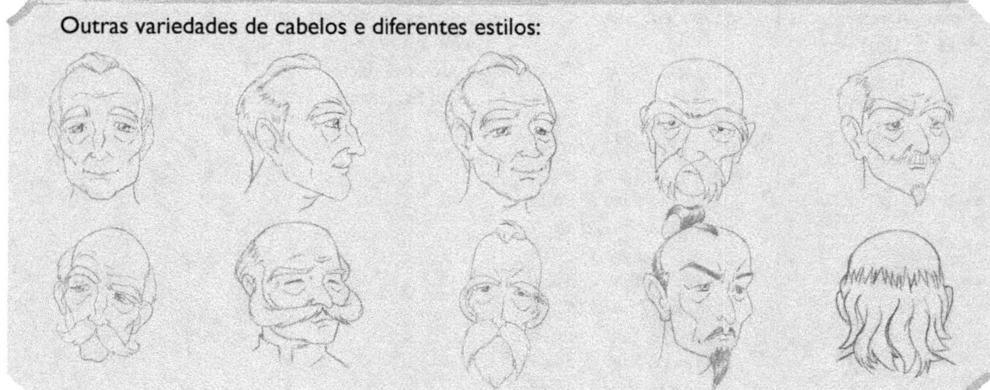

Bigode e barba

Na construção do rosto, o bigode e a barba podem ser desenhados de diversas formas. Porém, assim como acontece com os cabelos, eles devem moldar e seguir todo o formato do rosto. Em relação ao tamanho, eles podem variar de acordo com o tipo de personagem.

Observe os exemplos abaixo:

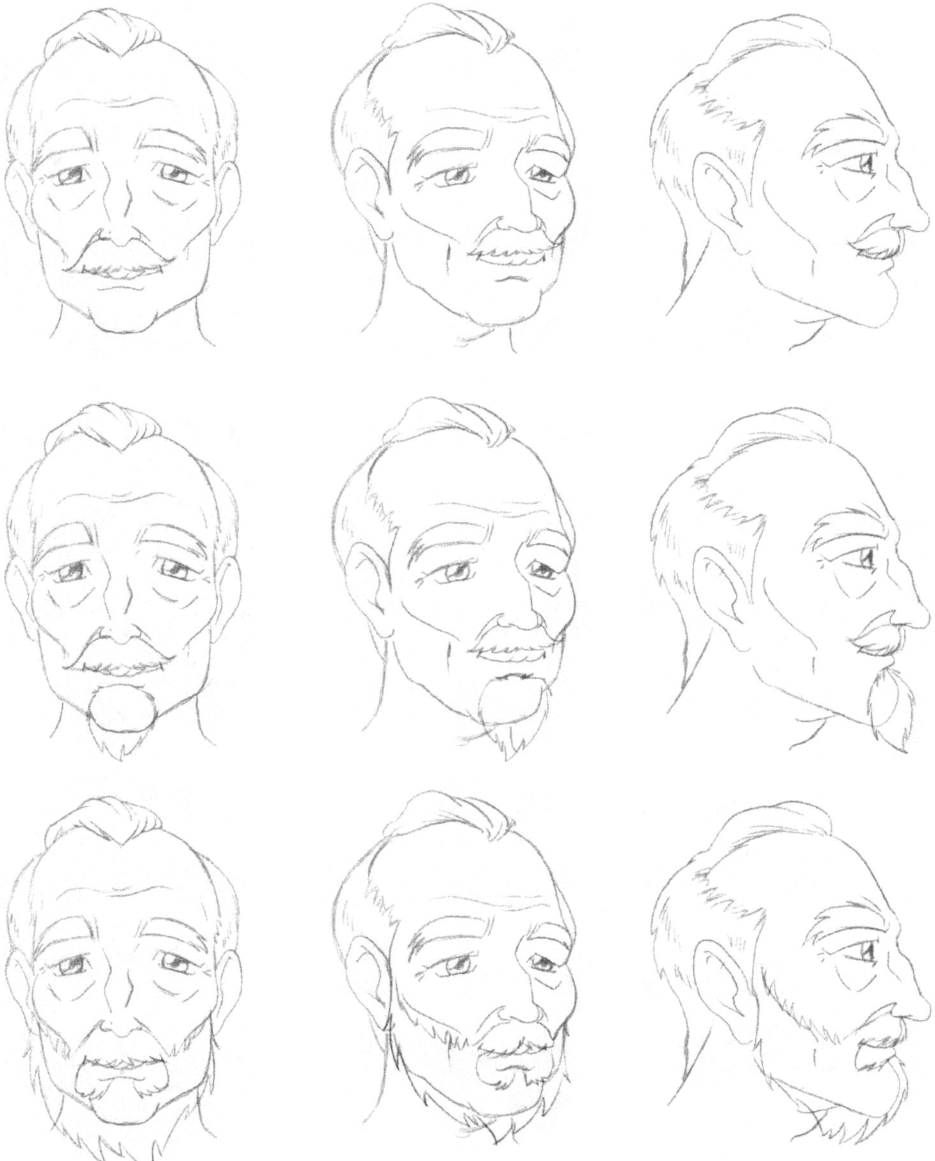

Variações de idade

No mangá, o personagem idoso tem alterações nos elementos, como olhos, boca, nariz, cabelos e orelhas. Podemos notar que eles vão ficando com um aspecto cansado, ao contrário dos traços firmes de um personagem jovem. Observe abaixo a variação de idade em personagens idosos.

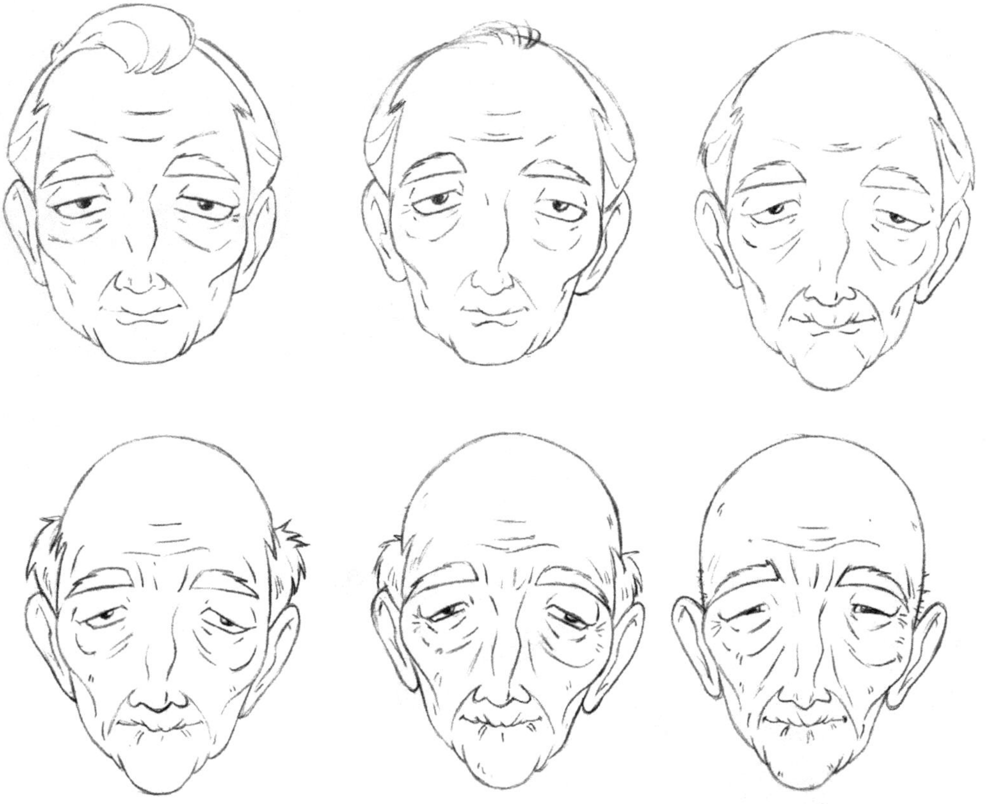

Alguns exemplos de personagens de diversas idades:

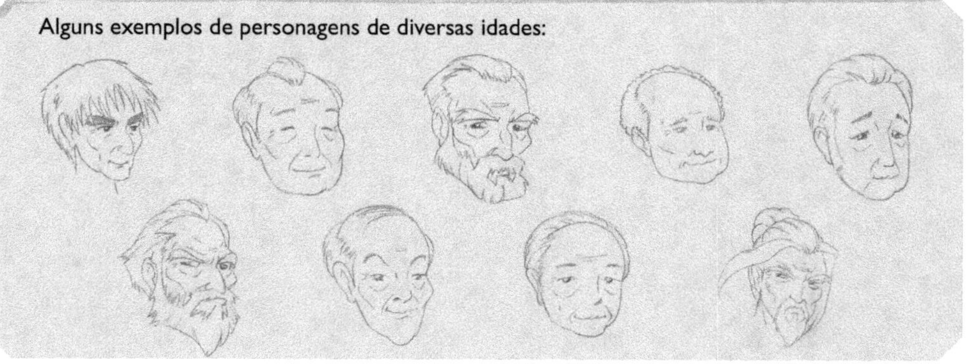

Anatomia idoso:

Proporções do corpo masculino

Corpo masculino

De acordo com a idade do personagem, alguns detalhes merecem atenção. Nas figuras abaixo, podemos observar que, com o passar dos anos, o personagem também vai passando por mudanças na cabeça, na postura (que começa a ficar curva) e na altura.

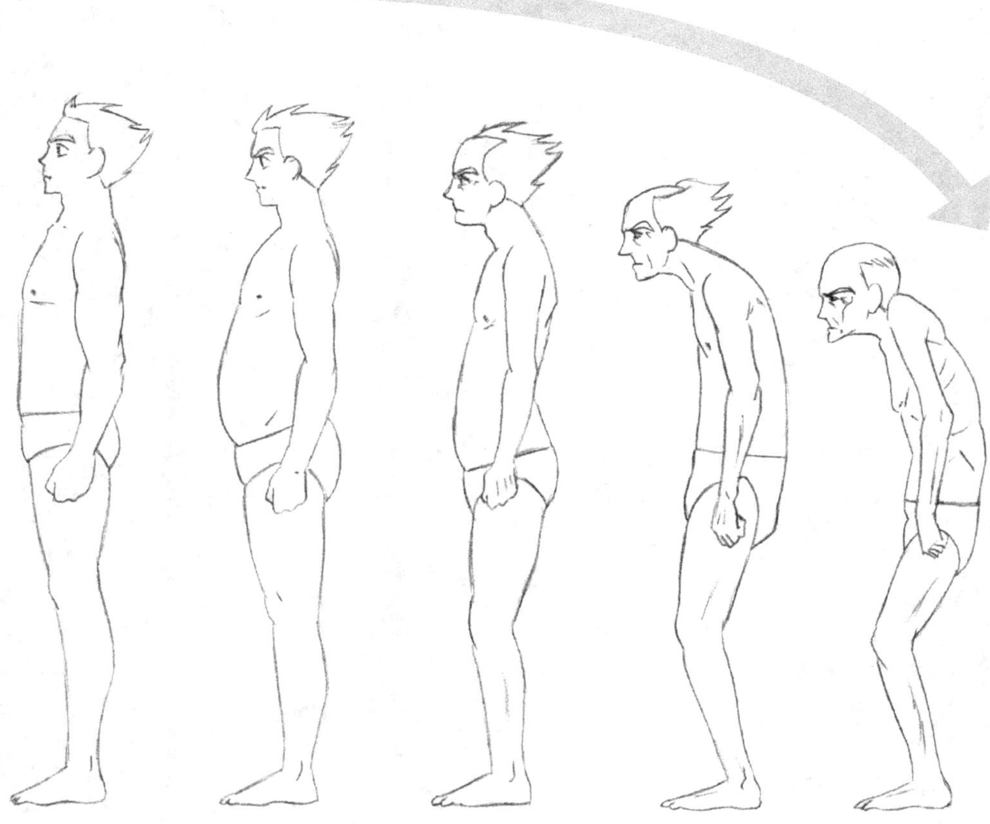

No primeiro personagem, temos uma postura mais ereta e seu tamanho real, com a coluna vertebral e joelhos retos. Já no último exemplo, temos uma figura com a coluna e os joelhos curvados. Note que braços e pernas ficam mais finos, deixando o personagem com um aspecto frágil.

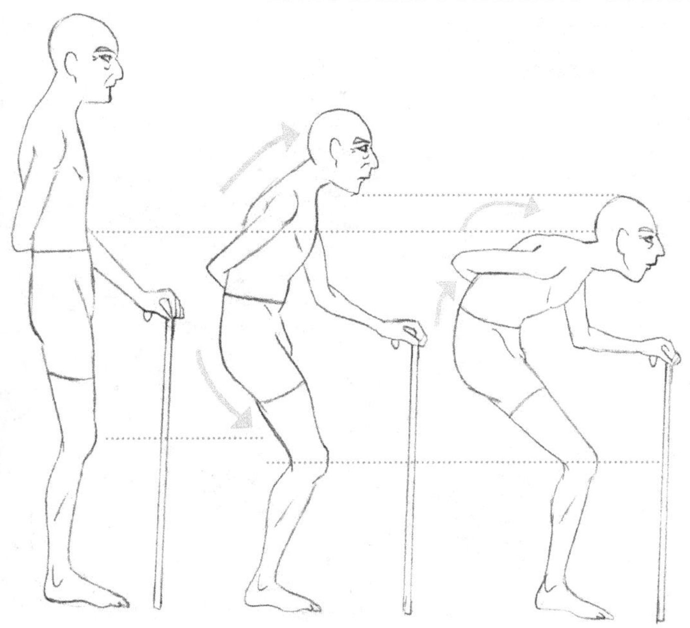

Observe a relação da envergadura da coluna e dos joelhos nos personagens. Conforme a idade aumenta, o corpo vai se adaptando e ocorre a diferença de altura.

A cabeça e o pescoço se posicionam de forma horizontal para compensar a curvatura das costas.

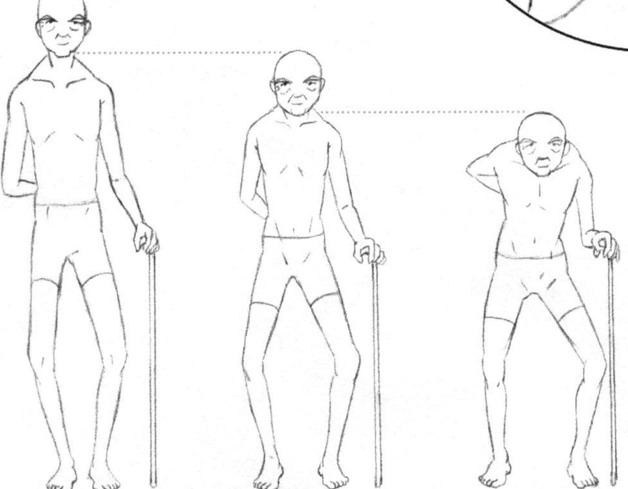

Em uma visão frontal, podemos observar que a linha dos ombros vai subindo para se adaptar à curvatura da coluna. Já a cabeça vai descendo e, consequentemente, diminuindo a altura total do personagem.

Frontal

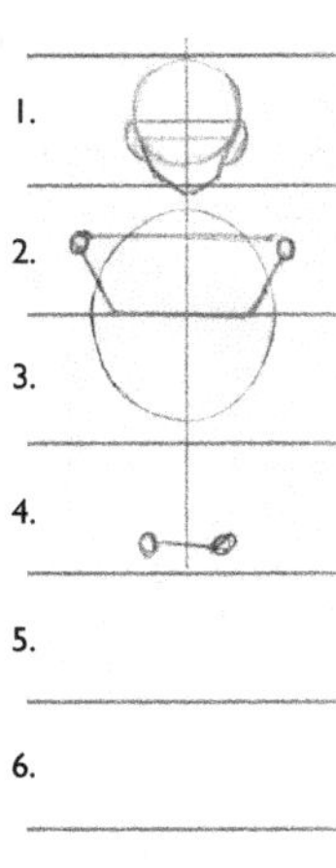

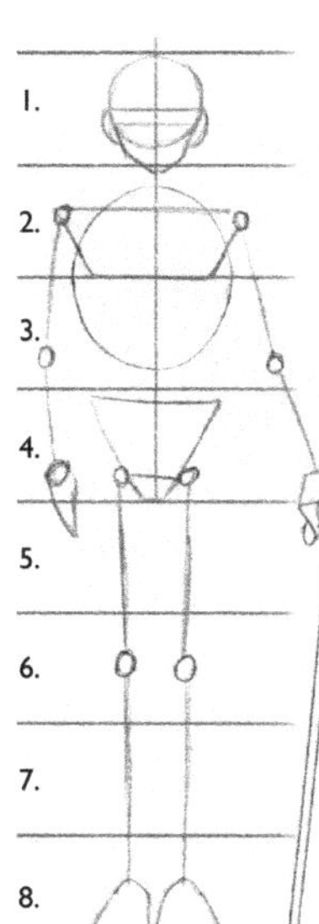

Na construção da figura masculina idosa, devemos começar identificando a altura. Para isso, utilizamos a medida da cabeça. Repetimos esta medida no total de oito vezes para baixo, sempre marcando a linha de eixo vertical. Faremos as marcações da estrutura com linhas e figuras geométricas. Na altura da segunda cabeça ficam os ombros e o peito. Já na terceira cabeça ficam as costelas.

Note que a construção anterior foi uma base para o desenho do manequim. Na sequência, demarcaremos o restante das partes do corpo, como os cotovelos e a parte do quadril. Na quarta cabeça estão os pulsos, o começo das coxas e as mãos, além do cabo da bengala. No meio da sexta cabeça ficam os joelhos. Na oitava, encontram-se as pernas, os calcanhares e os pés, não esquecendo do final da bengala. Em seguida, preencha os espaços, colocando os volumes e as massas das partes do corpo. Com as figuras geométricas, dê forma aos braços, ao quadril, às coxas, às pernas e aos pés.

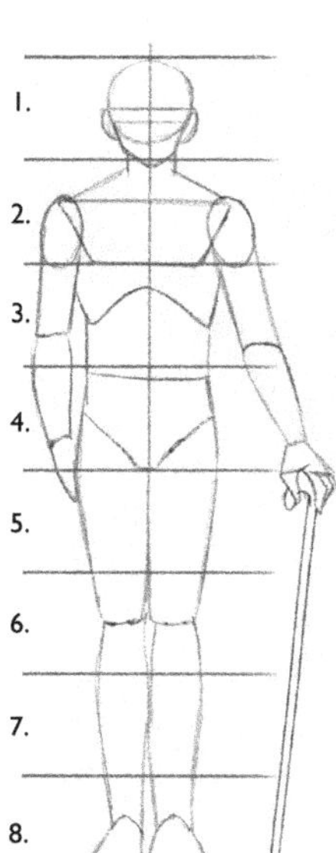

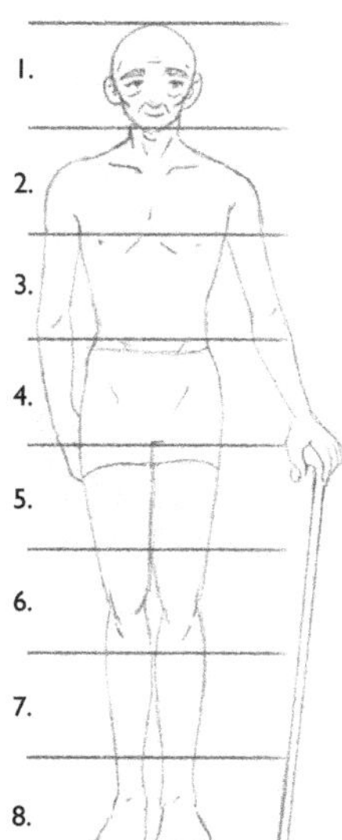

No próximo passo, apague as linhas desnecessárias para facilitar o processo. Agora, devemos definir o rosto e fazer todas as marcações do corpo, como os músculos, as mãos e os pés. Terminado o desenho, faça as roupas.

3/4

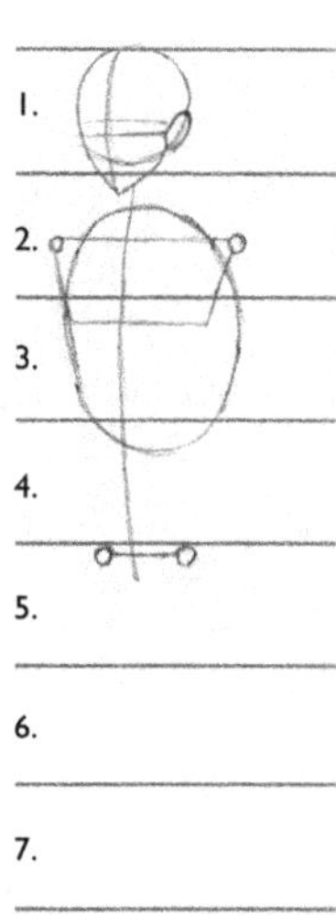

Na construção da figura masculina idosa, devemos começar identificando a altura. Porém, como a posição não é frontal, a linha de eixo será deslocada para a esquerda, dando a impressão de que um lado é maior do que o outro. Repetimos a medida da cabeça no total de oito vezes para baixo, marcando a linha de eixo vertical. Faremos as marcações da estrutura com linhas e figuras geométricas. Na altura da segunda cabeça, ficam os ombros e o peito. Já na terceira cabeça, ficam as costelas.

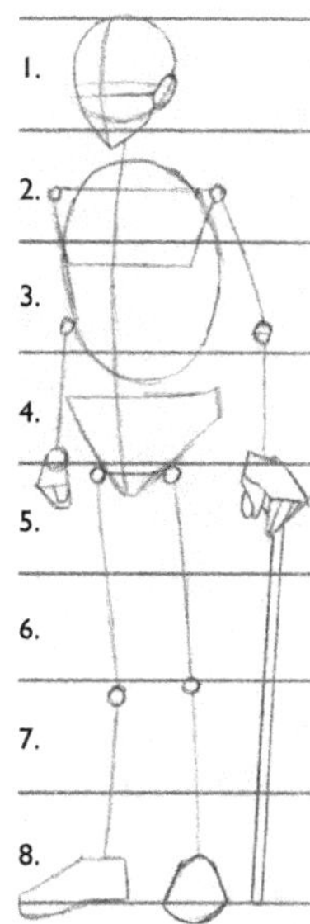

Note que a construção anterior foi uma base para o desenho do manequim. Na sequência, demarcaremos o restante das partes do corpo, como os cotovelos e parte do quadril. Na quarta cabeça estão os pulsos, o começo das coxas, mãos e bengala. Na sétima cabeça ficam os joelhos. Na oitava, ficam as pernas, os calcanhares, pés e o fim da bengala. Em seguida, preencha os espaços, colocando os volumes e as massas das partes do corpo.
Com as figuras geométricas, dê forma aos braços, ao quadril, às coxas, às pernas e aos pés.

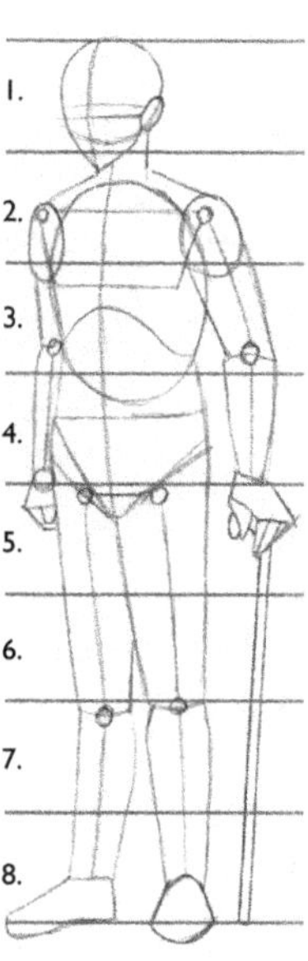

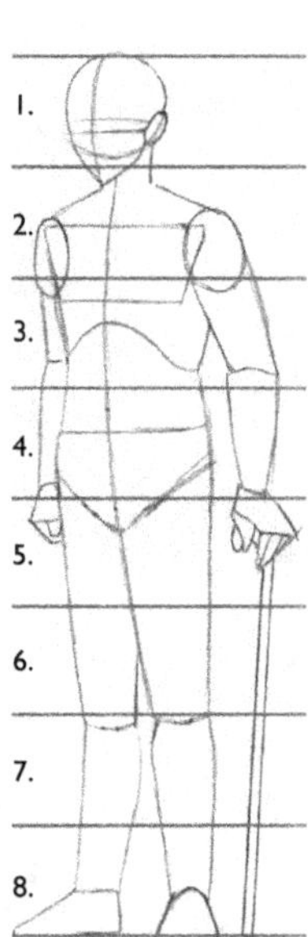

No próximo passo, apague as linhas desnecessárias para facilitar o processo. Agora, devemos definir o rosto e fazer todas as marcações do corpo, como os músculos, as mãos e os pés. Terminado o desenho, faça as roupas.

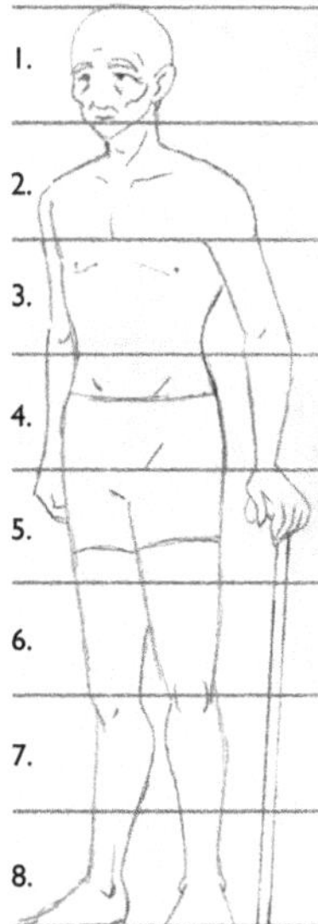

Perfil

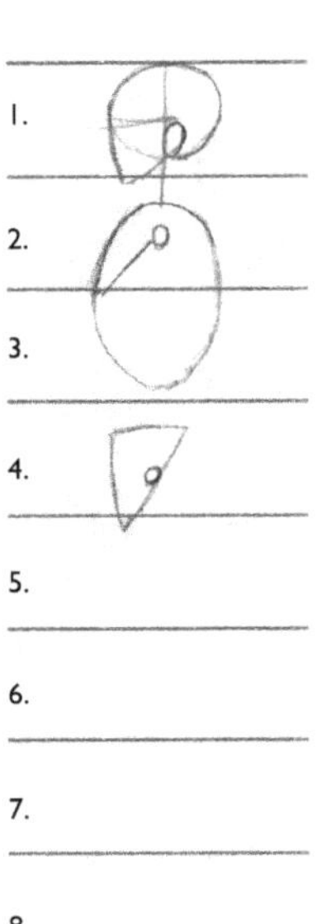

A linha de eixo vertical ficará no meio do corpo, para que a figura e seus elementos pareçam estar de lado. Após identificar a altura do personagem, repetimos a medida da cabeça no total de oito vezes para baixo e marcamos a linha de eixo vertical. Faremos as marcações da estrutura com linhas e figuras geométricas. Na altura da segunda cabeça ficam os ombros e o peito. Na terceira cabeça ficam as costelas.

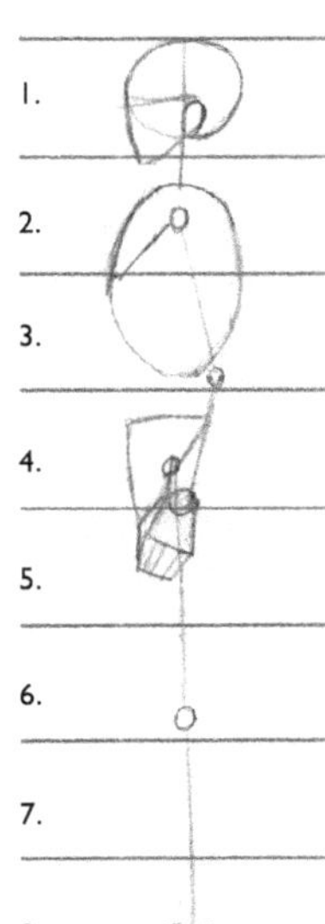

Note que a construção anterior foi uma base para o desenho do manequim. Na sequência, demarcaremos o restante das partes do corpo, como os cotovelos e parte do quadril. Na quarta cabeça estão os pulsos, o começo das coxas e as mãos. No meio da sexta cabeça ficam os joelhos. Na oitava, ficam as pernas, os calcanhares e os pés. Em seguida, preencha os espaços, colocando os volumes e as massas das partes do corpo. Com as figuras geométricas, dê forma aos braços, ao quadril, às coxas, às pernas e aos pés.

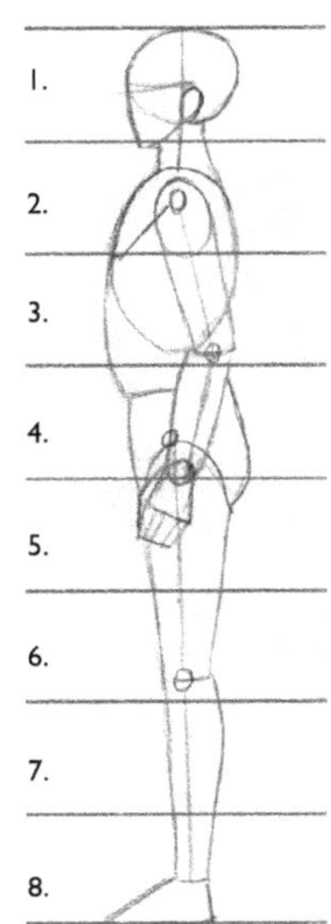

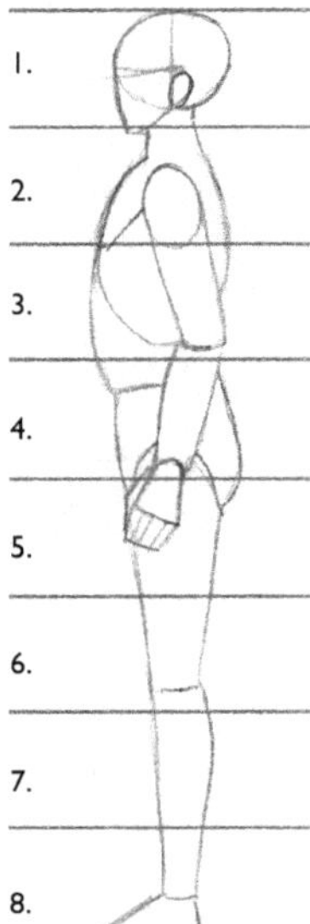

No próximo passo, apague as linhas desnecessárias para facilitar o processo. Agora, devemos definir o rosto e fazer todas as marcações do corpo, como os músculos, as mãos e os pés. Terminado o desenho, faça as roupas.

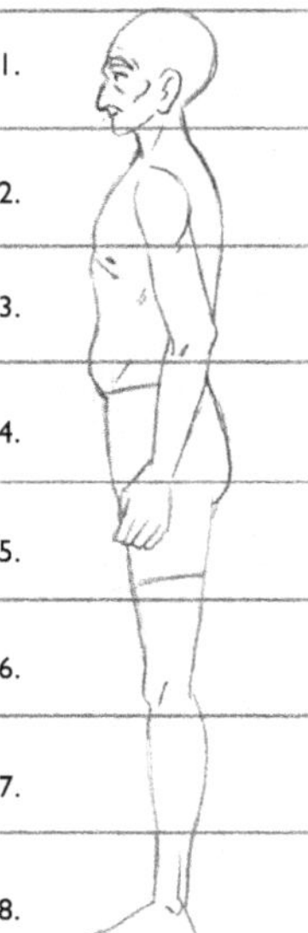

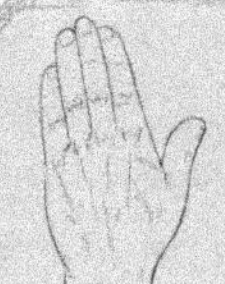

Mãos

As mãos e suas formas de construção sempre são baseadas em figuras geométricas. Porém, elas podem variar de tamanho, e com os idosos não é diferente.

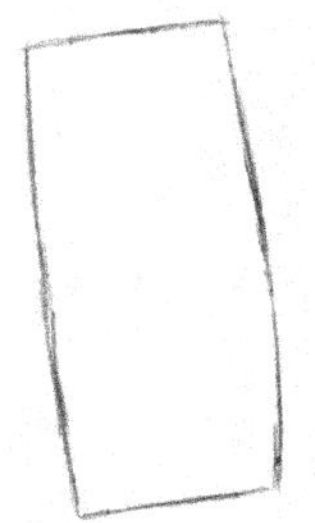

1) Inicie a construção com um retângulo.

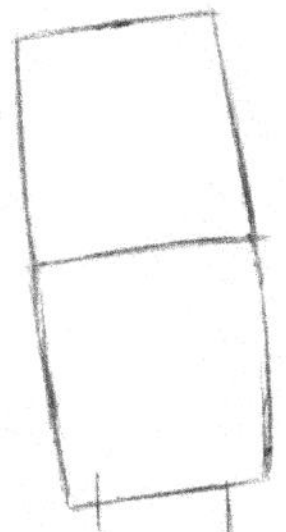

2) Com uma linha curva, divida o retângulo ao meio, marcando o local do pulso na parte inferior, como mostra a imagem.

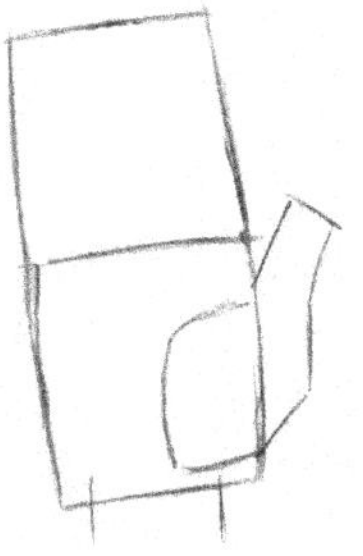

3) Na metade inferior, encaixe o dedo polegar, que ocupará metade do espaço na vertical e uma parte para fora do retângulo.

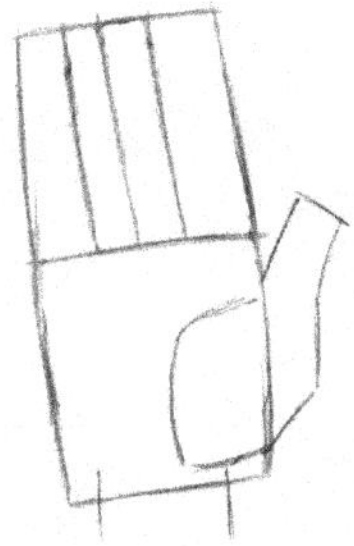

4) Divida a parte superior em quatro linhas verticais. Assim, teremos os espaços dos dedos.

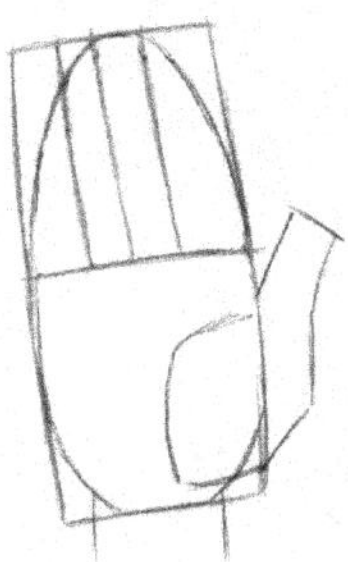

5) Na parte superior, onde estão localizados os dedos, arredonde as pontas.

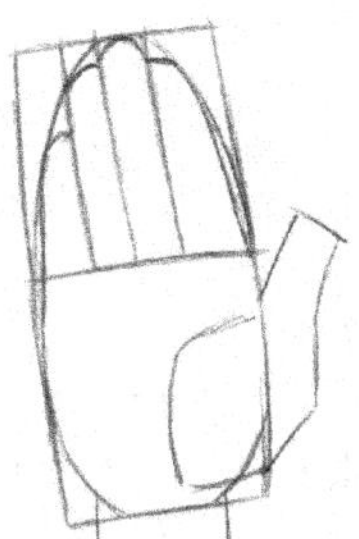

6) Faça ajustes nos dedos, colocando mais curvas, de maneira que fiquem mais finos. Terminados os traçados, basta apagar as linhas desnecessárias e definir o desenho.

Observe outros exemplos de mãos envelhecidas:

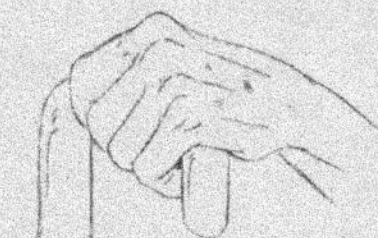

Pés

Os pés dos idosos são cheios de linhas e têm uma aparência mais envelhecida. No entanto, o esquema de construção é o mesmo do pé de um adulto.

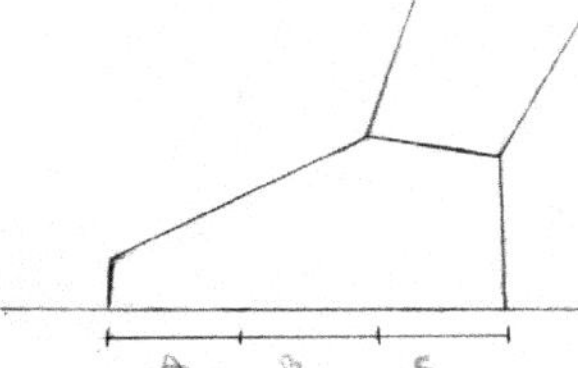

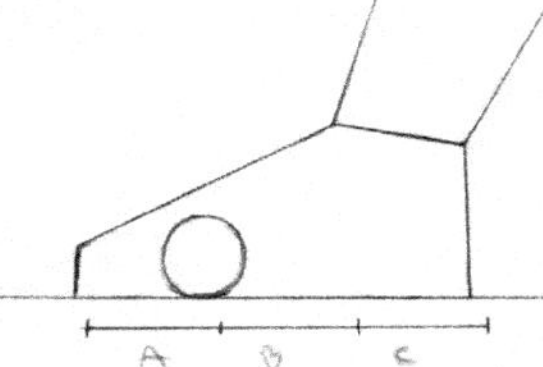

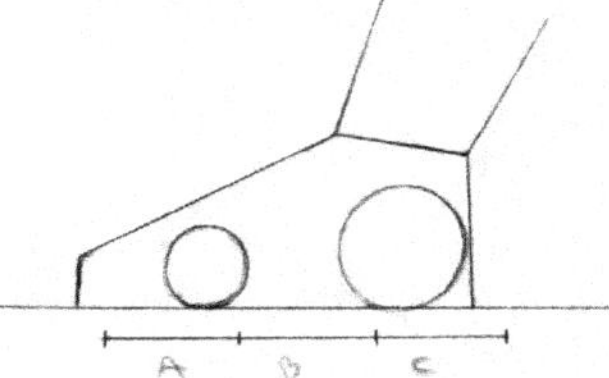

A) Conforme a imagem acima, devemos traçar uma linha na horizontal, que deve ser dividida em três partes iguais.

B) Na construção da altura, aplique a linha uma parte e meia para cima. Entre as partes A e B da linha horizontal, desenhe um círculo com a altura de meia parte da medida A.

C) Desenhe outro círculo com a largura da parte C.

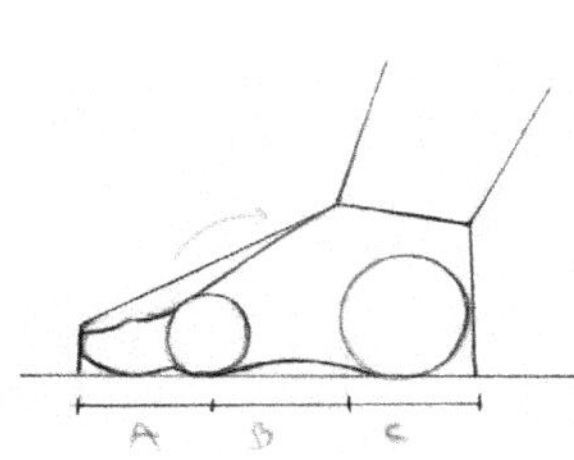

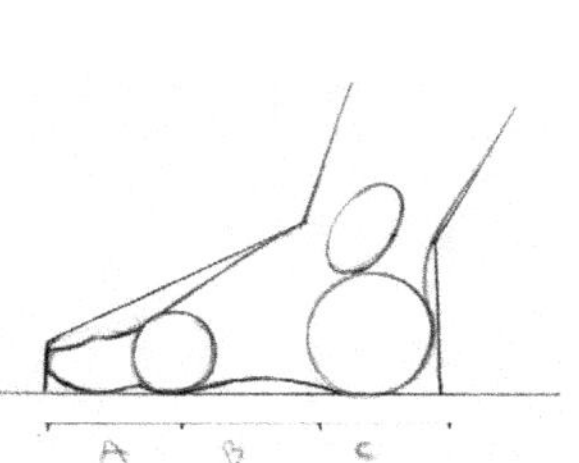

D) Na sequência, marque uma linha na parte superior com a metade da altura do círculo menor. Ela deve começar no início da parte C, passar pelo centro do círculo e terminar no início da parte A.

E) Defina as formas conforme a figura. Não deixe de colocar as linhas das veias para dar impressão de envelhecido.

Observe outros exemplos de pés em diferentes ângulos:

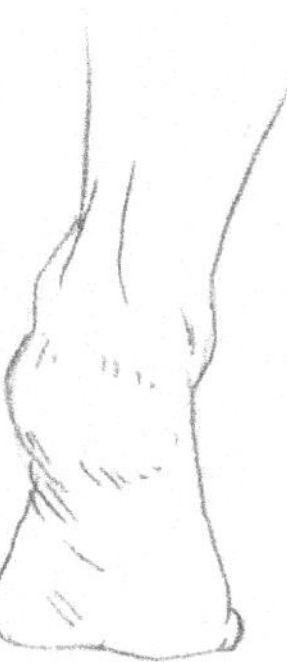

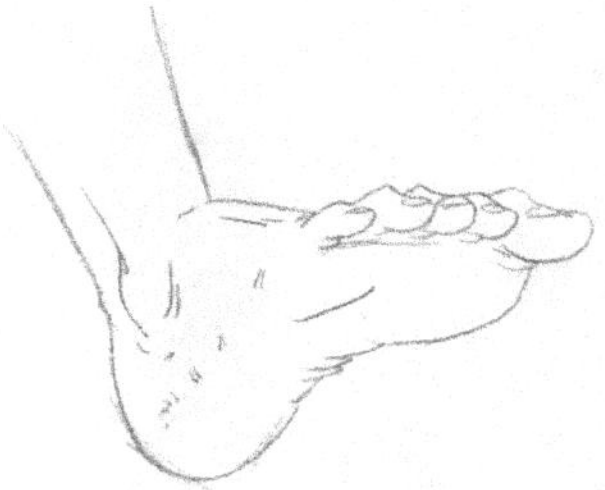

Vestimentas:
Dobras e texturas

Vestimentas

As roupas de um personagem idoso são mais formais e discretas, além de possuírem estampas mais simplificadas. Dependendo do tipo de personagem, também podem ser um pouco mais largas. No entanto, o esquema para fazer as dobras são os mesmos de outros tipos de vestimentas.

Este personagem veste uma roupa mais tradicional. Podemos observar que a camisa é mais larga, mas o colete é um pouco mais justo, marcando o peito e o abdome. Já a calça é larga, com sobras nos tornozelos.

A textura aplicada no tecido da calça dá um aspecto mais real, sendo uma ótima opção para fazer combinações.

Nos círculos, podemos ver que é possível aplicar texturas nas roupas, dando um destaque maior para o tecido do colete, o que valoriza o personagem.

Abaixo, temos calçados bem simplificados, que passam a impressão de ser bem confortáveis.

Aqui, temos um personagem com roupa social. No exemplo, o tecido do terno é um pouco mais grosso. Como a modelagem é mais larga, suas dobras não são muito marcadas.

Embora o sapato não tenha muitos detalhes, a textura da fivela dá um destaque maior.

Essa textura valoriza bastante o terno e cria um contraste com a camisa, que pode ser destacada.

Geralmente, a calça tem a mesma textura que o terno, criando um conjunto e mantendo o ar de seriedade.

Anatomia idosa:
Elementos e rosto feminino

Olhos de idosos

No mangá, os olhos são cheios de brilho e expressam os mais variados sentimentos. Quando os personagens envelhecem, isso não muda. No entanto, as linhas são desenhadas de forma que as curvas fiquem mais acentuadas, dando um aspecto de cansaço. As rugas também aparecem nos traços.

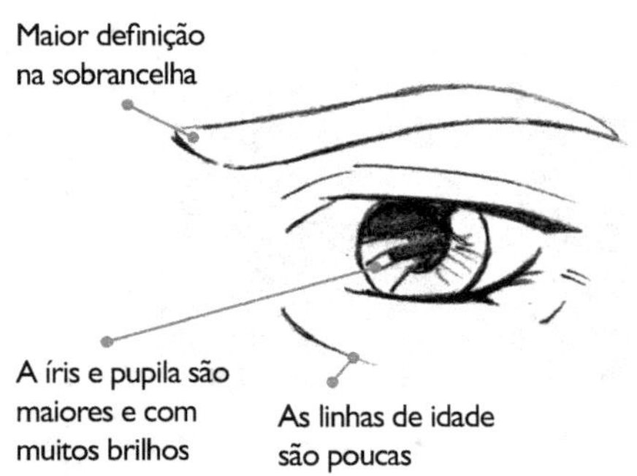

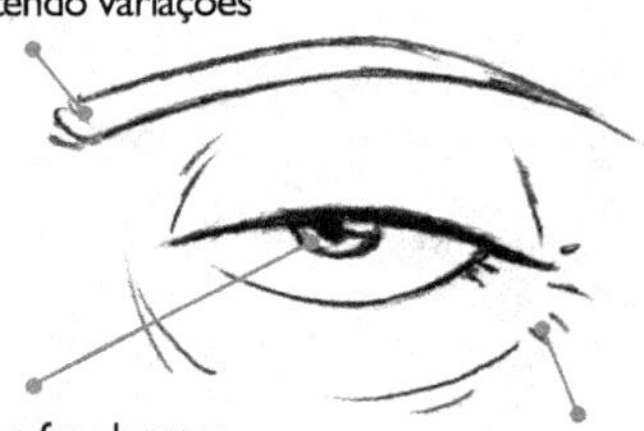

Frontal

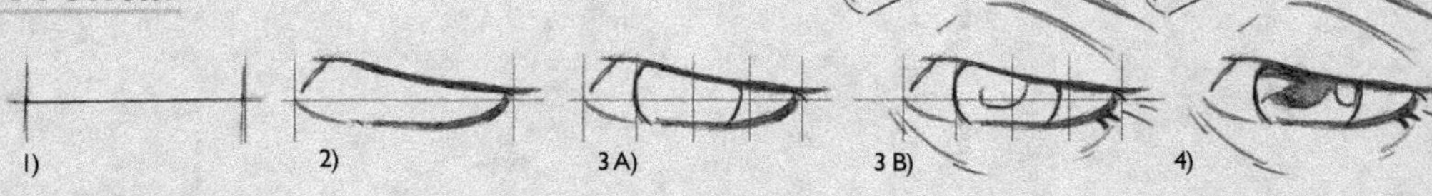

1) Inicie a construção com uma linha na horizontal e faça duas marcações na vertical, tanto no início quanto no final, para limitar o espaço a ser utilizado.

2) Na sequência, faça a marcação para as pálpebras superior e inferior mantendo pequenas curvas.

3) Divida o desenho em quatro partes. Trace um círculo nas partes 2 e 3, respeitando o limite demarcado pelo desenho das pálpebras. Este círculo será a íris. Dentro dele, faça outro círculo, que será a pupila. Desenhe os cílios e as linhas das rugas seguindo o formato curvo das pálpebras. Trace a sobrancelha.

4) Desenhe pequenas linhas na parte da lateral esquerda. Reforce a linha superior da pálpebra onde se localizam os cílios. Procure deixar a sobrancelha mais demarcada. Por fim, coloque o brilho dos olhos.

3/4

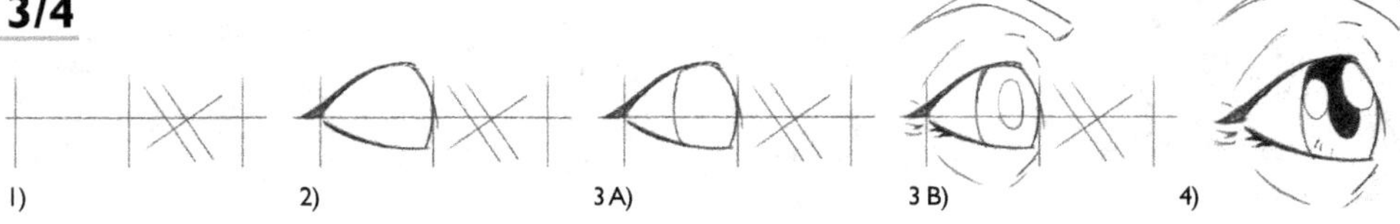

1) Faça uma linha horizontal e trace duas linhas verticais, uma no início e outra no fim. Divida ao meio e elimine uma parte.

2) Procure deixar as linhas levemente curvas na marcação das pálpebras superior e inferior.

3) Nas marcações das pálpebras, desenhe uma elipse para a íris e outra dentro dela, que será a pupila. Acima, desenhe a sobrancelha. Lembre-se de desenhar também as linhas para formar as rugas na parte superior e inferior das pálpebras.

4) Reforce a linha da pálpebra superior e desenhe pequenas linhas, como no exemplo acima, para fazer algumas rugas na lateral. Deixe a sobrancelha com mais volume e, por fim, coloque o brilho no olho.

Perfil

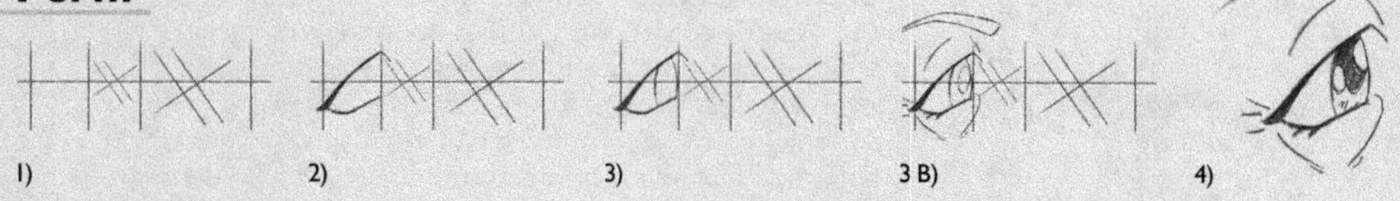

1)   2)   3)   3 B)   4)

1) Conforme o esquema anterior, trace uma linha na horizontal e faça marcações verticais no meio do desenho. Elimine uma das partes e divida a outra ao meio.

2) Reforce a linha da pálpebra superior e desenhe peque-nas linhas, como no exemplo acima, para fazer algumas rugas na lateral. Deixe a sobrancelha com mais volume e, por fim, coloque o brilho no olho.

3) Entre as marcações das pálpebras, faça uma elipse pequena para a íris, e outra interna para a pupila. Desenhe os cílios e as rugas e faça a sobrancelha.

4) Reforce a linha superior das pálpebras e faça linhas na lateral do olho. Defina a sobrancelha, de que forme que fique com volume. Por último, coloque o brilho.

Desenhando o par de olhos

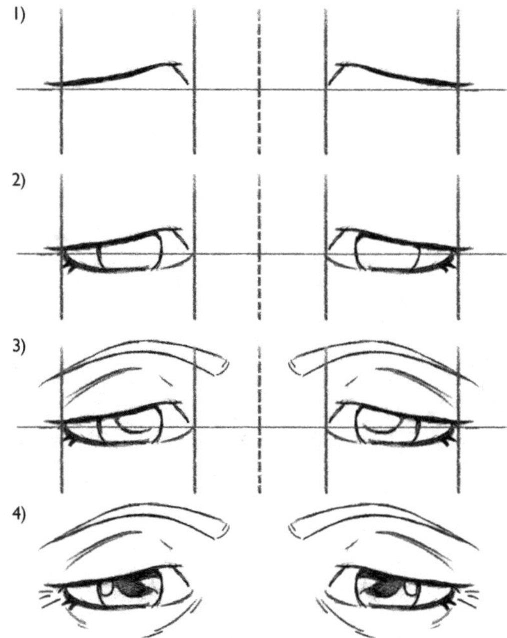

1)

2)

3)

4)

1) O desenho de dois olhos tem o mesmo princípio de construção de um único olho. Porém, é preciso ter atenção, pois as linhas dos olhos dos idosos são mais caídas para dar um aspecto de cansaço. A proporção dos olhos se mantém a mesma. Para calcular a medida, utilize três vezes a largura do olho. Depois, marque a pálpebra superior nos espaços das extremidades.

2) Após a marcação das pálpebras, siga desenhando a íris, conforme a orientação do passo 3 (frontal).

3) Desenhe as sobrancelhas nos dois olhos e faça as pupilas no interior das íris. Entre as sobrancelhas e a pálpebra superior, desenhe as linhas das rugas.

4) Faça as sobrancelhas com mais volume. Desenhe também as pálpebras inferiores e pequenas linhas nos cantos dos olhos. Para finalizar, apague as linhas de construção e aplique as sombras e os brilhos.

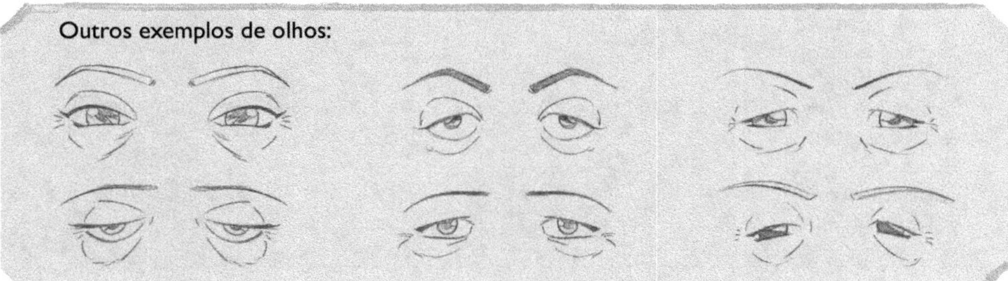

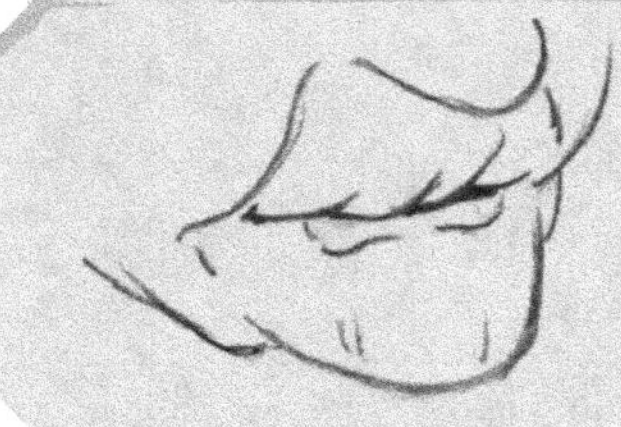

Boca envelhecida

O processo do desenho da boca do idoso não muda, pois a estrutura é a mesma. Porém, devemos observar que ocorrem algumas variações: as linhas, que eram horizontais, sofrem uma curva para baixo para evidenciar a idade do personagem; e as rugas começam a aparecer, pois as linhas de expressão se destacam.

Boca do adulto

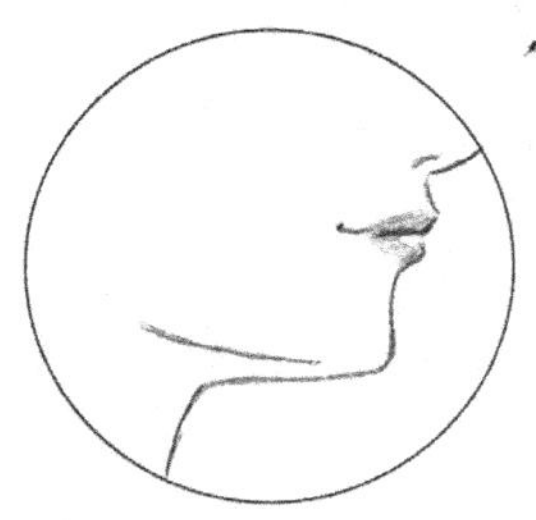

Note que na boca do adulto as linhas são mais simplificadas e contínuas.

Boca do idoso

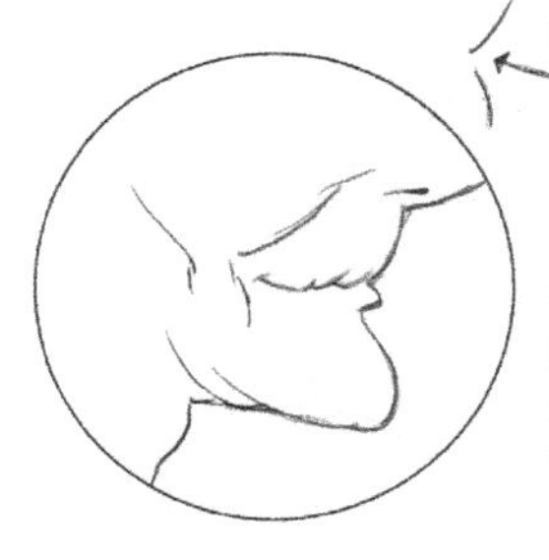

A boca do idoso é delineada para baixo, dando o aspecto de caída, e tem linhas para caracterizar as rugas.

Construção

1)

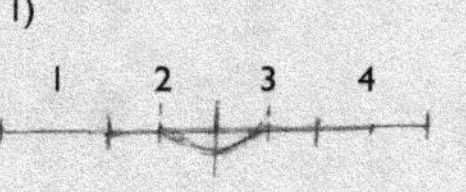

2)

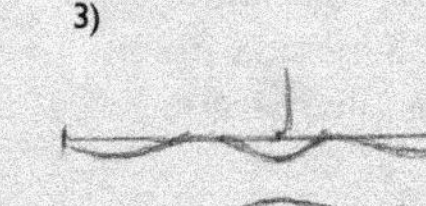

3)

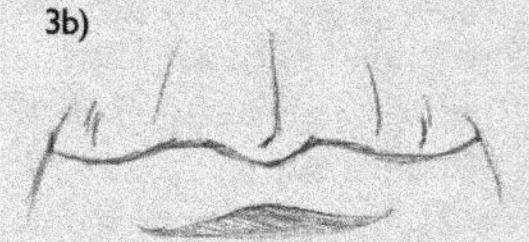

3b)

1) Faça uma linha na horizontal e divida-a em quatro partes iguais. Elimine a parte 1 e use apenas as partes 2 e 3 divididas ao meio. Trace uma pequena linha vertical abaixo da linha horizontal e desenhe um "V".

2) Projete para cima as linhas em "V" com a altura da metade do espaço 2. Agora, desenhe uma linha abaixo, entre o início da parte 2 e o final da parte 3, com o espaço de uma parte.

3) Na linha que foi encontrada entre as partes 2 e 3, faça um triângulo e apague as linhas auxiliares pontilhadas, mantendo a linha em "V" na parte superior. Apague as linhas desnecessárias, adicione as rugas e aumente as linhas nos cantos da boca.

Outros exemplos de boca:

Todas as construções partem da linha interlabial, mas podem ocorrer variações nas linhas das rugas, de acordo com o personagem.

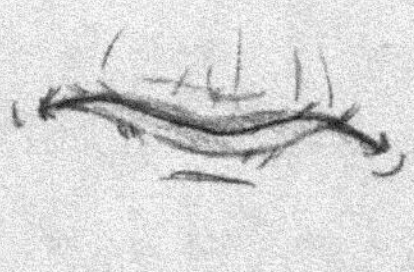

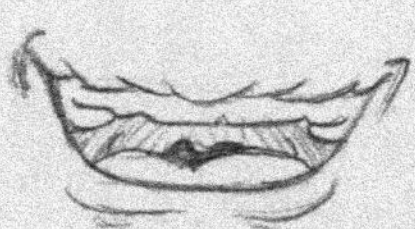

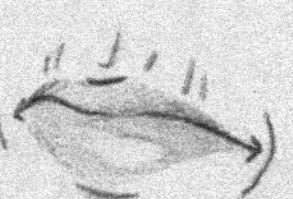

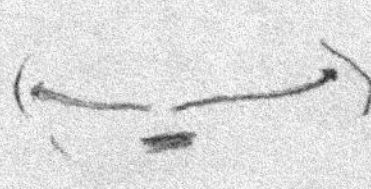

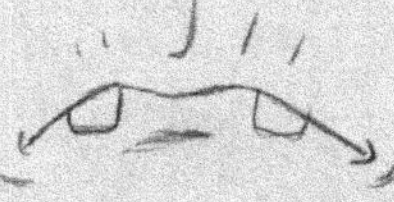

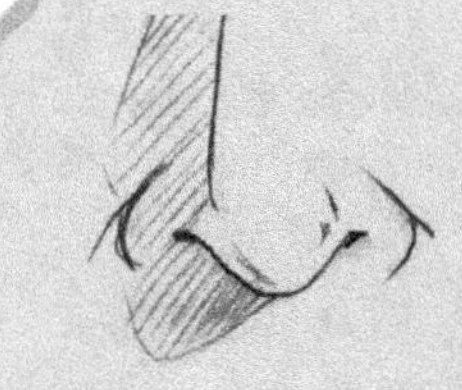

Nariz de idoso e algumas variações

Com o passar dos anos, ocorrem algumas variações no nariz. E quando nos referimos ao nariz de um idoso, ele sempre é definido com a ponta projetada para baixo. No mangá, isso não é diferente. Em alguns casos, eles são grandes; em outros, pequenos. Para ter essa definição, é importante observar o estilo do personagem e analisar qual formato de nariz mais se adequa a ele.

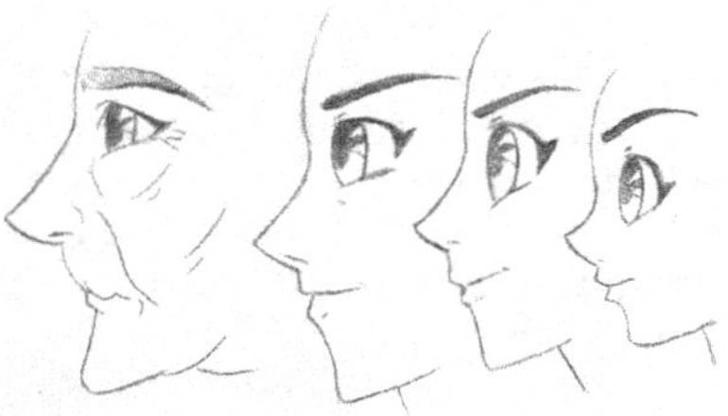

Observe os exemplos e note que, no idoso, o nariz tem suas pontas projetadas para baixo, criando uma variação.

Veja a relação do nariz em conjunto com os olhos:

Orelhas

O formato da orelha tem como base o oval. No entanto, nos idosos, existem partes com variações de tamanho - o que não ocorre na orelha infantil e de adulto.

Construção básica:

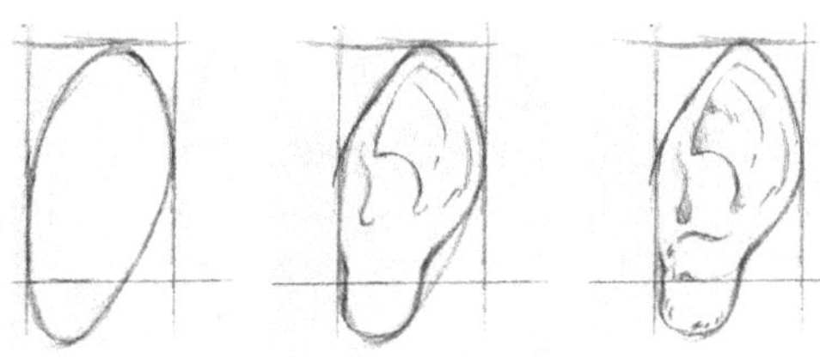

Sua construção tem início a partir do formato oval. Em seguida, desenha-se o pavilhão auditivo na parte interna. Por fim, basta apagar as linhas desnecessárias e definir os detalhes.

Variação de orelha do adulto e idoso:

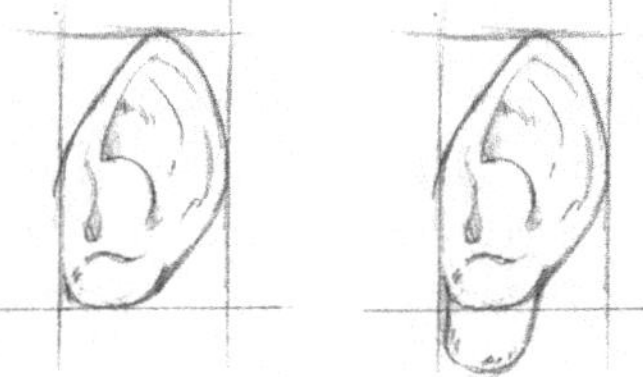

Observe que o encaixe das orelhas não muda. O que pode variar é o formato, já que idosos possuem orelhas maiores, mesmo com olhos grandes. Por isso, às vezes, podem não seguir o padrão do desenho adulto, pois acabam passando um pouco a linha do nariz.

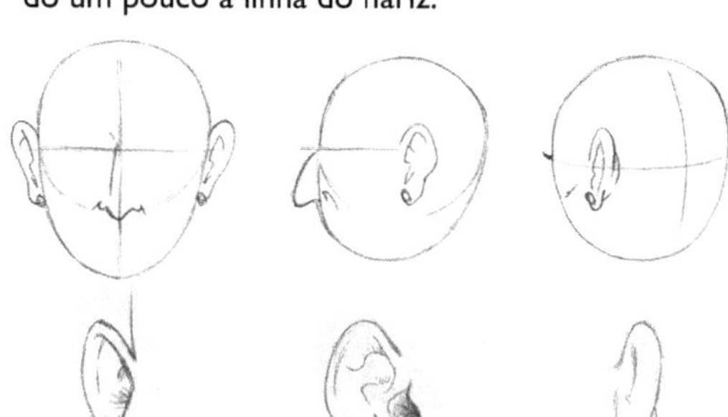

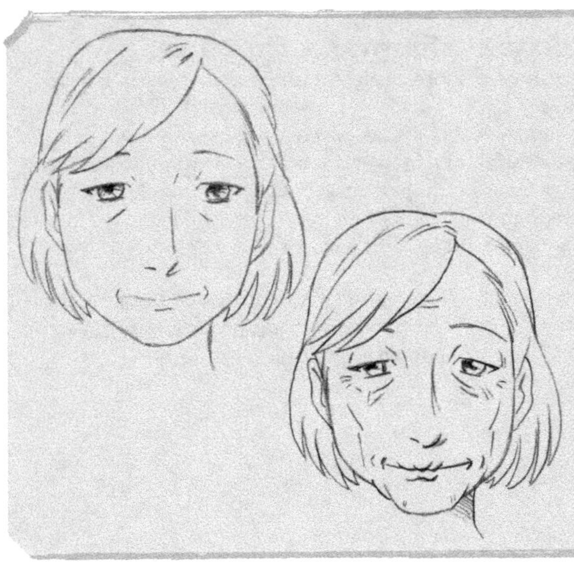

Construção da cabeça

Conforme no exemplo masculino anterior, o padrão é o mesmo. Ao lado, temos a figura de duas mulheres: uma de cerca de 40 anos de idade e outra com mais de 60 anos de idade. Observe que os cabelos estão diferentes, assim como o os olhos, o nariz e a boca. As linhas de expressão do rosto são bem mais evidentes na idosa, pois representam as marcas do tempo. Isso mostra que podemos trabalhar a idade somente com essas linhas. Agora, vamos desenhar conforme o esquema de construção com base em figuras geométricas.

Frontal

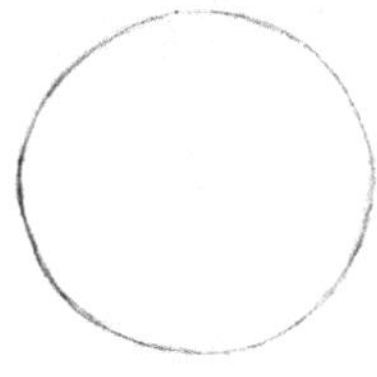

1) Vamos iniciar a construção da cabeça por meio de um círculo o mais perfeito possível.

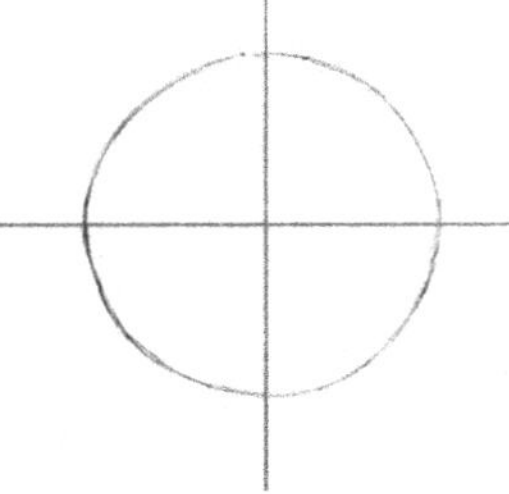

2) Divida o círculo em duas partes iguais tanto na horizontal como na vertical.

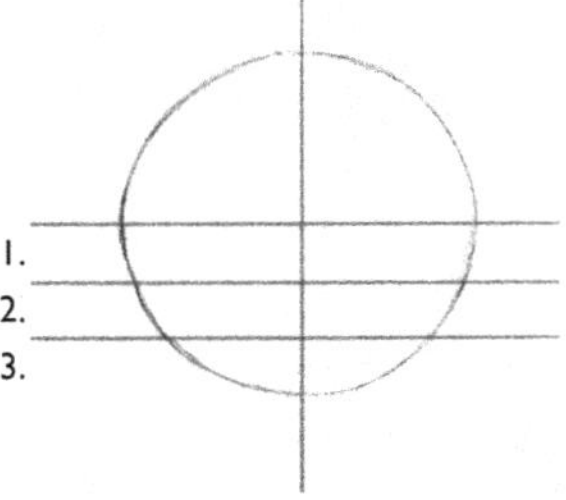

3) Divida a metade de baixo em três partes iguais.

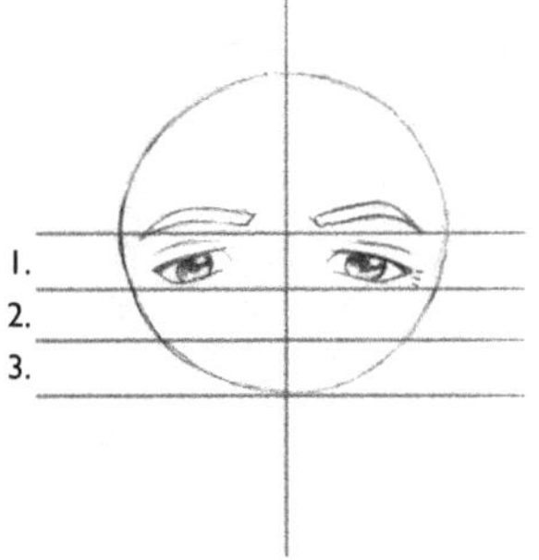

4) Na primeira parte ficarão os olhos. Coloque-os de forma que ocupem a altura desta parte.

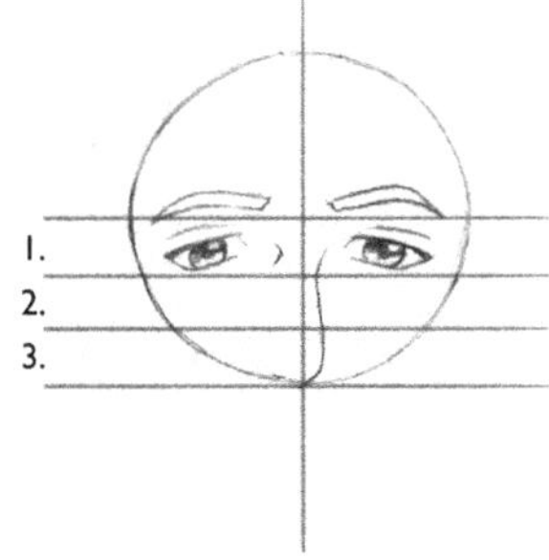

5) Agora, desenhe o nariz. Ele será da altura dos olhos até o final da terceira parte, e ficará no centro do círculo.

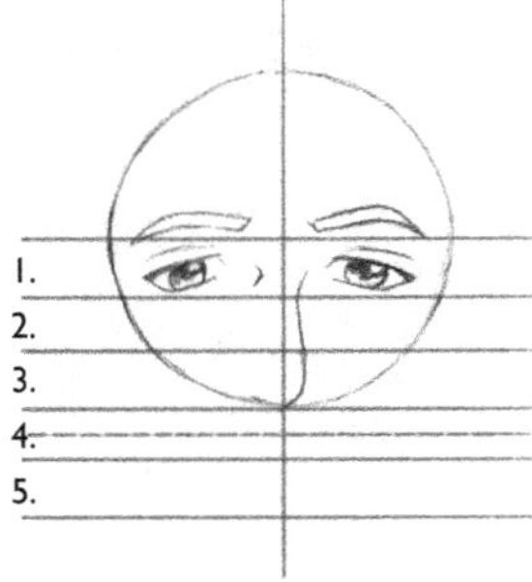

6) Adicione mais duas partes para baixo, sendo que a parte 4 deverá ser dividida ao meio com uma linha pontilhada.

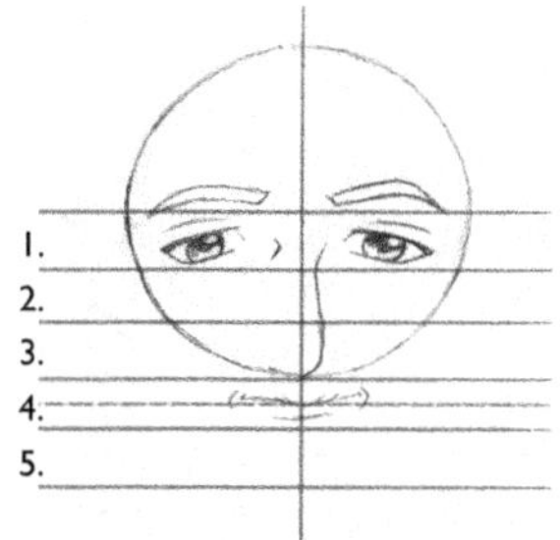

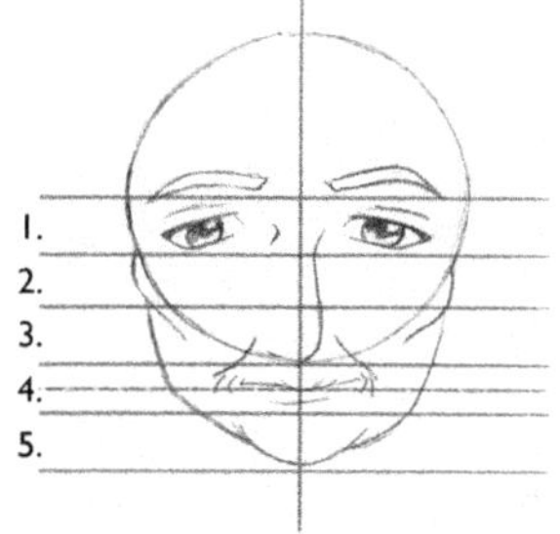

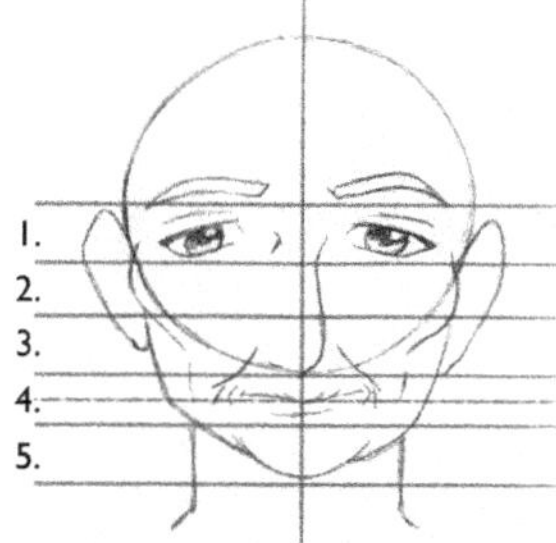

7) Desenhe a linha do inter-labial nesta marcação pontilha-da. Ela marcará a localização da boca.

8) Agora, feche o limite do maxilar com linhas nas laterais e leve até o centro da linha pontilhada.

9) Nas laterais, desenhe as orelhas, que se iniciam na linha dos olhos e terminam na linha do nariz. Faça as linhas do pescoço.

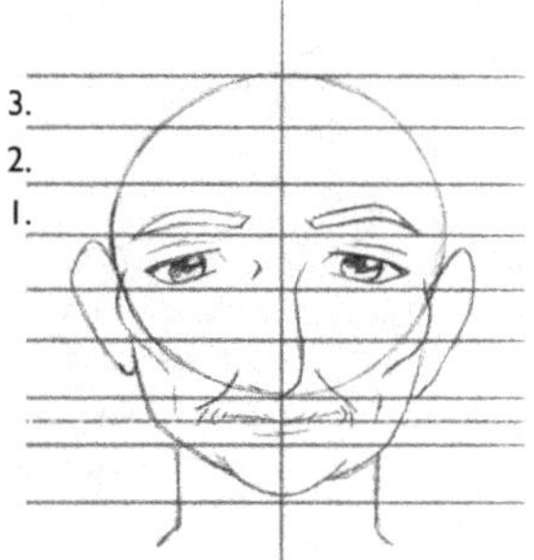

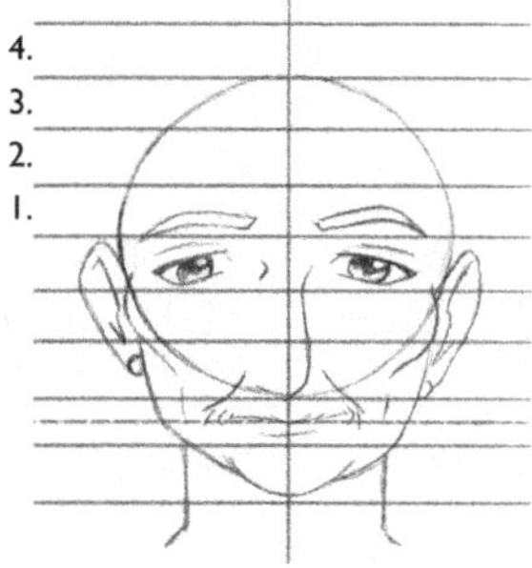

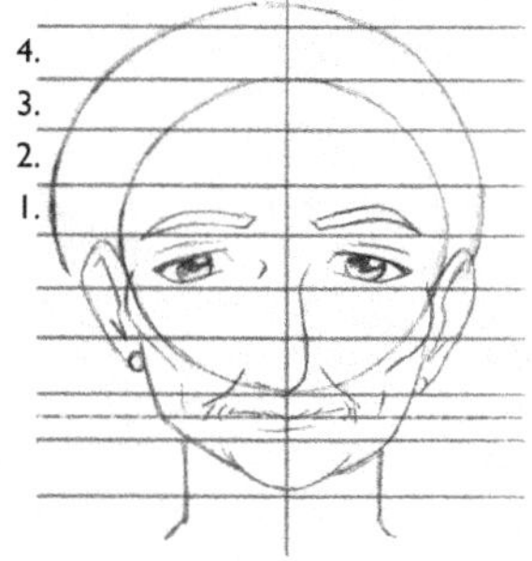

10) Divida a parte superior em três partes iguais, como foi feito na etapa 3.

11) No final da parte 2 se localiza o início da franja. Desenhe as mechas próximas aos olhos e adicione mais uma parte para cima.

12) Faça um semicírculo par-tindo da linha da parte 4 até a linha tracejada da boca.

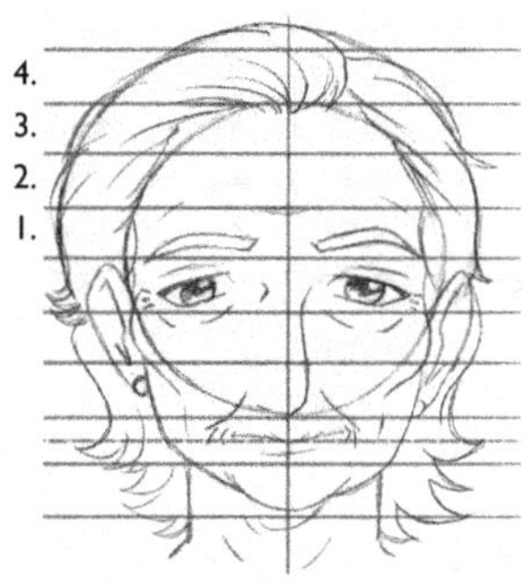

13) Agora, desenhe as mechas do cabelo, partindo deste círculo. Faça algumas rugas nos olhos e na boca, e deixe algumas linhas do rosto mais evidentes para revelar a idade. Apague as linhas de cons-trução e o desenho estará pronto.

3/4

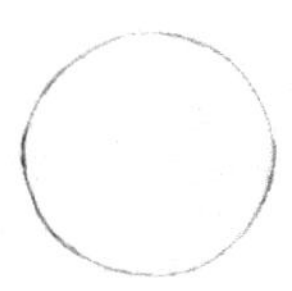

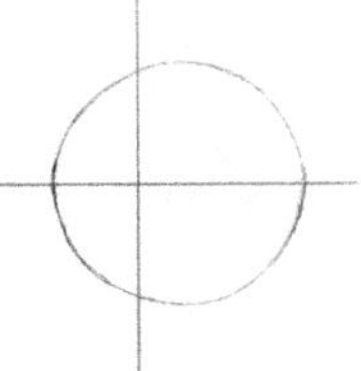

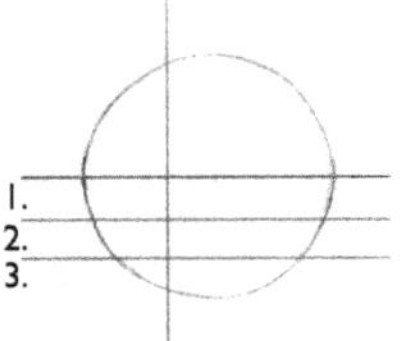

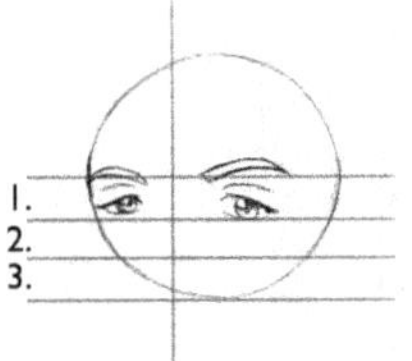

1) Seguindo o exercício anterior, iniciaremos a construção cabeça por meio de um círculo.

2) Divida o círculo em duas partes na horizontal. Como no exemplo, faça uma linha na vertical para dividir o círculo em duas partes, sendo a parte da esquerda menor.

3) Divida a metade de baixo em três partes iguais.

4) Na primeira parte ficarão os olhos. Coloque-os de forma que ocupem a altura desta parte.

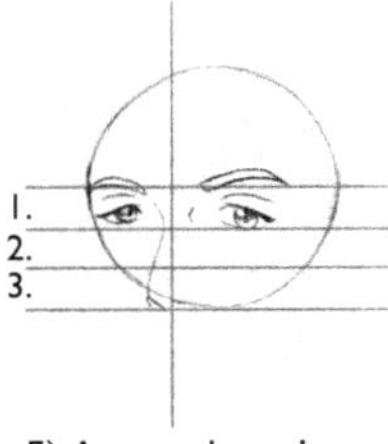

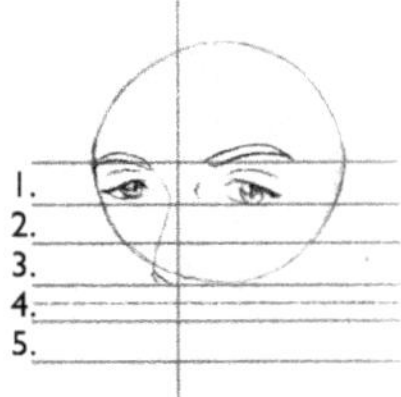

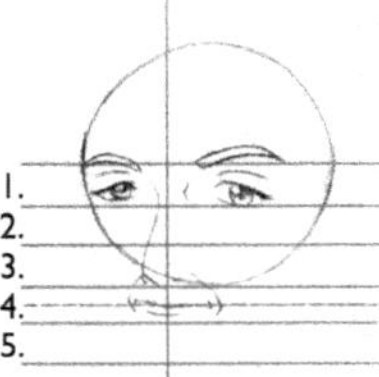

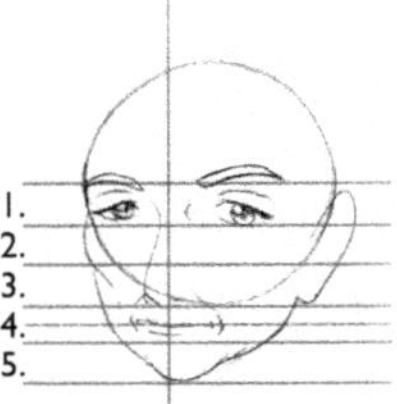

5) Agora, desenhe o nariz. Ele será da altura dos olhos até o final da terceira parte, e ficará no centro do círculo.

6) Adicione mais duas partes para baixo, sendo que a parte 4 deverá ser dividida ao meio com uma linha pontilhada.

7) Desenhe a linha do interlabial nesta marcação pontilhada. Ela será a localização da boca.

8) Agora, feche o limite do maxilar com linhas nas laterais e leve até a linha central.

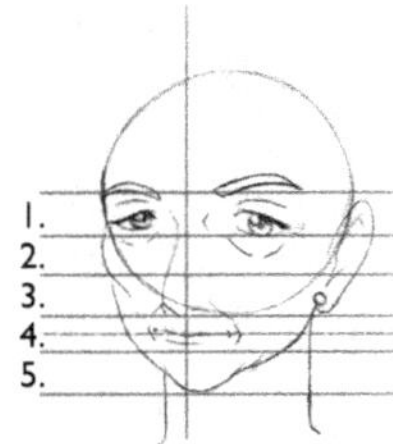

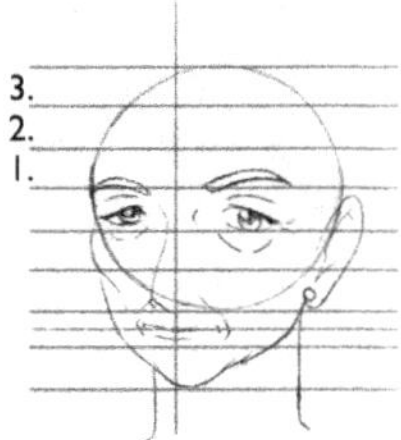

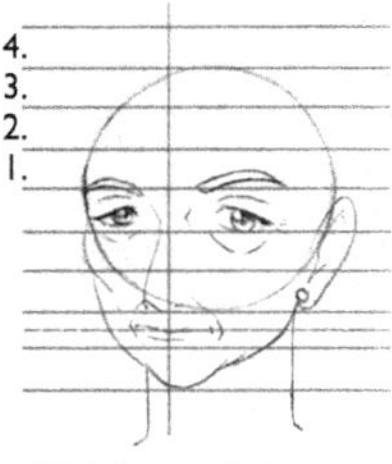

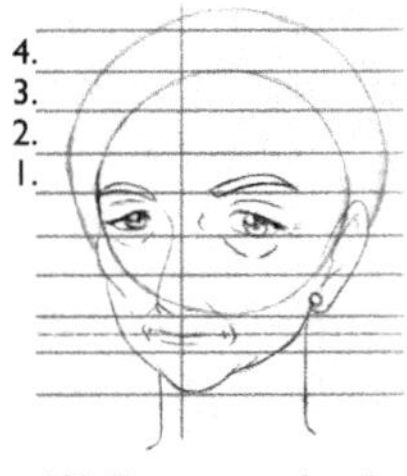

9) Desenhe a orelha no início da linha dos olhos e finalize na linha do nariz. Faça as linhas do pescoço.

10) Divida a parte superior em três partes como foi feito na etapa 3.

11) No final da parte 2 se localiza o início da franja. Em seguida, desenhe as mechas próximas aos olhos. Adicione uma parte para cima.

12) Faça um círculo partindo da linha final da parte 4 até a linha da boca.

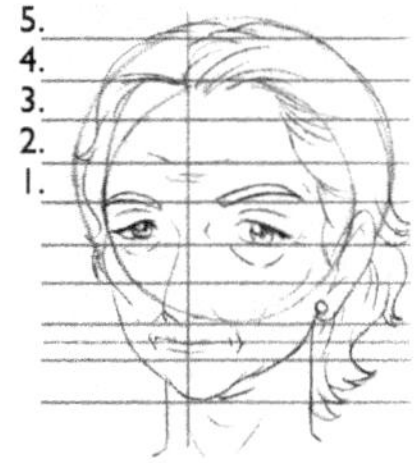

Perfil

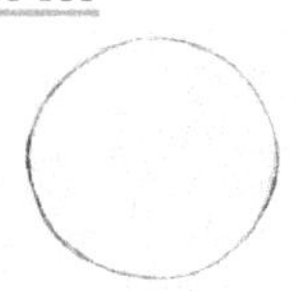

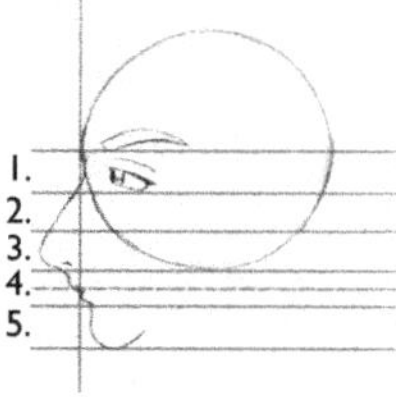

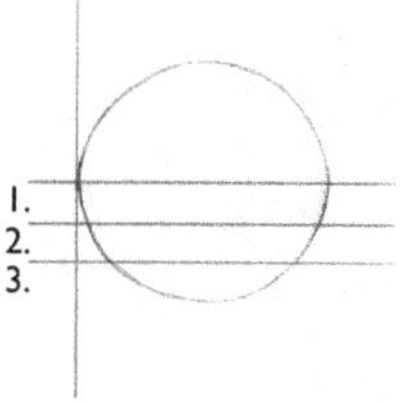

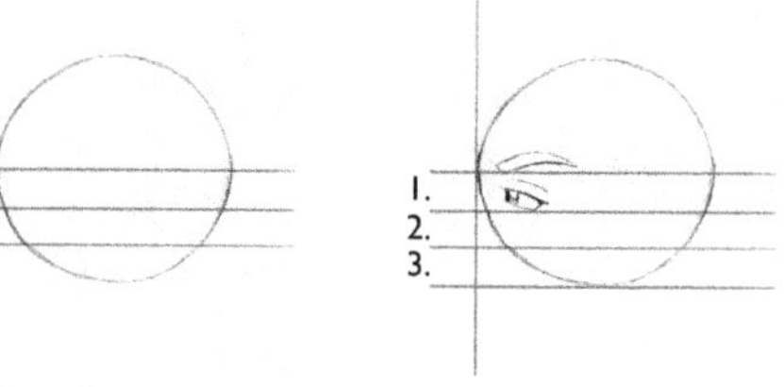

1) Inicie a construção da cabeça por meio de um círculo.

2) Divida o círculo em duas partes na horizontal. Depois, trace uma linha tangente à esquerda.

3) Divida a metade de baixo em três partes iguais.

4) Na primeira parte ficará o olho. Coloque-o de perfil, de forma que ocupe a altura total desta parte.

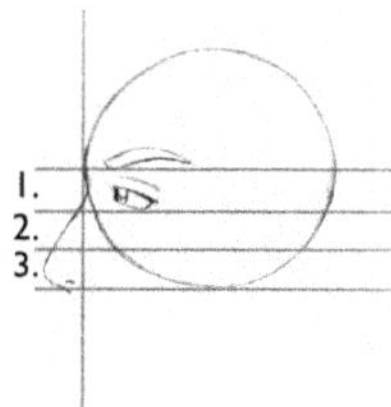

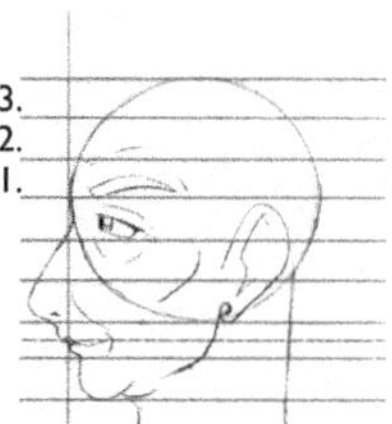

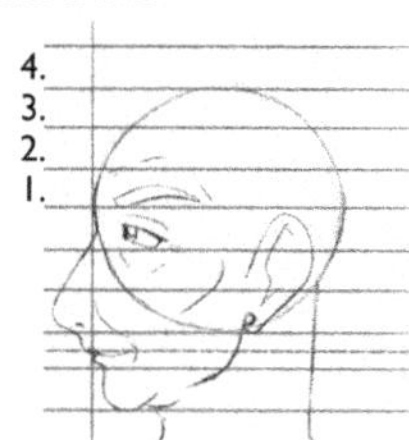

5) Agora, desenhe o nariz. O seu tamanho será da altura do olho até o final da terceira parte, ficando um pouco à frente da tangente vertical.

6) Adicione mais duas partes para baixo. A parte 4 deverá ser dividida ao meio com uma linha pontilhada.

7) Desenhe a linha interlabial nesta marcação pontilhada. Ela será a localização da boca. O comprimento da linha do interlabial deverá ser até a íris.

8) Desenhe o queixo e feche o limite do maxilar na lateral até a parte 4.

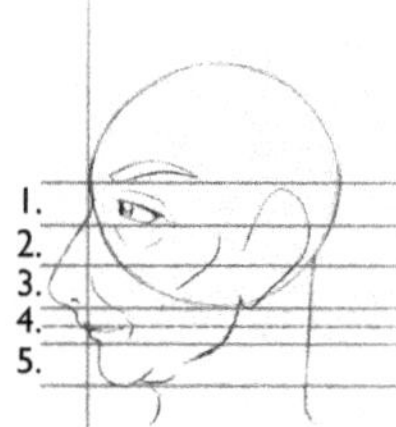

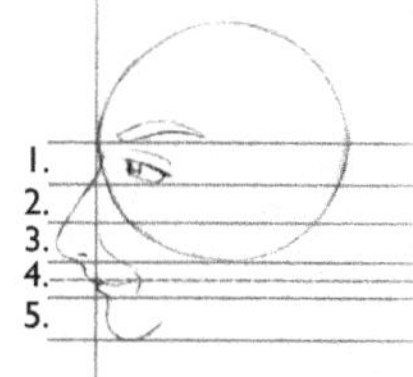

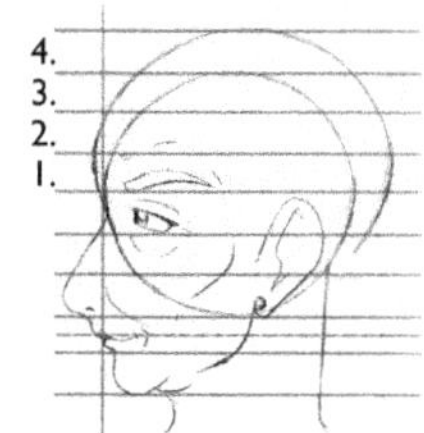

9) Desenhe a orelha no início da linha dos olhos e termine na linha do nariz. Faça as linhas do pescoço.

10) Divida a parte superior em três partes como foi feito na etapa 3.

11) No final da parte 2 localiza-se o início da franja. Em seguida, desenhe as mechas até próximo do olho. Coloque uma parte a mais acima do círculo.

12) Faça um semicírculo partindo da linha da parte 4 até a linha tracejada da boca.

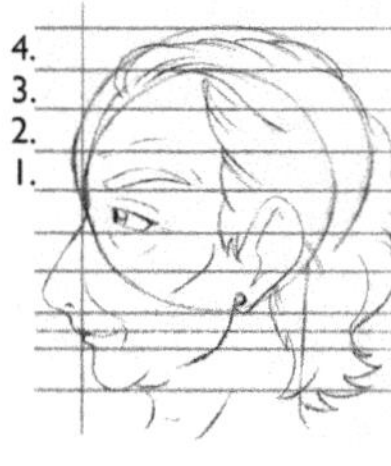

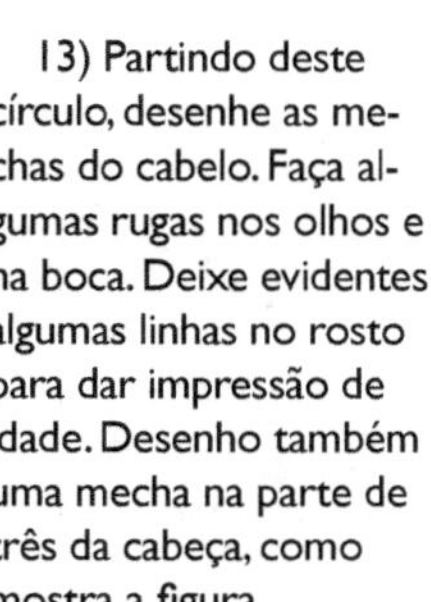

13) Partindo deste círculo, desenhe as mechas do cabelo. Faça algumas rugas nos olhos e na boca. Deixe evidentes algumas linhas no rosto para dar impressão de idade. Desenho também uma mecha na parte de trás da cabeça, como mostra a figura.

Cabelos

Nas personagens femininas, geralmente são elaborados com penteados e cores variadas. Em alguns estilos de mangá, os cabelos são responsáveis pela diferença entre personagens, além de dar um destaque maior à figura, deixando-a mais caracterizada.

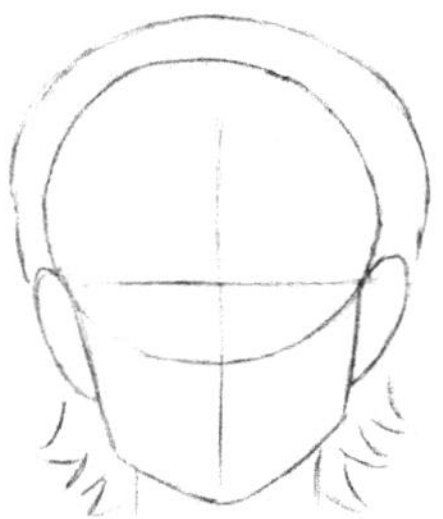 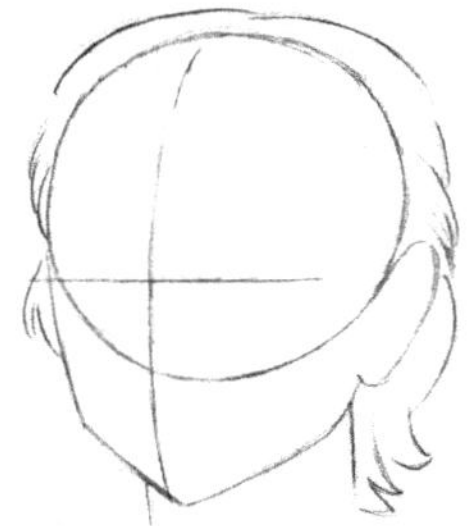 

1) Comece o desenho pela marcação inicial da construção do rosto, conforme já foi visto anteriormente: círculo inicial do desenho e a marcação do círculo do volume do cabelo.

2) Agora desenhamos as mechas do cabelo com base nas figuras elípticas, já fazendo o sentido do penteado, conforme as indicações acima.

  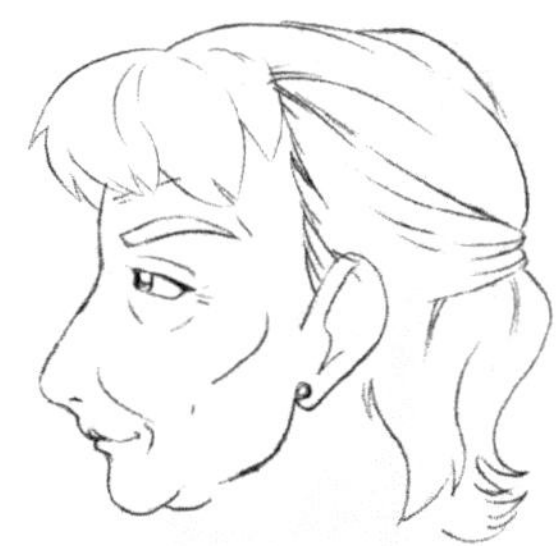

3) Siga finalizando o desenho e deixando as linhas principais para volume do cabelo.

Observe outros exemplos de cabelos abaixo:

Variações de idade

No mangá, o personagem idoso tem alterações nos elementos, como olhos, boca, nariz, cabelos e orelhas. Podemos notar que eles vão ficando com um aspecto cansado, ao contrário dos traços firmes de um personagem jovem. Observe abaixo a variação de idade em personagens idosos.

Alguns exemplos de personagens de diversas idades:

Anatomia idosa:
Proporções do corpo feminino

Corpo feminino

De acordo com a idade do personagem, alguns detalhes merecem atenção. Nas figuras abaixo, podemos observar que, com o passar dos anos, a personagem também vai passando por mudanças na cabeça, na postura (que começa a ficar curva) e na altura.

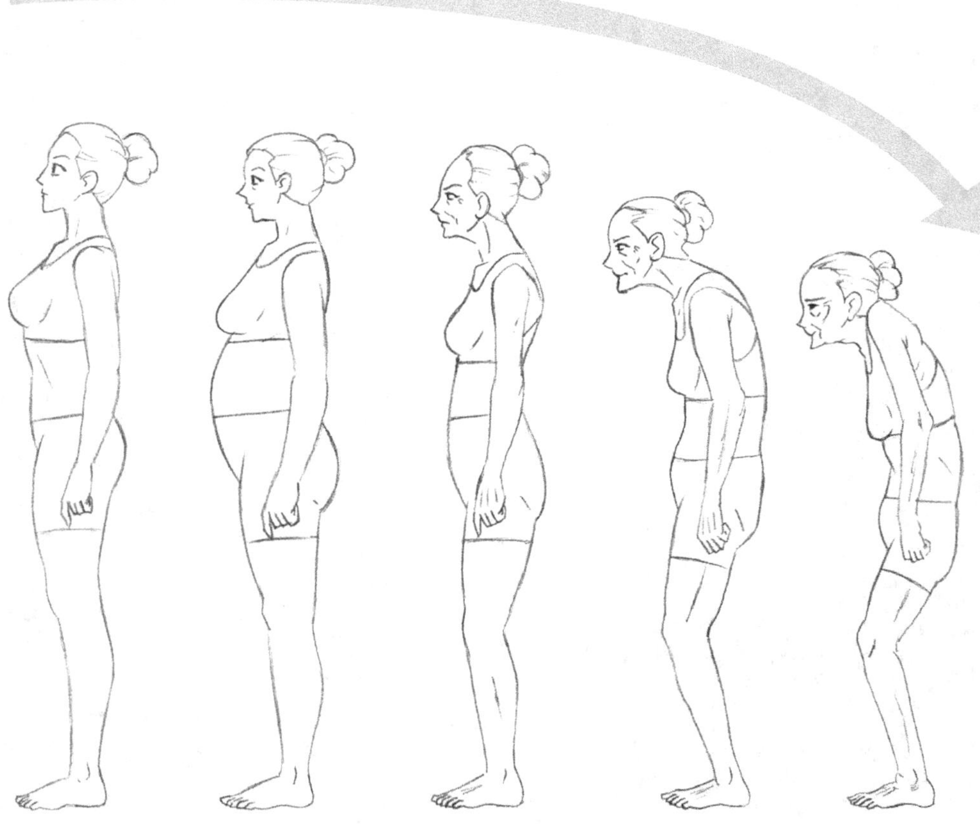

Na primeira personagem, temos uma postura mais ereta e seu tamanho real, com a coluna vertebral e joelhos retos. Já no último exemplo, temos uma figura com a coluna e os joelhos curvados. Note que braços e pernas ficam mais finos, deixando a personagem com um aspecto frágil.

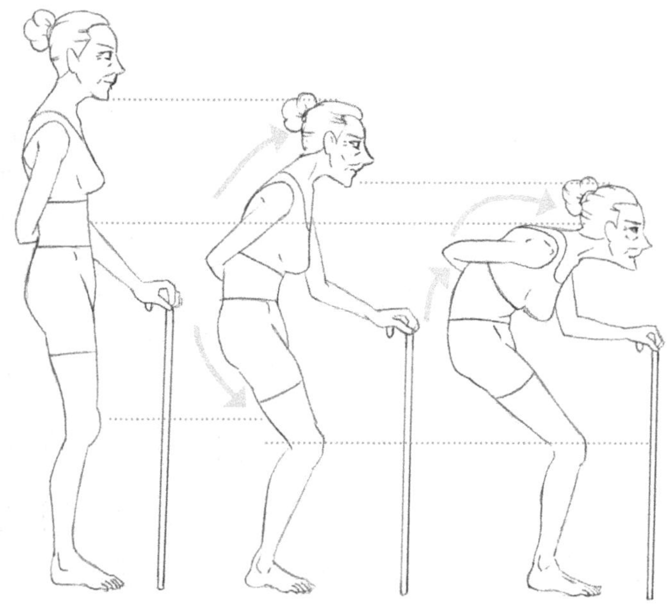

Observe a relação da envergadura da coluna e dos joelhos nos personagens. Conforme a idade aumenta, o corpo vai se adaptando e ocorre a diferença de altura.

A cabeça e o pescoço se posicionam de forma horizontal para compensar a curvatura das costas.

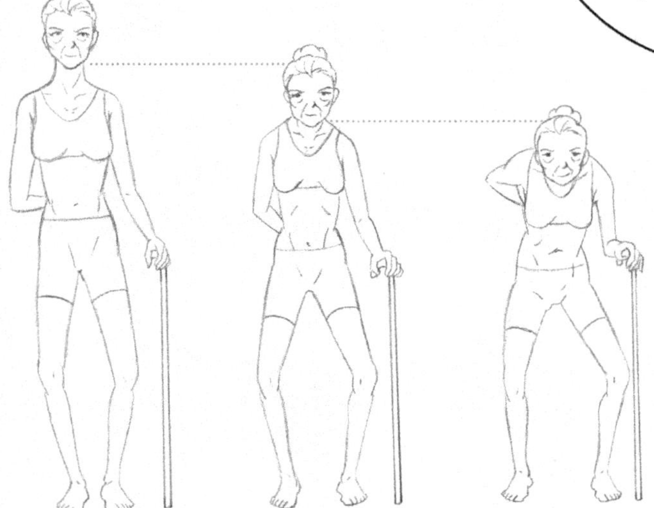

Em uma visão frontal, podemos observar que a linha dos ombros vai subindo para se adaptar à curvatura da coluna. Já a cabeça vai descendo e, consequentemente, diminuindo a altura total do personagem.

Frontal

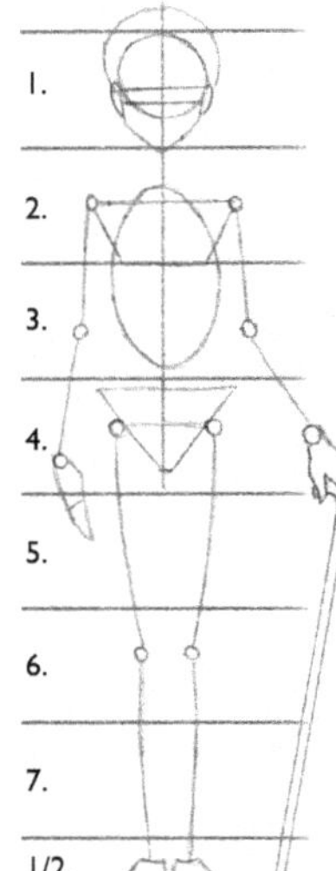

Na construção da figura feminina idosa, devemos começar identificando a altura. Para isso, utilizamos a medida da cabeça. Repetimos esta medida no total de sete vezes e meia para baixo, sempre marcando a linha de eixo vertical. Faremos as marcações da estrutura com linhas e figuras geométricas. Na altura da segunda cabeça ficam os ombros e o peito. Já na terceira cabeça ficam as costelas.

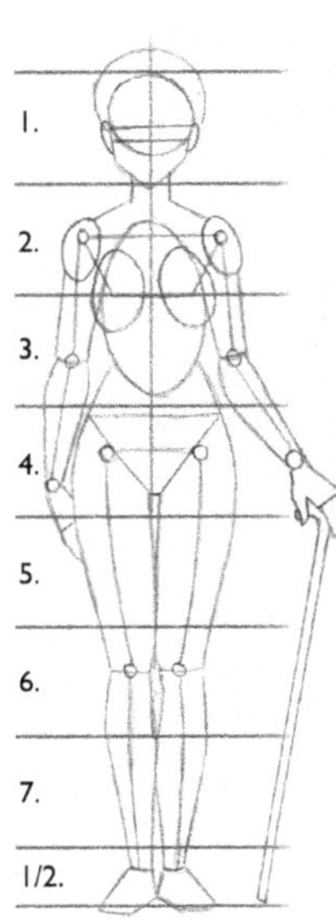

Note que a construção anterior foi uma base para o desenho do manequim. Na sequência, demarcaremos o restante das partes do corpo, como os cotovelos e a parte do quadril. Na quarta cabeça estão os pulsos, o começo das coxas e as mãos, além do cabo da bengala. No meio da sexta cabeça ficam os joelhos. Na sétima e meio, encontram-se as pernas, os calcanhares e os pés, não esquecendo do final da bengala. Em seguida, preencha os espaços, colocando os volumes e as massas das partes do corpo. Com as figuras geométricas, dê forma aos braços, seios e ao quadril, às coxas, às pernas e aos pés.

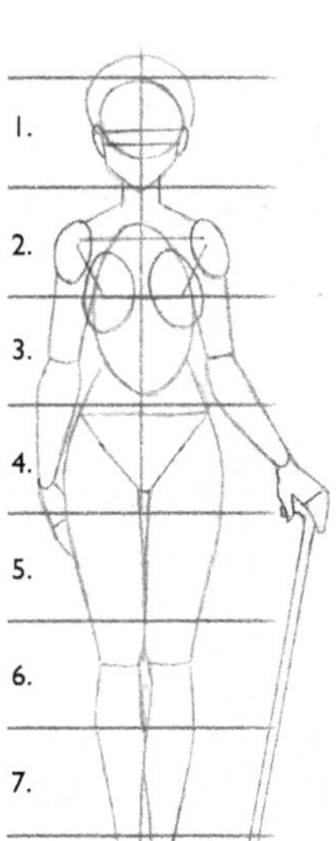

No próximo passo, apague as linhas desnecessárias para facilitar o processo. Agora, devemos definir o rosto e fazer todas as marcações do corpo, como os músculos, as mãos e os pés. Terminado o desenho, faça as roupas.

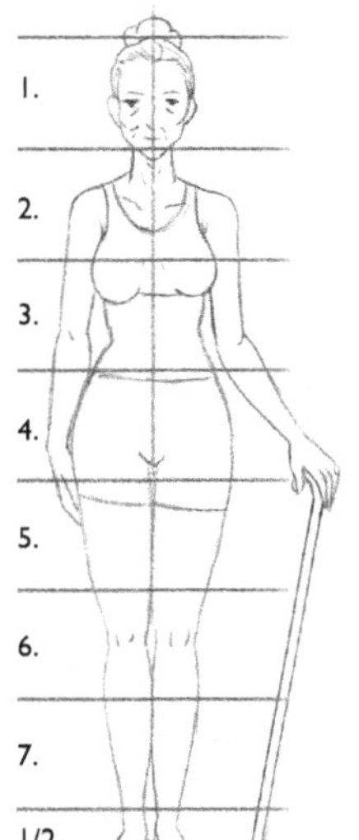

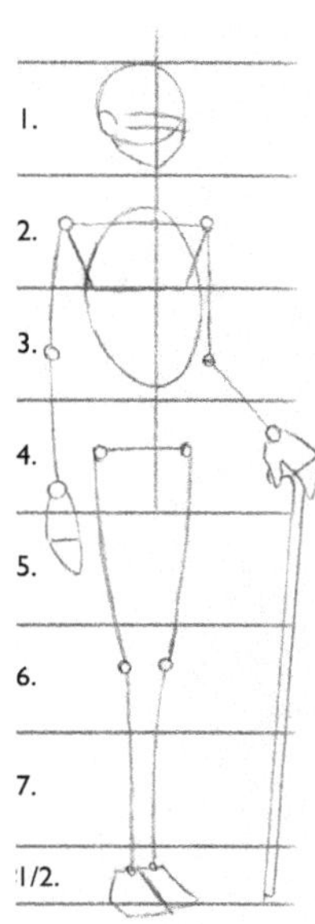

Na construção da figura humana masculina, devemos começar identificando a altura do personagem, porém, como a posição não é frontal, a linha de eixo será deslocada para a esquerda, o que dará a impressão de que um lado é maior do que o outro. Repetimos a medida da cabeça no total de sete vezes e meia para baixo, marcando a linha de eixo vertical. Faremos as marcações da estrutura com linhas e figuras geométricas. Na altura da segunda cabeça, ficam os ombros e o peito. Já na terceira cabeça, ficam as costelas.

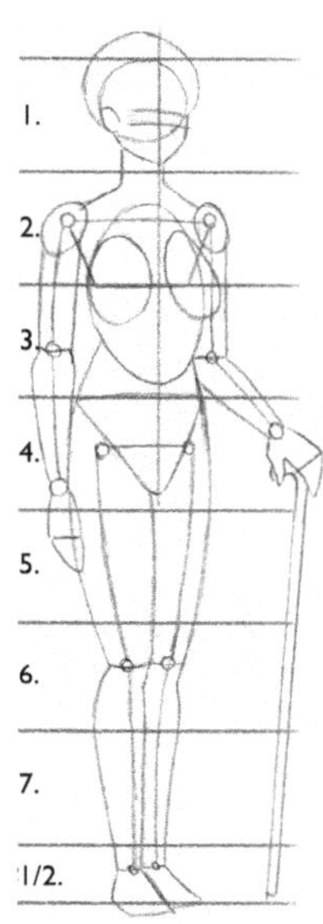

Note que a construção anterior foi uma base para o desenho do manequim. Na sequência, demarcaremos o restante das partes do corpo, como os cotovelos e parte do quadril. Na quarta cabeça estão os pulsos, o começo das coxas, mãos e bengala. Na sexta cabeça ficam os joelhos. Na sétima e meia, ficam as pernas, calcanhares, pés e o fim da bengala. Em seguida, preencha os espaços, colocando os volumes e as massas das partes do corpo. Com as figuras geométricas, dê forma aos braços, seios, quadril, coxas, pernas e pés.

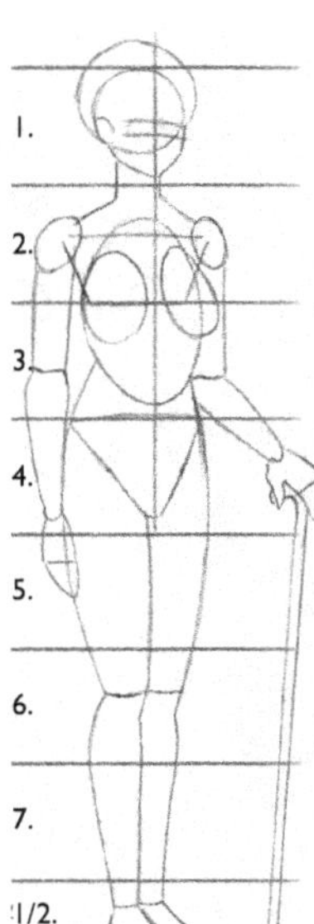

No próximo passo, apague as linhas desnecessárias para facilitar o processo. Agora, devemos definir o rosto e fazer todas as marcações do corpo, como os músculos, as mãos e os pés. Terminado o desenho, faça as roupas.

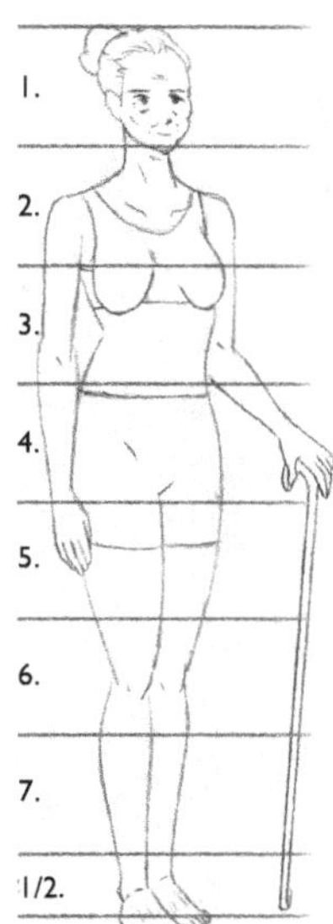

Perfil

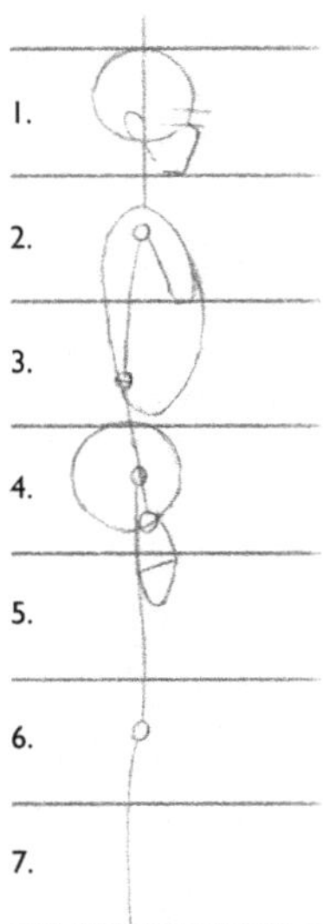

A linha de eixo vertical ficará no meio do corpo, para que a figura e seus elementos pareçam estar de lado. Após identificar a altura do personagem, repetimos a medida da cabeça no total de sete vezes e meia para baixo e marcamos a linha de eixo vertical. Faremos as marcações da estrutura com linhas e figuras geométricas. Na altura da segunda cabeça ficam os ombros e o peito. Na terceira cabeça ficam as costelas.

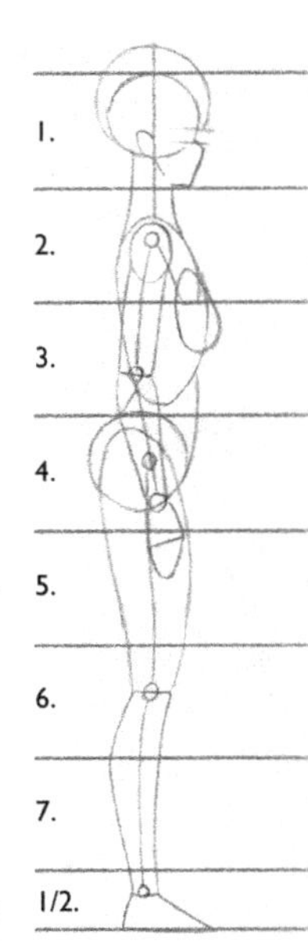

Note que a construção anterior foi uma base para o desenho do manequim. Na sequência, demarcaremos o restante das partes do corpo, como os cotovelos e parte do quadril. Na quarta cabeça estão os pulsos, o começo das coxas e as mãos. No meio da sexta cabeça ficam os joelhos. Na sétima e meia, ficam as pernas, os calcanhares e os pés. Em seguida, preencha os espaços, colocando os volumes e as massas das partes do corpo. Com as figuras geométricas, dê forma aos braços, seios, ao quadril, às coxas, às pernas e aos pés.

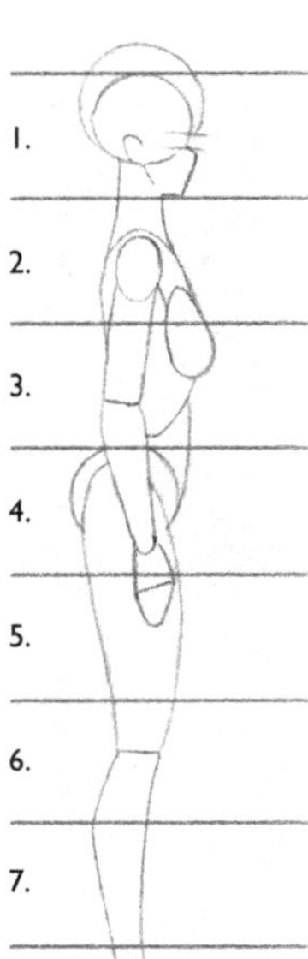

No próximo passo, apague as linhas desnecessárias para facilitar o processo. Agora, devemos definir o rosto e fazer todas as marcações do corpo, como os músculos, as mãos e os pés. Terminado o desenho, faça as roupas.

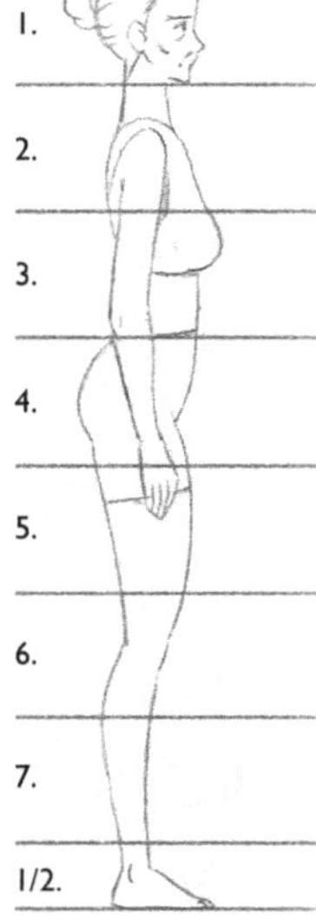

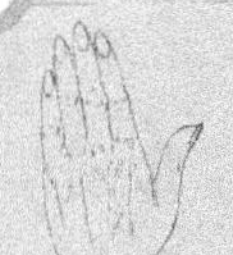

Mãos

As mãos e suas formas de construção sempre são baseadas em figuras geométricas. Porém, elas podem variar de tamanho, e com os idosos não é diferente.

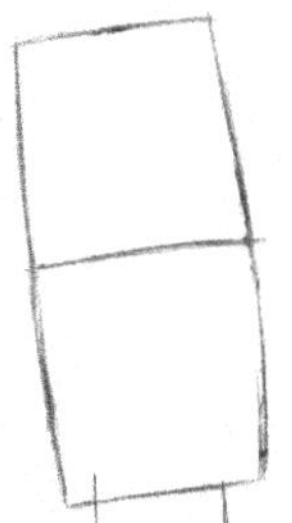

1) Inicie a construção com um retângulo.

2) Com uma linha curva, divida o retângulo ao meio, marcando o local do pulso na parte inferior, como mostra a imagem.

3) Na metade inferior, encaixe o dedo polegar, que ocupará metade do espaço na vertical e uma parte para fora do retângulo.

4) Divida a parte superior em quatro linhas verticais. Assim, teremos os espaços dos dedos.

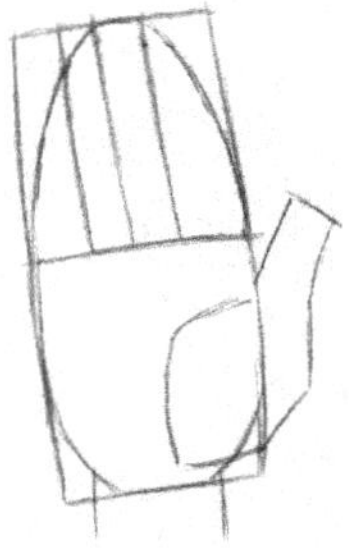

5) Na parte superior, onde estão localizados os dedos, arredonde as pontas.

6) Faça ajustes nos dedos, colocando mais curvas, de maneira que fiquem mais finos. Terminados os traçados, basta apagar as linhas desnecessárias e definir o desenho.

Observe outros exemplos de mãos envelhecidas:

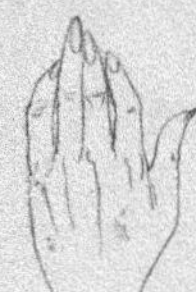

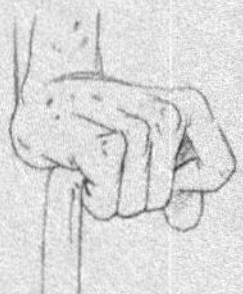

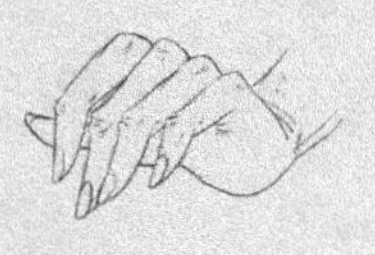

Pés

Os pés dos idosos são cheios de linhas e têm uma aparência mais envelhecida. No entanto, o esquema de construção é o mesmo do pé de um adulto.

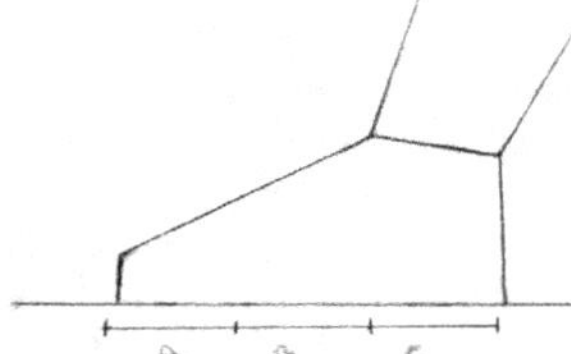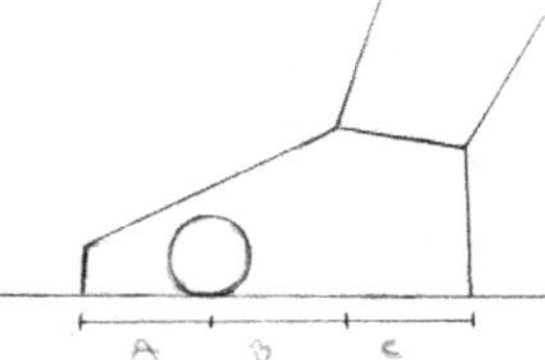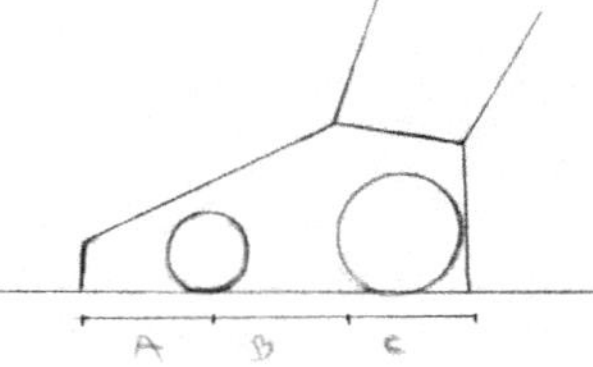

A) Conforme o passo a passo acima, devemos traçar uma linha na horizontal, que deve ser dividida em três partes iguais.

B) Na construção da altura, aplique a linha uma parte e meia para cima. Entre as partes A e B da linha horizontal, desenhe um círculo com a altura de meia parte da medida A.

C) Desenhe outro círculo com a largura da parte C.

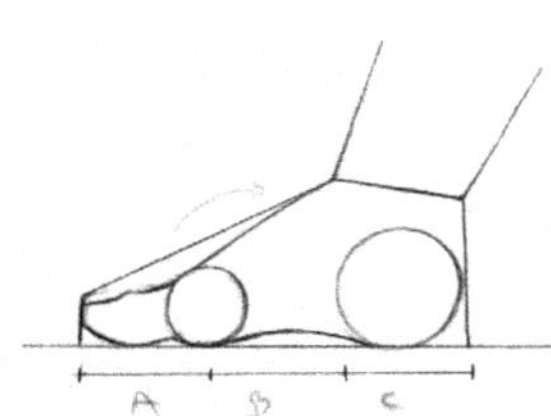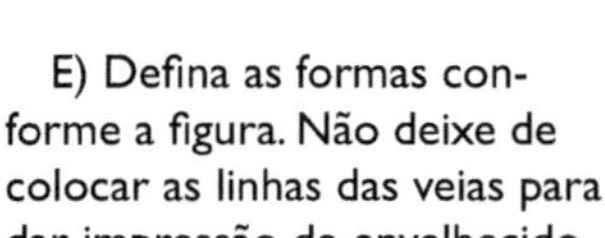

D) Na sequência, marque uma linha na parte superior com a metade da altura do círculo menor. Ela deve começar no início da parte C, passar pelo centro do círculo e terminar no início da parte A.

E) Defina as formas conforme a figura. Não deixe de colocar as linhas das veias para dar impressão de envelhecido.

Observe outros exemplos de pés em diferentes ângulos:

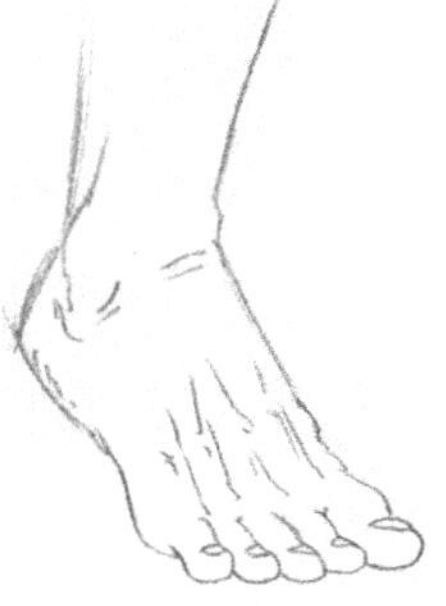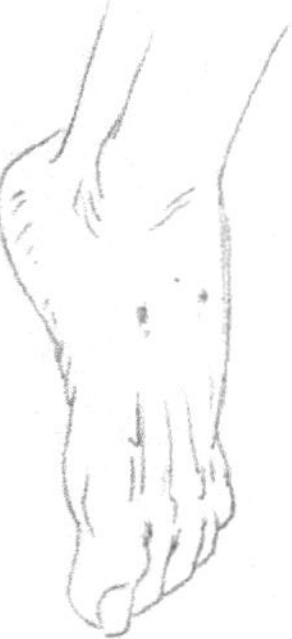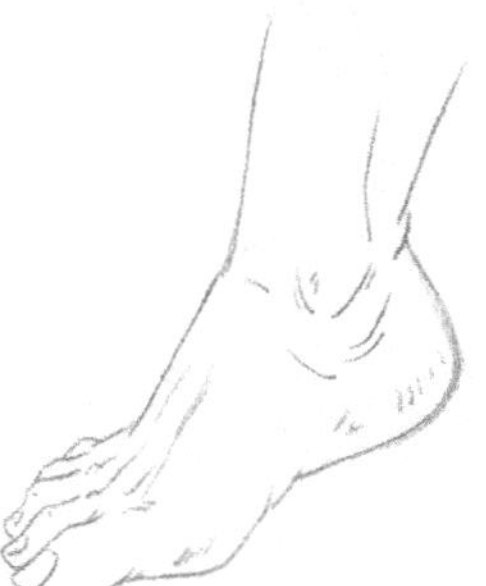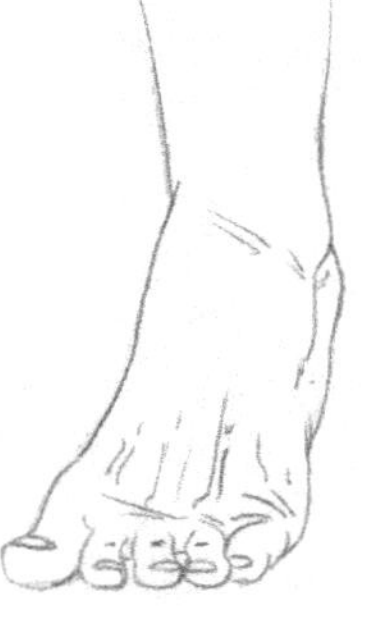

Vestimentas:
Dobras e texturas

Vestimentas

As roupas femininas são ricas em modelos e detalhes. Ainda que seja uma peça mais simples, a quantidade de estampas são inúmeras. O modo de fazer as dobras dessas roupas é bem parecido com outras vestimentas.

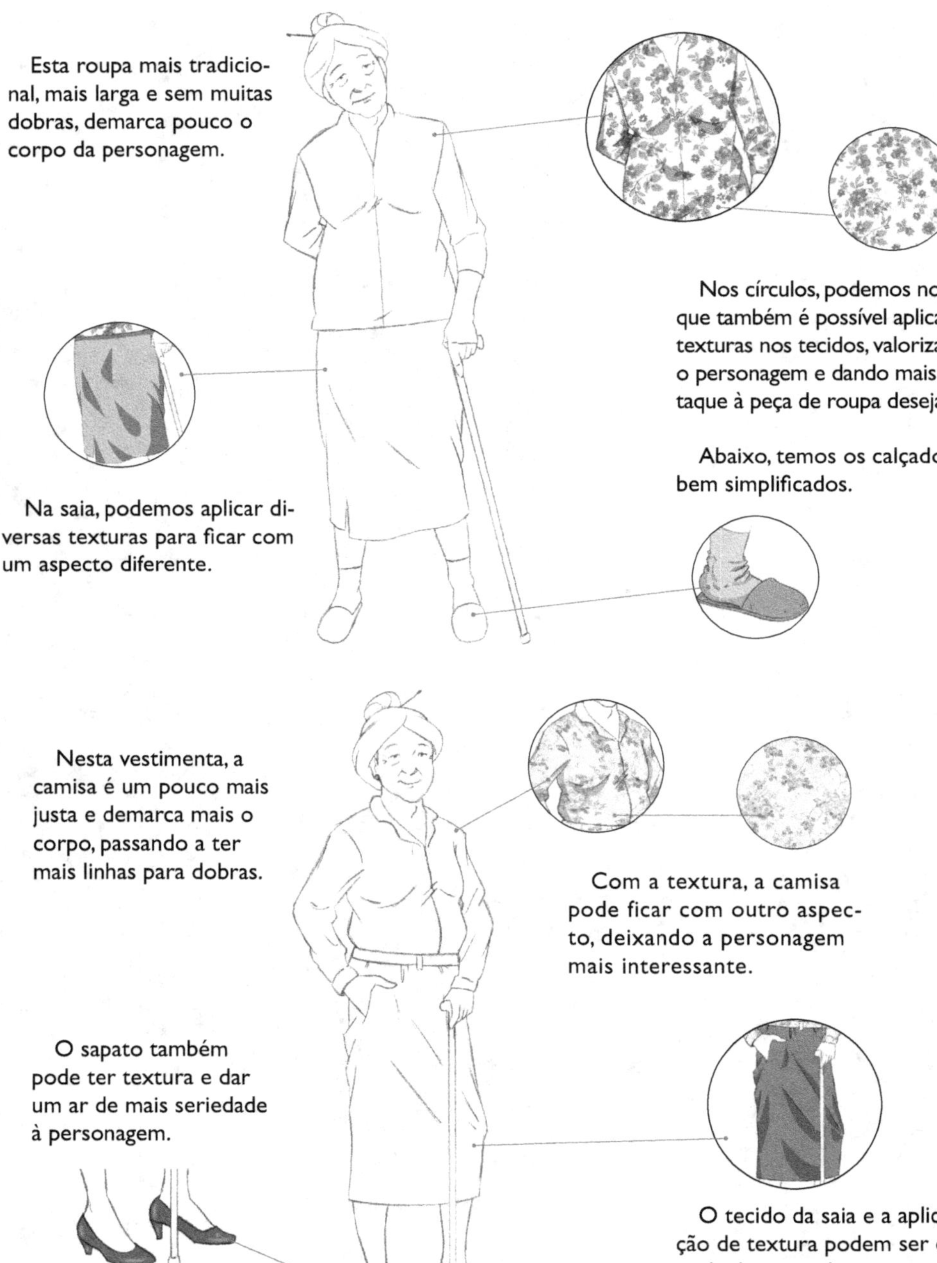

Esta roupa mais tradicional, mais larga e sem muitas dobras, demarca pouco o corpo da personagem.

Na saia, podemos aplicar diversas texturas para ficar com um aspecto diferente.

Nos círculos, podemos notar que também é possível aplicar texturas nos tecidos, valorizando o personagem e dando mais destaque à peça de roupa desejada.

Abaixo, temos os calçados bem simplificados.

Nesta vestimenta, a camisa é um pouco mais justa e demarca mais o corpo, passando a ter mais linhas para dobras.

O sapato também pode ter textura e dar um ar de mais seriedade à personagem.

Com a textura, a camisa pode ficar com outro aspecto, deixando a personagem mais interessante.

O tecido da saia e a aplicação de textura podem ser desenhados para dar um aspecto mais refinado à peça.

Robôs

Robôs do mangá

O tema robô é muito explorado em mangá e, geralmente, é retratado como máquinas avançadas que possuem vida autônoma, com uso de inteligência artificial. Eles fazem grande sucesso tanto como vilões quanto como heróis. Existem diversos tipos de robôs. Os ciborgues (do inglês *cibernetic organism*, ou organismo cibernético, em português) são humanos que recebem partes mecânicas adaptadas ao seu corpo. Já os androides são robôs autômatos, com aparência humana, mas também considerados humanoides - ou seja, cópia mecanizada do humano. Por último, temos os mechas (do inglês *mechanical*, ou mecânico, em português), que são os robôs gigantes, geralmente controlados por pilotos.

Ao desenhar um robô, por mais complicado que possa parecer, você deve basear-se em objetos já existentes e misturá-los em uma única estrutura base. Assim, você conseguirá o primeiro esboço da figura. No exemplo acima, temos a mistura dos faróis de um carro, que formaram os olhos; uma escavadeira, usada para a boca; uma televisão como base para o rosto; suas antenas para as orelhas; e um interruptor de luz para o nariz, formando-se, assim, a cabeça do robô.

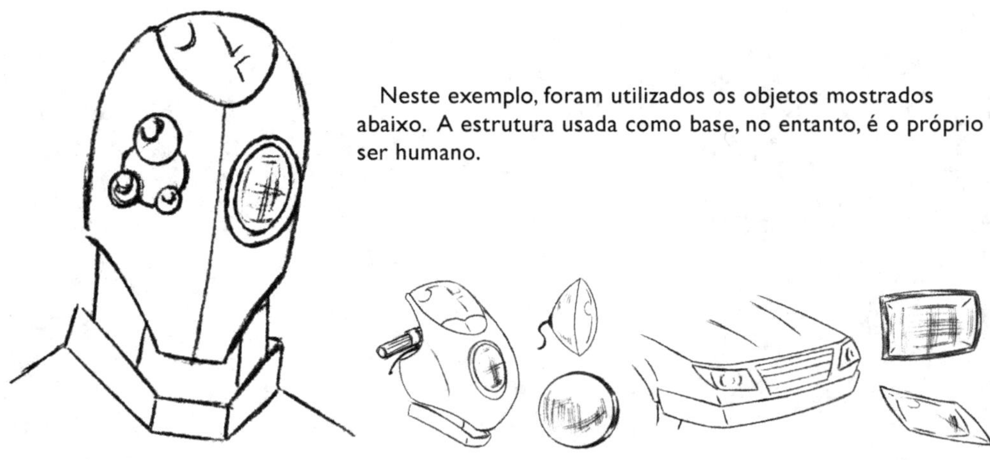

Neste exemplo, foram utilizados os objetos mostrados abaixo. A estrutura usada como base, no entanto, é o próprio ser humano.

Se a construção do nariz do robô for inspirada no nariz humano, ele deve ser geométrico e manter a elevação. Os olhos também adquirem formas geometrizadas e com profundidade.

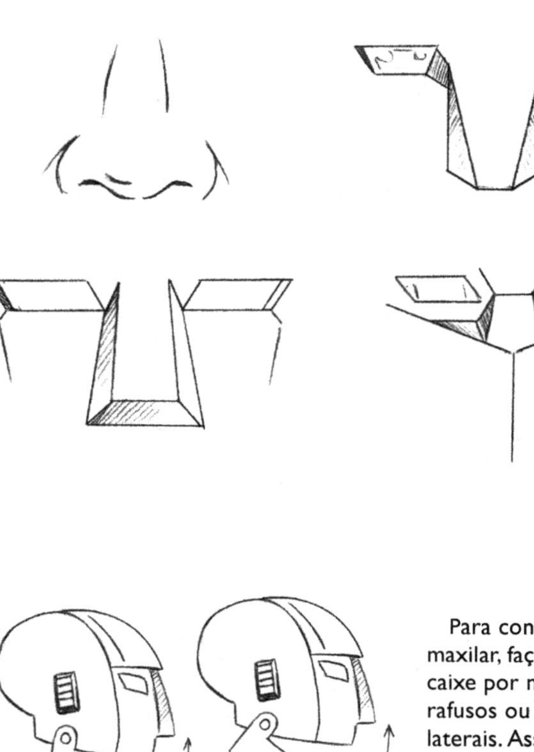

Para construir o maxilar, faça um encaixe por meio de parafusos ou pinos nas laterais. Assim, tem-se a ideia do movimento da mandíbula.

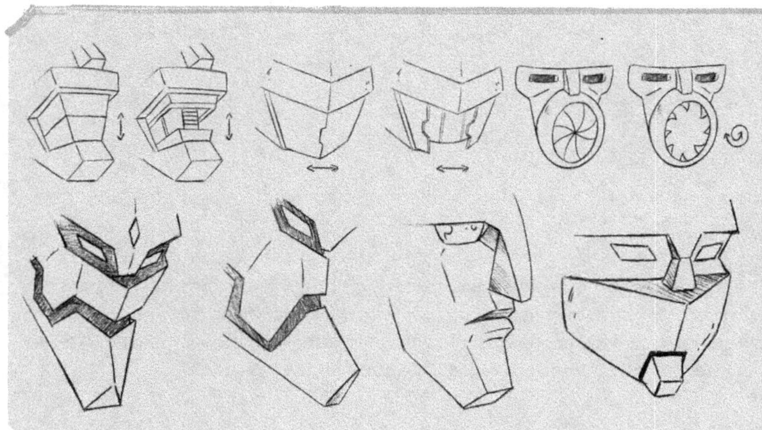

Existem também outros exemplos de mandíbulas para robôs, com movimentos diferenciados. Dos formatos mais comuns aos mais estranhos, as mandíbulas também podem não ter movimento algum.

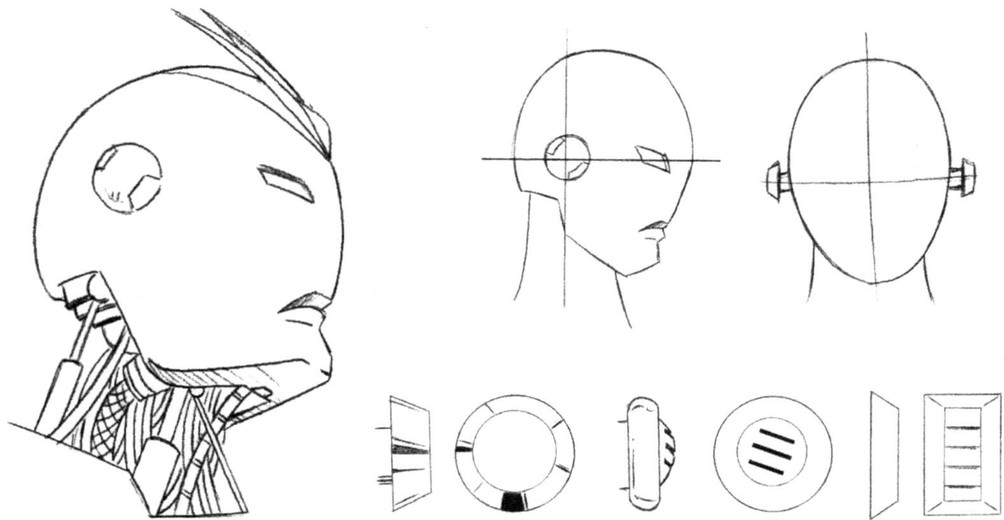

Para desenhar as orelhas de um robô, devemos torná-las geométricas. As formas mais utilizadas são os círculos e os retângulos, e podem ser adicionadas à parte de fora da cabeça ou podem ser internas, como um furo equivalente aos ouvidos. Na maior parte dos casos, as orelhas são bem simplificadas.

Ao construir a cabeça de um robô que seja muito parecido com um ser humano (humanoide), sempre procuramos manter suas principais características, transformando-as em formas geometrizadas. Basta representar cada parte com chapas retas, interligadas e simplificadas, de forma que todos os elementos que compõem o rosto continuem identificados.

Os robôs possuem uma grande quantidade de cabos e fios nas articulações que formam seus ligamentos, assemelhando-se aos tendões do corpo humano. Muitas vezes, estes fios são retorcidos e, quando cortados, ficam expostos sob a capa que os cobre. Veja nos exemplos alguns tipos de fios:

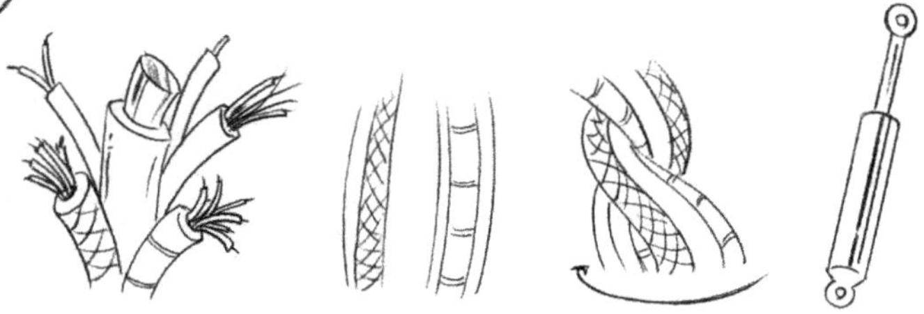

Independentemente do formato da cabeça ou do corpo robótico, teremos situações parecidas.

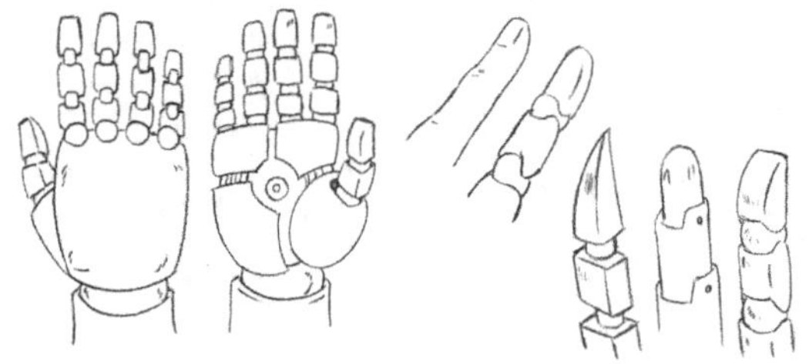

Para construir as mãos do robô, observe que as articulações possuem uma série de encaixes, representando a mão de um ser humano. Essas articulações são desenhadas com parafusos ou pinos, e as formas geométricas dos dedos costumam ser cilíndricas no corpo e cônicas nas pontas.

Podemos observar que a estrutura óssea do ser humano é usada como referência para a construção do pé robótico. A diferença é que este possui amortecedores, suspensões, molas e chapas de aço.

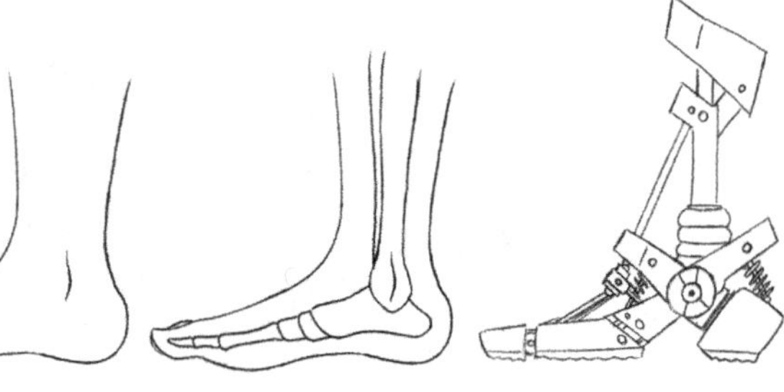

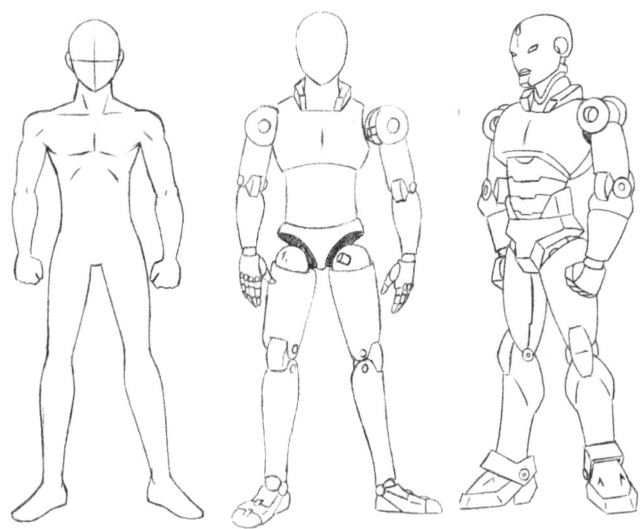

Inicie o desenho do seu robô com uma figura humana. No processo de criação, trabalhe com peças mecânicas que melhor se adequem à forma desejada. Por exemplo: faça roldanas para os ombros, um tubo cilíndrico para o braço, ou uma dobradiça para cotovelos e joelhos. As coxas e as pernas podem ser desenhadas com tubos cônicos. O tórax, o abdômen e a pélvis são elaborados com grossas chapas de aço ou folhas de flandres.

Veja, abaixo, outros exemplos de robôs com base em figuras humanas e geométricas. As variações aparecem nas pernas, braços e em outros equipamentos para locomoção autônoma.

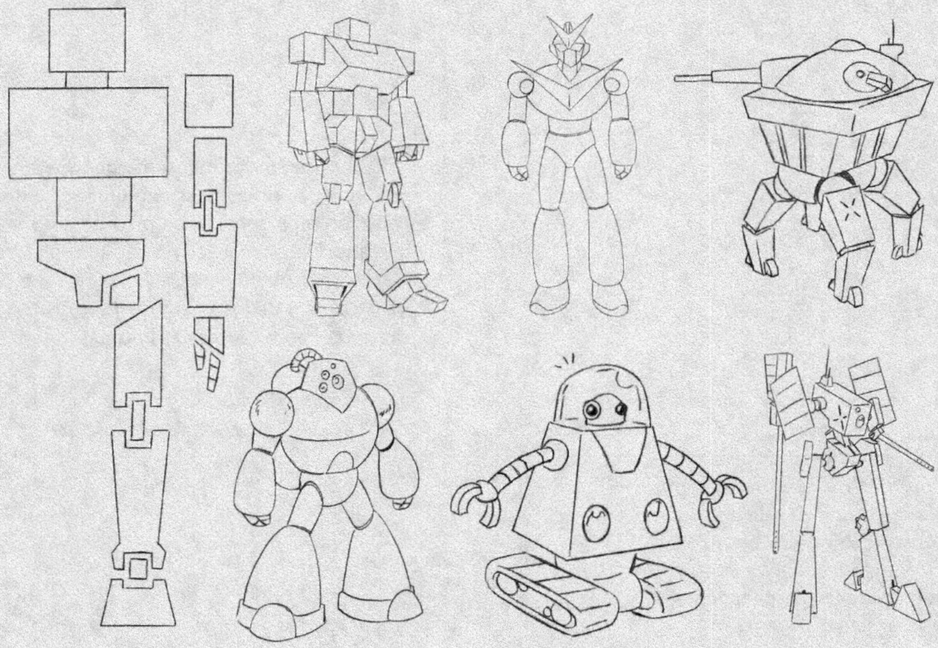

Cenários:

Pontos de fuga

Elementos da perspectiva

Os elementos que compõem a perspectiva são a linha do horizonte, o ponto de vista, o ponto de fuga e as linhas de fuga. Esses elementos determinam o ângulo visual para o desenho e, quando usados de forma correta, geram resultados impactantes na imagem.

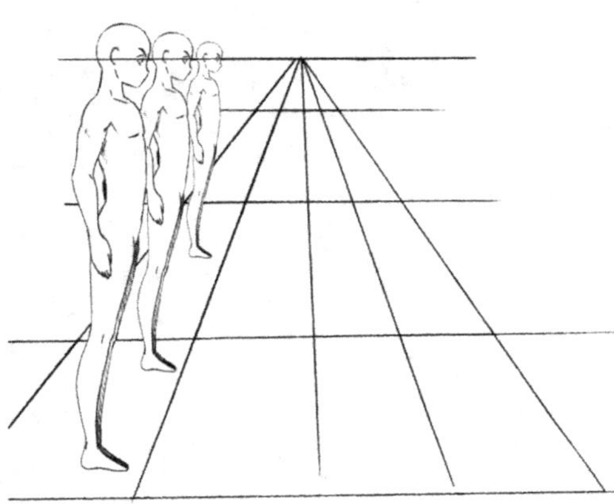

A linha do horizonte (LH) representa o nível dos olhos do observador. Em uma paisagem, ela é a linha que separa o céu da terra.

O ponto de vista (PV) é a visão do personagem em relação à linha do horizonte e à profundidade. Geralmente, é o ponto entre a linha do horizonte e uma linha vertical imaginária que cruza a tela. Ou seja, o local para onde o observador está olhando.

O ponto de fuga (PF) é o local pelo qual as linhas se convergem, formando perspectiva. Dependendo da cena, o ponto de fuga pode estar na linha do horizonte ou fora dela.

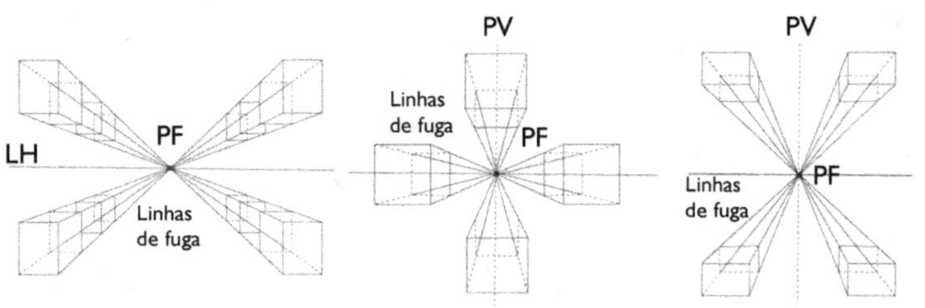

As linhas de fuga são imaginárias e têm a função de retratar a perspectiva, direcionando-a para o ponto de fuga. Com o auxílio de uma régua, podemos observá-la nas figuras acima. É possível desenvolver inúmeros cenários utilizando a perspectiva.

A perspectiva oblíqua é feita com dois pontos de fuga em cena. Quando isto ocorre, o cubo, por exemplo, fica com duas arestas voltadas para o observador. Neste caso, as linhas fugantes não são usadas na horizontal.

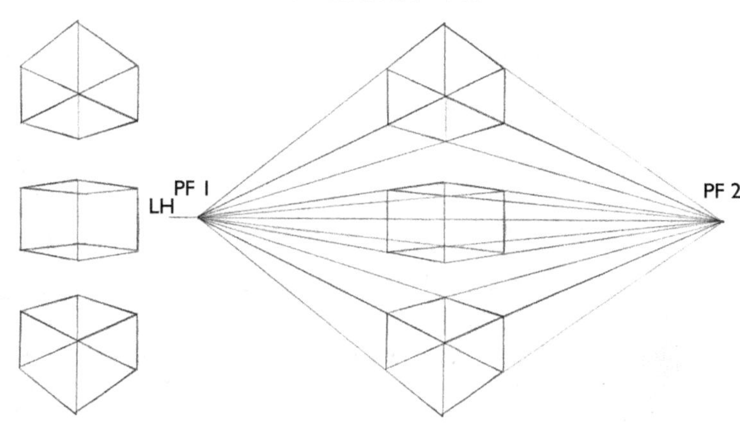

Para construir uma casa com dois pontos de fuga, usamos o mesmo conceito. É preciso seguir fielmente a referência dos pontos de fuga, trabalhando com um cubo para iniciar o desenho.

Os elementos internos também devem seguir para os pontos de fuga, a fim de criar harmonia na cena.

Para finalizar, apague as linhas desnecessárias e defina o desenho da casa.

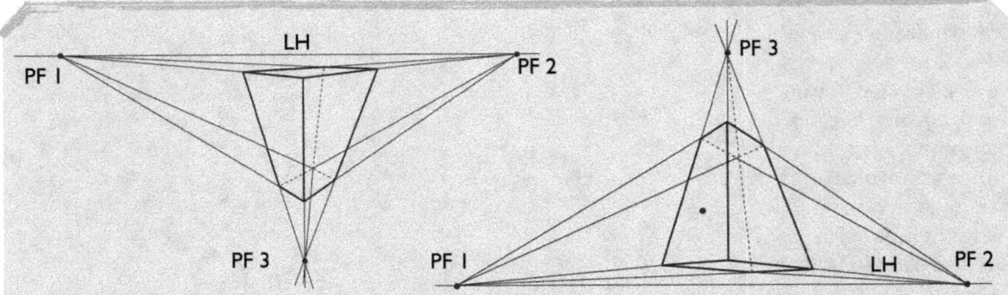

Na perspectiva aérea são utilizados três pontos de fuga para representar a imagem de forma tridimensional. Dois dos pontos ficam na linha do horizonte, e o terceiro é feito na vertical, acima ou abaixo desta linha. Todas as linhas convergentes deslocam-se para os pontos de fuga.

Esta é a perspectiva de esgoto e tem a mesma característica da perspectiva aérea com três pontos de fuga. A diferença é que o ângulo é marcado acima da linha do horizonte.

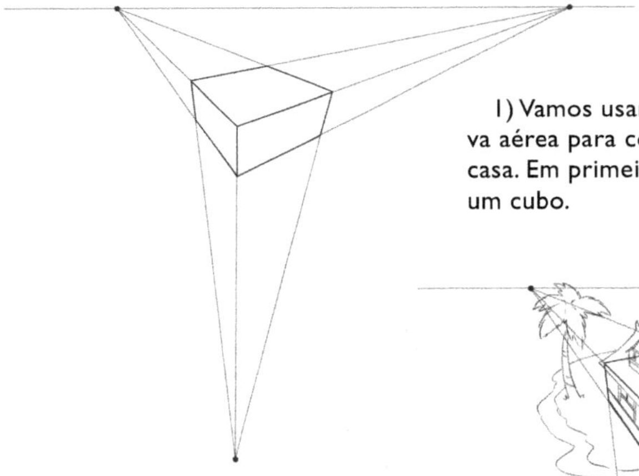

1) Vamos usar a perspectiva aérea para construir uma casa. Em primeiro lugar, faça um cubo.

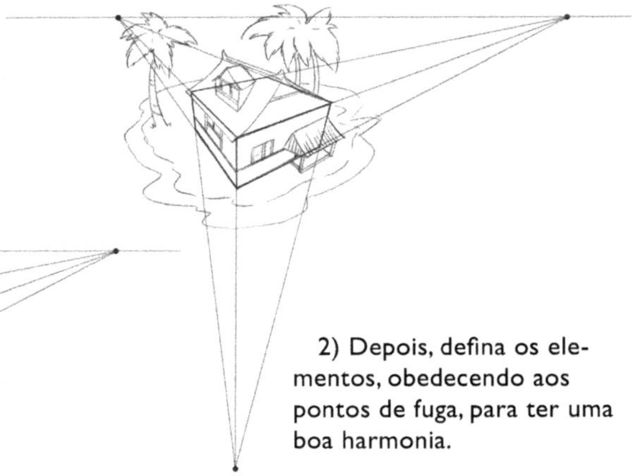

2) Depois, defina os elementos, obedecendo aos pontos de fuga, para ter uma boa harmonia.

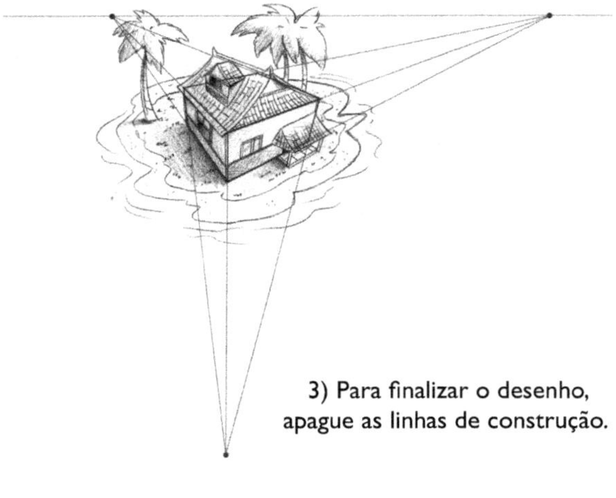

3) Para finalizar o desenho, apague as linhas de construção.

Arte-final

Materiais

Existem muitas formas de se fazer a arte-final de um desenho, além da variedade de materiais existentes, como bico de pena, caneta nanquim (recarregáveis e descartáveis), pincéis, e outros materiais de apoio para auxiliar na criação de efeitos.

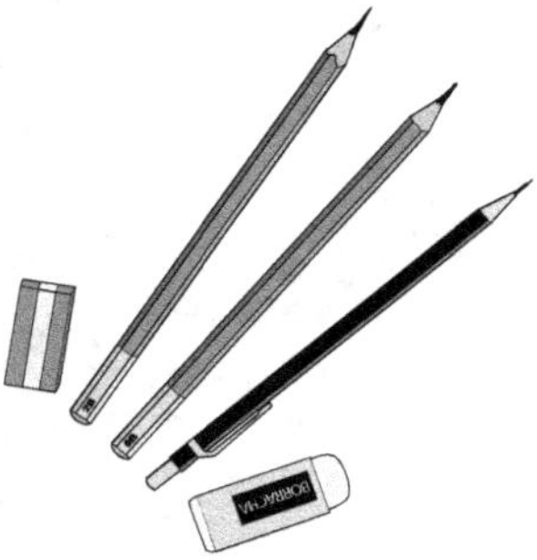

Nanquim

Guache

Além do principal, a tinta nanquim preta, as réguas, os gabaritos e a curva francesa são muito importantes para auxíliar na finalização das linhas durante o processo da arte-final. Com a curva francesa, é possível dar o acabamento nas linhas curvas; com o gabarito, podemos fazer os círculos, e com a régua é possível finalizar grandes áreas retas.

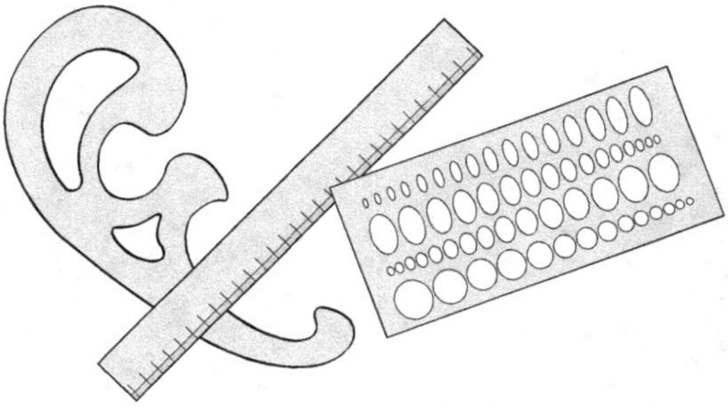

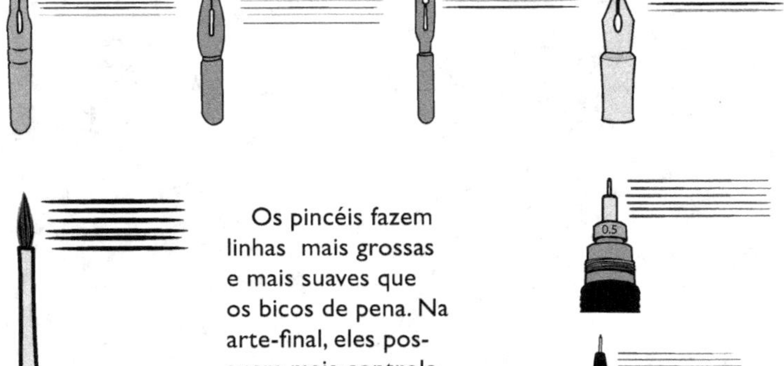

Sobre os bicos de pena, é importante saber que, quanto maior a ponta, maior sua flexibilidade e mais grossa será a linha produzida.

Os pincéis fazem linhas mais grossas e mais suaves que os bicos de pena. Na arte-final, eles possuem mais controle sobre a intensidade.

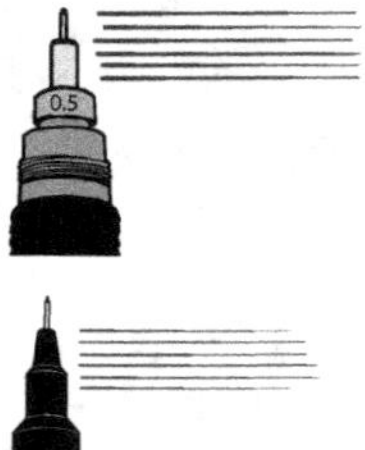

As canetas nanquim são mais precisas e, por isso, são ideais para fazer detalhes no desenho. Para engrossar o traço ou criar variações, é preciso passar mais de uma vez sobre o traço.

Na hora de utilizar o bico de pena, procure manter uma inclinação de 45° em relação ao papel e deixe a parte curva para baixo, fazendo movimento da esquerda para direita. Se precisar engrossar o traço em algumas áreas, faça um pouco mais de pressão. Para fazer a limpeza, é bom lavá-lo com água e secar com um pano. Para proteção, coloque um canudo cortado na ponta.

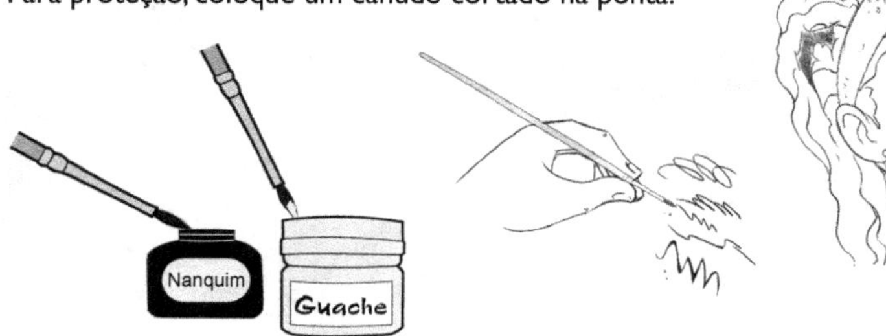

O pincel é mais maleável do que o bico de pena. Para usá-lo, mergulhe as cerdas ou pelos no recipiente com nanquim. Procure sempre fazer alguns traços antes para tirar o excesso de tinta. É recomendável usar uma folha de papel abaixo das mãos para evitar acidentes, como podemos observar na figura acima. Sua limpeza é a mesma do bico de pena. Tenha cuidado para que as cerdas não fiquem separadas. Caso aconteça, depois de bem limpas, leve-as à boca, como na figura ao lado.

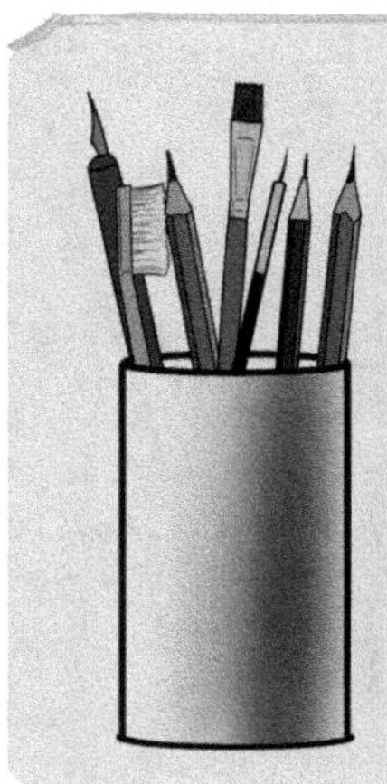

Cuidar dos materiais e mantê-los organizados ajuda muito na hora de desenvolver um trabalho, pois fica muito mais fácil de encontrar o que precisa.

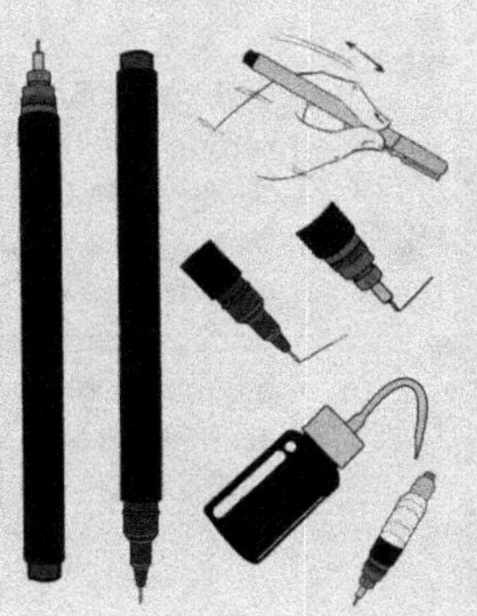

Para usar canetas nanquim recarregáveis, você precisa colocar a tinta no recipiente da caneta e agitá-la bem.

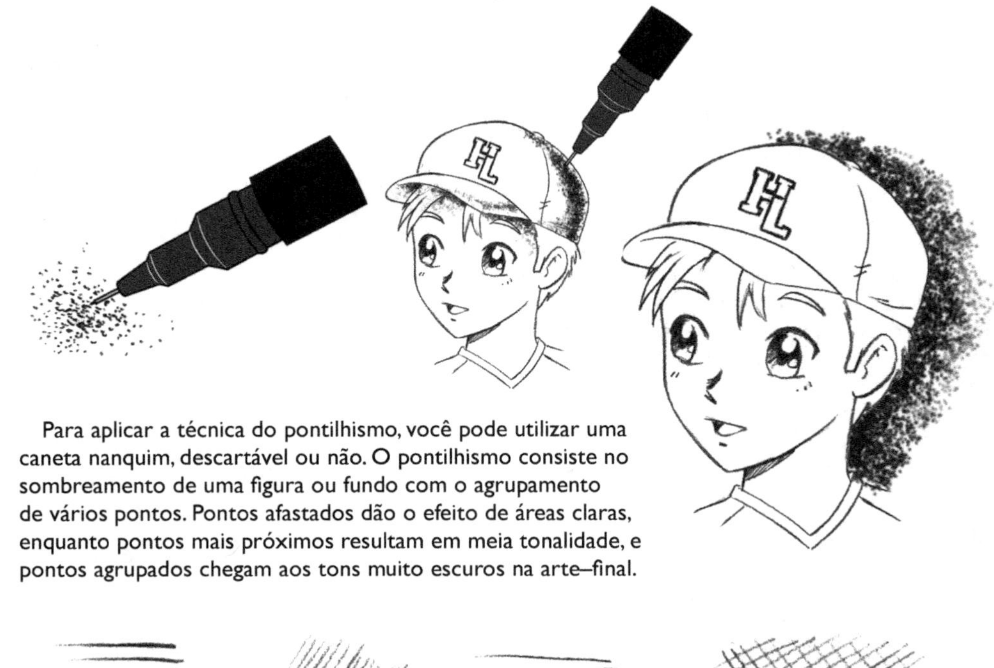

Para aplicar a técnica do pontilhismo, você pode utilizar uma caneta nanquim, descartável ou não. O pontilhismo consiste no sombreamento de uma figura ou fundo com o agrupamento de vários pontos. Pontos afastados dão o efeito de áreas claras, enquanto pontos mais próximos resultam em meia tonalidade, e pontos agrupados chegam aos tons muito escuros na arte–final.

As hachuras possuem um princípio parecido com o pontilhismo. Em certos casos, pode-se trabalhar com o agrupamento; em outros, com traços paralelos. Há também o agrupamento em tramas. Os melhores efeitos são obtidos com a utilização de pincéis.

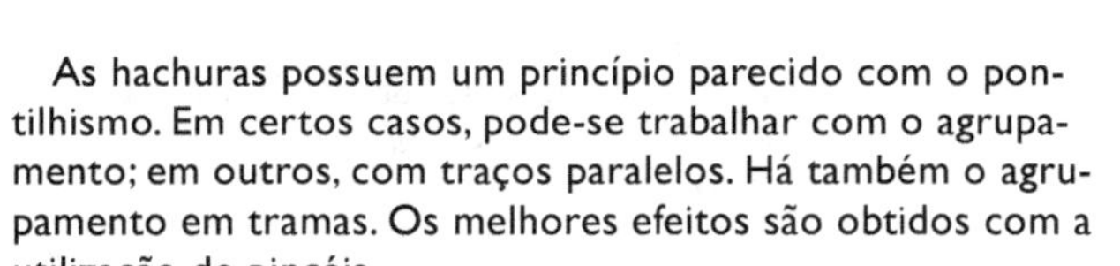

A técnica da trama cruzada é obtida por meio de traços que dão um efeito mais carregado para a arte. As hachuras feitas com traços em curvas também podem ser aplicadas em agrupamentos ou separadas. Este acabamento irá depender do efeito desejado para a cena ou para o que ela deva transmitir.

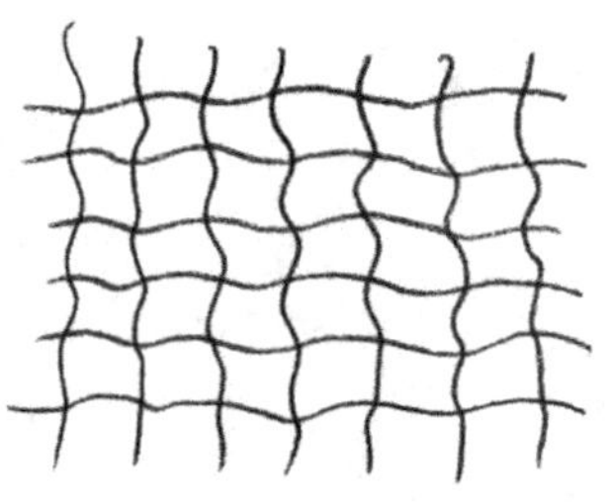

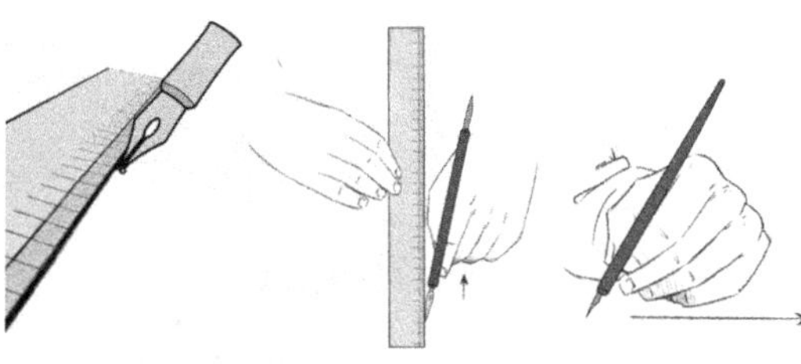

Linhas de ação

Este efeito é muito comum em mangás, pois deixa a cena muito mais dinâmica e pode enfatizar algum sentimento do personagem. Para fazê-lo, você precisa apenas de uma régua: com as marcações voltadas para baixo, faça as linhas utilizando a pena. Dessa forma, você evitará que a tinta escorra e borre o seu desenho.

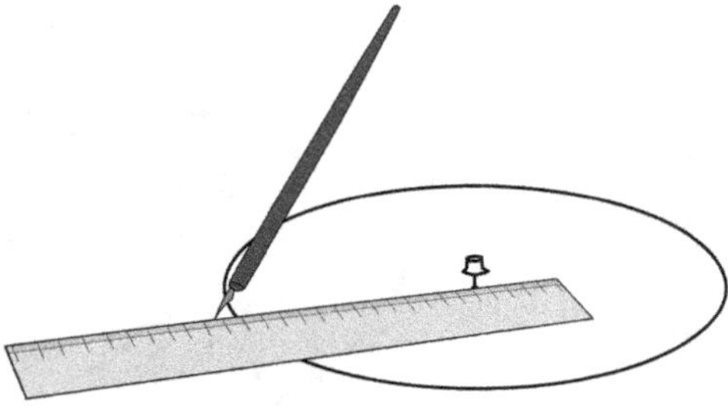

Para direcionar o traço a um único ponto, faça a marcação de um círculo, a lápis e bem clara, com o centro ao redor do personagem. Em seguida, faça as linhas como hachuras indo em direção ao centro. As linhas estarão em forma de raios, criando o efeito desejado. Para isso, movimente a régua seguindo o contorno do círculo.

Com a aplicação desse efeito na cena é possível eliminar o cenário e enfatizar a figura, trazendo todo o clima correspondente à cena.

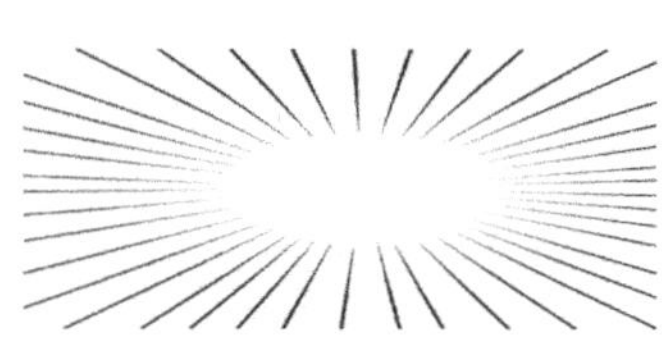

Desenhando poucas linhas, teremos uma cena mais discreta.

Ao carregar um pouco mais as linhas, o foco dá mais destaque ao personagem.

Carregando ainda mais as linhas e deixando-as muito próximas do personagem, teremos maior contraste.

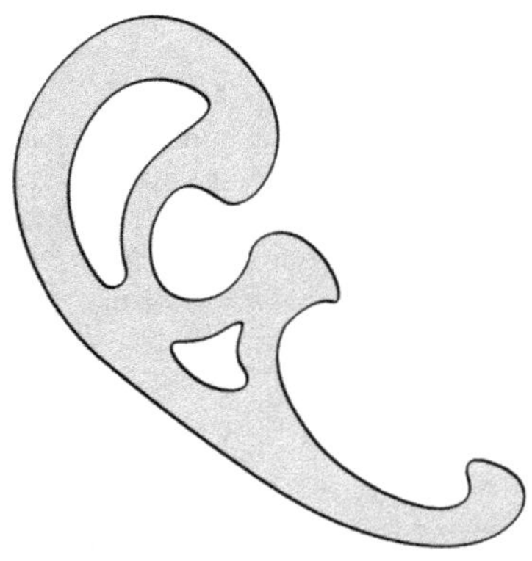

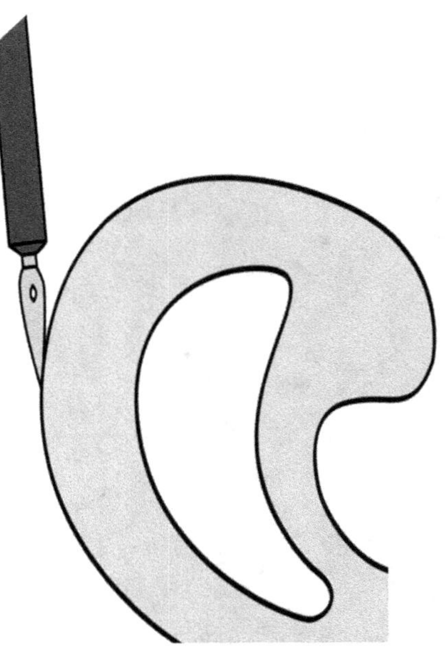

Para fazer linhas de ação curvadas, utilizamos a curva francesa. De acordo com a área escolhida, teremos variações de curvas, mas todas deverão estar direcionadas para um determinado ponto. Antes de utilizar este tipo de gabarito, cole pequenos pedaços de borracha nele, permitindo que fique um pouco mais alto que o papel. É um procedimento similar ao da régua, apropriado para evitar borrões.

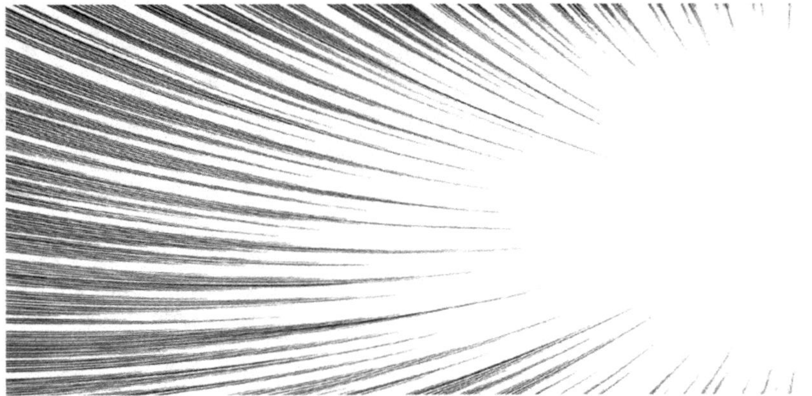

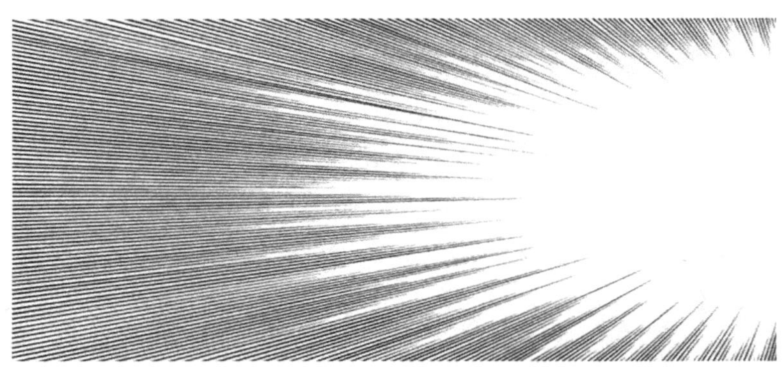

Efeitos com nanquim

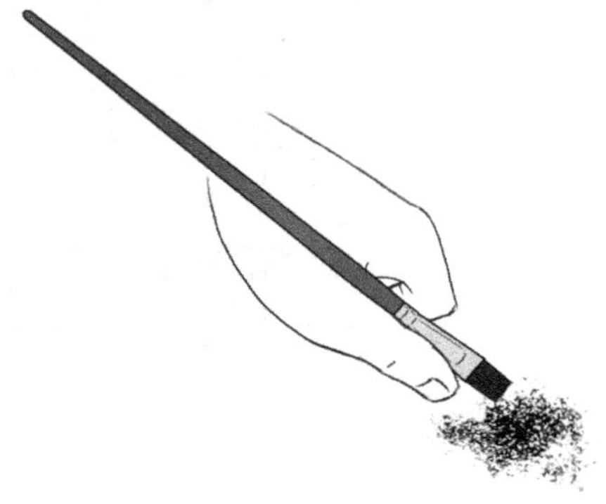

Para variar ainda mais os efeitos na arte-final, você pode utilizar uma esponja de cozinha com tinta nanquim.

Mergulhando o pincel largo no nanquim e espalhando a tinta sobre o desenho, como borrões, você consegue diferentes efeitos, como o de uma vegetação.

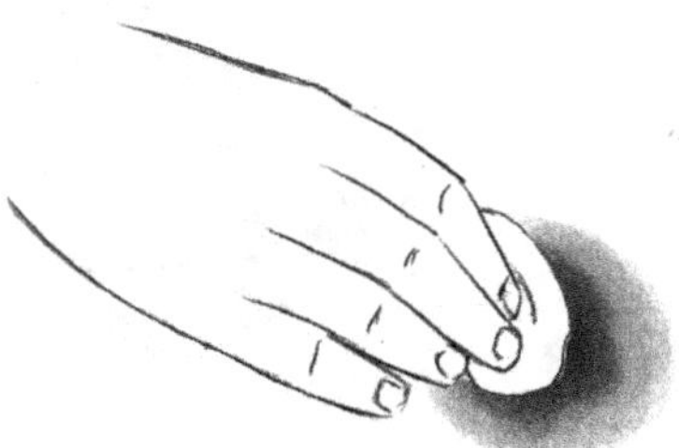

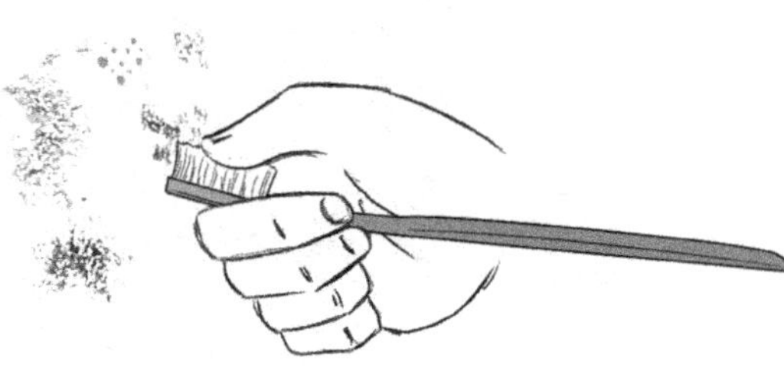

Para obter o efeito da grama, passe um pouco de nanquim em um pano e pressione-o na folha.

Com uma escova de dentes é possível fazer efeitos bem legais, como pontilhismo e manchas.

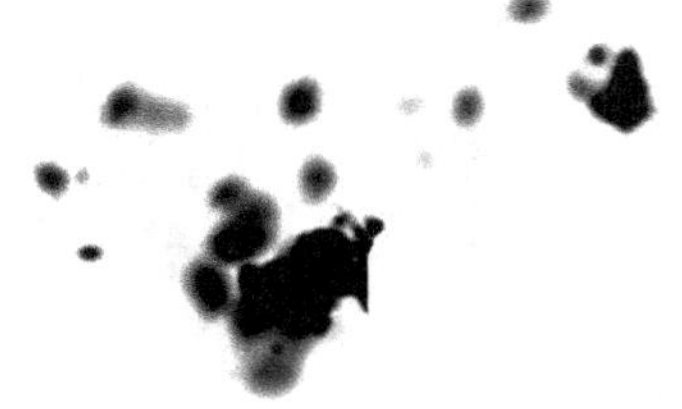

Outro efeito de manchas diferenciadas pode ser feito de forma simples. Basta encharcar o pincel de tinta e bater suavemente com os dedos no cabo.

Por fim, outras manchas de nanquim podem ser feitas com os próprios dedos molhados na tinta e pressionados na folha.

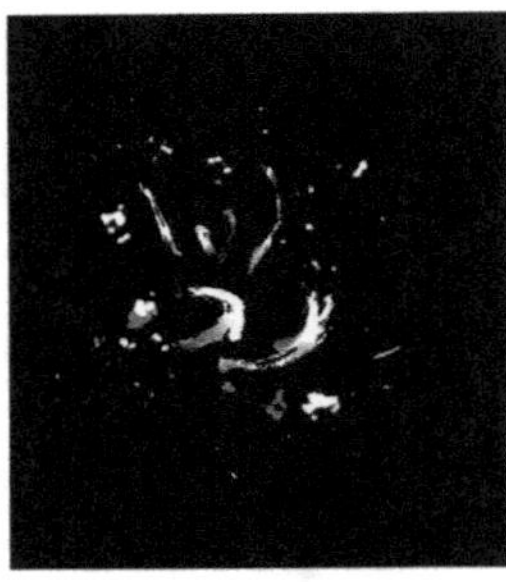

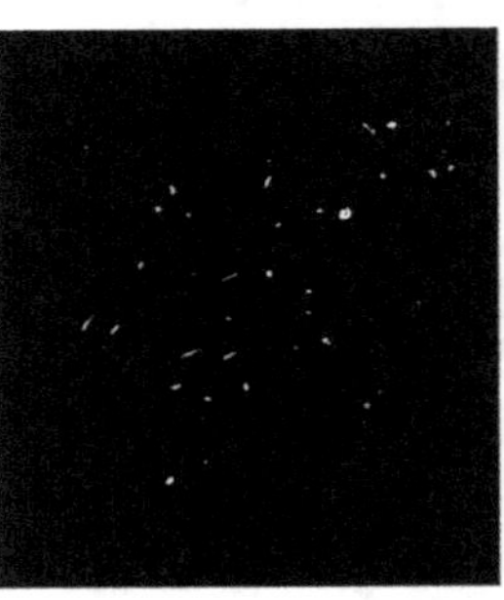

A tinta guache branca sobre um papel coberto de nanquim preto possibilita outro efeito interessante. Para isso, você pode jogar a tinta direto no papel.

Outra opção é mergulhar o pincel no guache branco e, com os dedos, dar leves batidas no cabo. O resultado é um efeito de pontos.

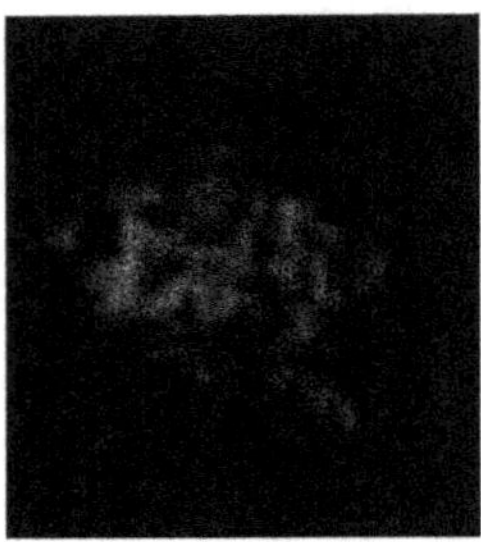

Mergulhar o pincel na tinta guache branca e assoprá-lo no papel também gera um efeito de sombra.

Com pincel ou pena, podemos fazer linhas brancas sobre o papel preto e conseguir o efeito apresentado na figura.

Em mangá, é muito comum usar guache branco para obter efeitos de brilhos em cabelos ou cenas noturnas.

Diagramação

Entendendo o mangá

O mangá sempre tem o mesmo formato e uma grande quantidade de páginas para suas histórias, o que faz dele uma publicação bem diferente da maioria dos quadrinhos.

A capa do mangá é muito importante e, em alguns casos, as revistas possuem capas extras de proteção para não danificar a capa original. Na hora de elaborar uma capa para seu mangá, é importante se preocupar com os elementos que a compõem. Não se esqueça dos elementos básicos, como nome da revista, número da edição e uma ilustração composta.

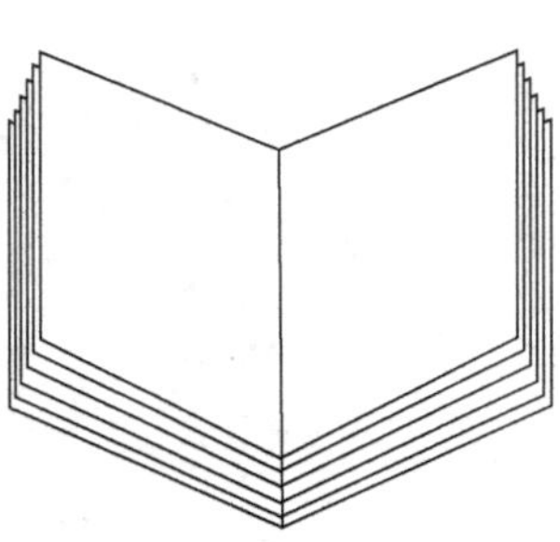

Este formato é usado para revista em quadrinhos, como o comic, e é composto por dois grampos. Também é conhecido como lombada canoa.

Em mangá, geralmente se usa a lombada quadrada colada, devido à grande quantidade de páginas. Um ponto negativo é que as páginas acabam descolando quando não são manuseadas corretamente.

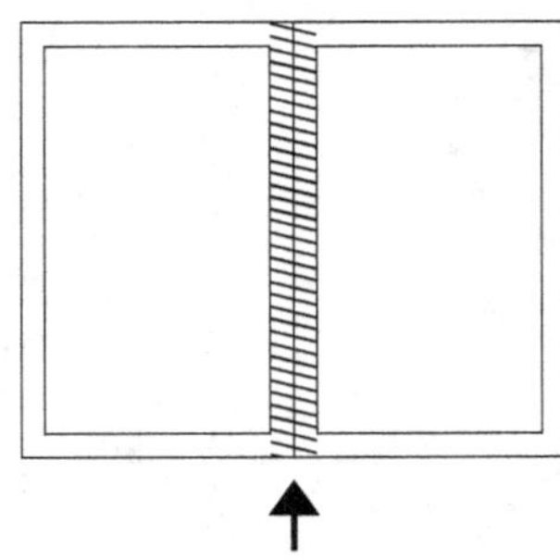

Esta é a área central do mangá. Perto dela, a leitura se torna difícil. Para não ter problemas, evite desenhar ou colocar o texto próximo a ela.

Para fazer a diagramação da página a partir de um roteiro rafeado, valorize as cenas de destaque. Para isso, basta aumentá-las.

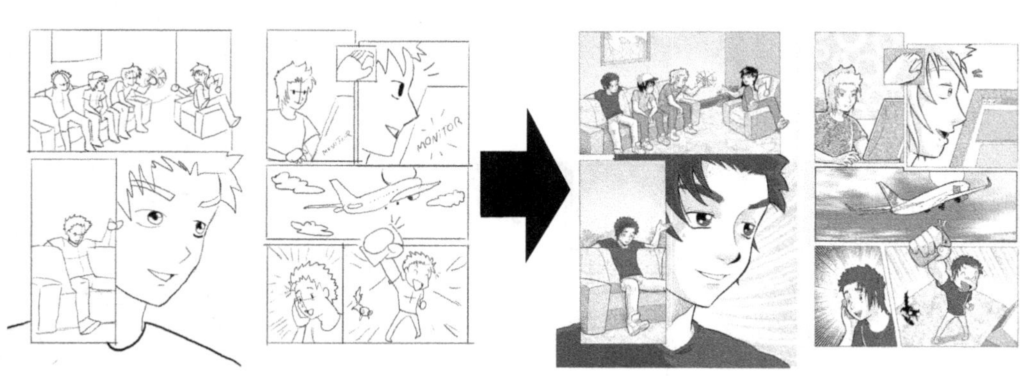

Em alguns casos, os desenhos do roteiro rafeado podem ficar muito diferentes dos desenhos finais, pois terá maior qualidade e acabamento. Durante a diagramação você também pode variar a página para deixá-la melhor.

Para fazer o seu mangá, é importante observar que a ordem de leitura oriental é diferente da ocidental. Os balões começam a ser lidos de cima para baixo, da direita para esquerda.

No Ocidente, a leitura dos balões é feita da esquerda para direita e de cima para baixo.

Os espaços entre os quadros de uma página de mangá podem variar de acordo com o estilo do autor, sendo mais próximos ou mais distantes, e com diferentes posições. A medida mais comum é de 3 a 5 mm ou de 5 a 7 mm para mangás destinados ao público masculino, e de 3 a 7 mm ou de 8 a 12 mm para o público feminino.

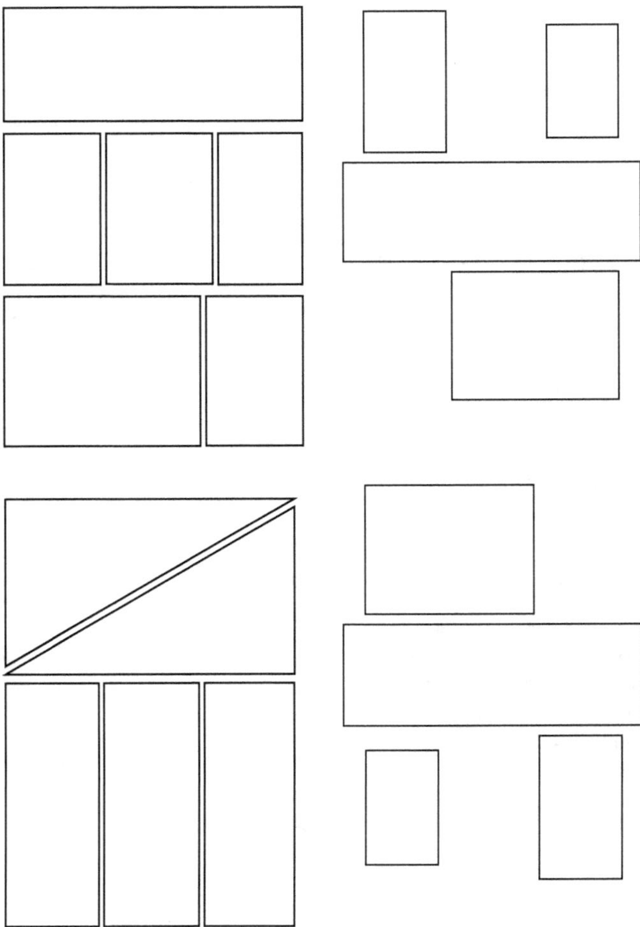

Balões

No mangá, os balões possuem grande variedade, e cada artista os desenha de forma diferente. Mesmo com essas variações é fácil identificar o tipo de fala que o personagem está passando. A fala do personagem ocorre por meio de uma espécie de seta denominada rabicho. Observe alguns exemplos de balões:

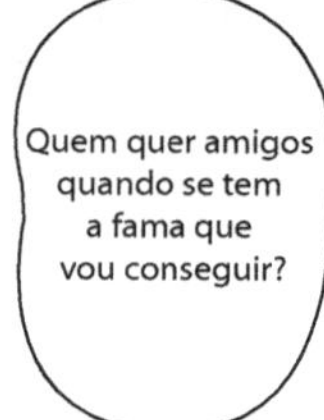

Balão de fala

Fala

balão indicando que a pessoa está reticente

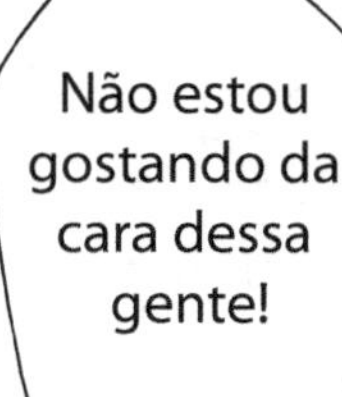

Balão de pensamento

Balão de pensamento

Balão de surpresa

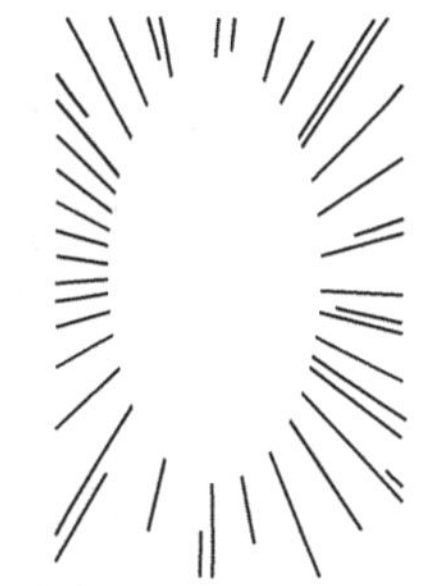

Balão de pensamento/ surpresa

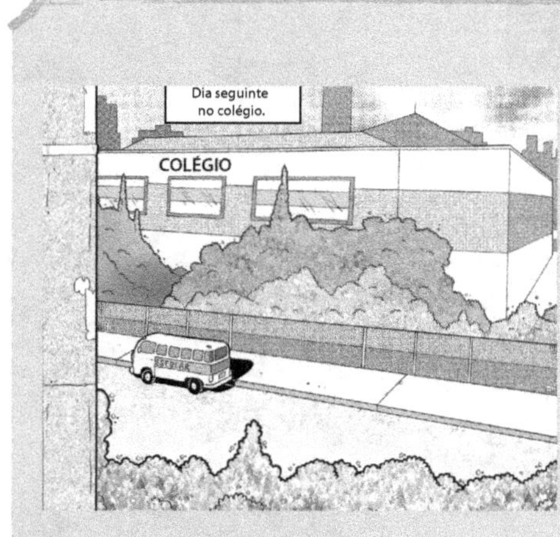

Recordatório

As caixas de texto usadas nos mangás são chamadas de recordatório. Elas contêm informações de localização ou introdução para alguma coisa que tenha acontecido, como se houvesse um narrador falando.

Onomatopeias

Onomatopeia é o nome da palavra com a qual escrevemos o som conforme ouvimos. Em mangá, a onomatopeia não é apenas escrita, ela precisa de uma forma visual apropriada para a cena.

Onomatopeias valorizam as cenas, integrando o efeito e fazendo com que fiquem mais dinâmicas.

Planos e roteiro

Planos cinematográficos

Fazer planos cinematográficos é um recurso que deixa as histórias mais dinâmicas e interessantes. Assim, é possível aproximar ou distanciar as cenas, fazendo um jogo de composições visuais, tal como uma câmera.

Plano panorâmico é a visão total de uma cena ou ambiente onde se desenrola a ação.

Plano americano é a visão do personagem.

Plano médio é a visão de meio–corpo do personagem.

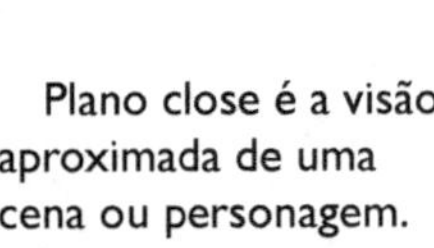

Plano close é a visão aproximada de uma cena ou personagem.

Plano geral é a visão de onde o personagem se localiza.

Roteiro escrito

Roteiro é o texto que relata a história em uma sequência de cenas e diálogos. Para fazer seu mangá, é importante ter um roteiro com começo, meio e fim. Veja os exemplos de roteiros abaixo, ambos da mesma página, sendo o primeiro escrito e o segundo rafeado.

Título:		Pág.:

Descrição dos personagens:

Mestre Tsuno: homem alto com cabelos compridos e grisalhos. Tem aparência séria e se veste com roupa de Kung-fu.

Mestre Gobayu: homem velho, baixo, de aparência branda e calma. Veste roupas de monge e usa uma bengala.

Pequeno Ninja: tem os cabelos pretos e usa uma espécie de armadura ninja com uma faixa. Sua presença é sempre imponente.

Shaken: cachorro que anda sobre duas patas e usa camiseta. É alegre e desastrado.

Quadro 1	**Plano geral:** Mostrar Shaken, PN e Mestre em pé, com o mestre Gobayu sentado num trono. O Peq. Ninja está reverenciando o mestre Gobayu.	**RECORDATÓRIO** – Logo depois... **MESTRE** - Este é o Gobayu! Ele lhe ensinará tudo o que você precisa saber! **MESTRE GOBAYU:** Será um prazer treiná-lo, Pequeno Ninja.
Quadro 2	**Plano close:** Mostrar mestre com aparência singela.	**MESTRE GOBAYU:** No início dos tempos, Godam, o ser supremo, Senhor do Reino da Luz, criou todo o nosso universo. Um dia, uma de suas criações, um ser chamado Satoran, se rebelou. Ele tentou roubar o reino de seu criador, foi derrotado e banido para o Reino das Trevas.
Quadro 3	**Plano geral:** Todos os personagens caminhando e acompanhando Mestre Gobayu.	**MESTRE GOBAYU:** Lá ele se transformou na personificação do mal! Ficou muito poderoso e um inimigo mortal de Godam! Venham comigo!
Quadro 4	**Plano médio:** Mostrar o mestre Gobayu caminhando e segurando a bengala.	**MESTRE GOBAYU:** Quando deu origem ao universo, Godam criou uma passagem interdimensional! É um portal místico que serve de passagem para qualquer lugar, em qualquer dimensão.
Quadro 5	**Plano geral:** Uma mão disparando um poder e explodindo, e um dragão aparecendo em meio à fumaça.	**MESTRE GOBAYU:** O portal interdimensional é uma espécie de passagem secreta pela qual Godam poderia se locomover para qualquer lugar do universo que desejasse. Sabendo do enorme perigo que o universo correria se o portal caísse em mãos erradas, ele enviou o Dragão Yosh–Hagon para proteger a passagem.

Roteiro rafeado

Nesse tipo de roteiro, podemos ter uma ideia de como a página vai ficar, em que lugar o roteirista sugere os quadros com destaque e qual a sequência de planos para que o desenhista os tenha como base.